近世琉球と中日関係

渡辺美季著

吉川弘文館

目次

挿表・図　目次

凡例

一、本書では年代は原則的に西暦で示し、月日は旧暦のままとした。

二、参考文献は巻末に五十音順にまとめた。本文中でこれらの文献に言及する場合は、角カッコを用いて［著者＋刊行年：頁数］と表記する。

三、本書において以下の史料を引用するさいには角カッコを用いて［以下に示す略称：頁数（ないしは文書番号）］と表記する。

引用史料の略号一覧（五十音順）

［伊江親方］　財団法人沖縄県文化振興会公文書館管理部史料編集室編『沖縄県史』資料編七（伊江親方日々記）、沖縄県教育委員会、一九九九年。

［石垣市史叢書］　石垣市総務部市史編集室編『石垣市史叢書』石垣市役所、④一九九三年（四巻）、⑫一九九八年（一二巻）、⑬一九九九年（一三巻）。

［旧記雑録・後編］　鹿児島県歴史資料センター黎明館編『鹿児島県史料』旧記雑録後編、鹿児島県、④一九八四年（四）、⑤一九八五年（五）、⑥一九八六年（六）、附②一九八七年（附録二）。

［旧記雑録・追録］　鹿児島県維新史料編さん所編『鹿児島県史料』旧記雑録追録、鹿児島県、①一九七一年（一）、②一九七二年（二）、③一九七二年（三）、④一九七四年（四）。

［球陽］　球陽研究会編『球陽』原文編、角川書店、一九七四年。

［中山世譜］　「中山世譜」横山重編『琉球史料叢書』第四巻、東京美術、一九七二年。

［中山世譜附巻］　「中山世譜附巻」横山重編『琉球史料叢書』第五巻、東京美術、一九七二年。

［檔案①］　中国第一歴史檔案館編『清代中琉関係檔案選編』中華書局、一九九三年。

［檔案③］　中国第一歴史檔案館編『清代中琉関係檔案三編』中華書局、一九九六年。

［那覇市史］　那覇市企画部文化振興課（②総務部市史編集室・⑤⑥⑦⑧那覇市企画部市史編集室・⑫那覇市市民文化部歴史資料室）編『那覇市史』資料篇、那覇市役所、②一九七〇年（第一巻二）、⑤一九七六年（第一巻五）、⑥上・一九八〇年（第一巻六—上）、⑥下・一九八〇年（第一巻六—下）、⑦一九八二年（第一巻七）、⑧一九八三年（第一巻八）、⑨一九九八年（第一巻九）、⑩一九八九年（第一巻一〇）、⑪一九九一年（第一巻一一）、⑫二〇〇四年（第一巻一二）。

［評定所文書］　琉球王国評定所文書編集委員会編『琉球王国評定所文書』浦添市教育委員会、①一九八八年（一）、⑧一九九二年（八）、⑨一九九三年（九）、⑩一九九四年（一〇）、⑬一九九七年（一三）、⑮二〇〇〇年（一五）。

［歴代宝案］　財団法人沖縄県文化振興会公文書館管理部史料編集室編（①②④⑤⑪沖縄県立図書館史料編集室）編『歴代宝案』校訂本、沖縄県教育委員会、①一九九二年（一）、②一九九二年（二）、④一九九三年（四）、⑤一九九六年（五）、⑥二〇〇六年（六）、⑧一九九九年（八）、⑨二〇〇三年（九）、⑪一九九五年（一一）、⑫二〇〇〇年（一二）。

［歴代宝案（台）］『歴代宝案』台湾大学、一九七二年。

序章　研究の動向と関心の所在

はじめに

一八七五年七月、明治政府から琉球に派遣された内務大丞の松田道之は、首里王府に清朝との関係の断絶を指示した。王府は明治政府に対し「日清両国は『父母の国』であるので、清国との『親子の道』を絶つわけにはいかない」と主張し、日清両属の維持を求めた(1)。この請願は以後も王府によってたびたび繰り返された。この時王府が望んだのはあくまでも「日清と二重の君臣関係を有する王国」であり、「どちらか一方の国への臣属」ないしは「独立」という選択肢は想定されていなかったのである。

しかし、ここで琉球の国是であるかのように主張された日清両属は、王国の後半期に開始され、長い時間と労力をかけて「常態」化したものであった。その契機となったのは、一六〇九年の島津氏（薩摩藩）の琉球侵攻である。この事件以降、琉球は一四世紀後半から続く中国（明清）との君臣関係（冊封・朝貢関係）を維持しつつ、日本（幕藩制国家）の支配領域にも包摂されることになり、それは王国の終焉（一八七九年）まで続いた。琉球史研究では一般に近世と呼ぶこの期間［高良一九八七：三六一頁］、琉球は中国と日本に異なる形で臣従しつつ自国の運営を行う国家となったのである。またその大半において中国と日本は国家間の関係を有していなかったため、近世の琉球は様々な面から両国を間接的に繋ぐ国家でもあった。

本書は、この時期の琉球に焦点を当て、中国と日本の狭間にその国際的位置がどのように形成され、かつ維持されていたのかを、東アジアの国際状況と琉球の国家的営みの両面から時間軸に沿って検証し、そこから導き出し得る近世琉球の国家的特質とその歴史的意義を指摘することを目的とするものである。この序章では、まず時代背景、および研究の動向を概観し、ついで本書の課題を述べ、最後に本書の構成を紹介することとしたい。(2)

一　時代背景

琉球は、一二世紀頃、栽培農耕の本格化に伴う政治的首長（按司《あじ》）の誕生を契機に国家形成を開始し、三山（山南・中山・山北）鼎立の時代を経て、一四二九年に統一国家を成立させた。その後、「沖縄県」として日本に包摂される一八七九年まで、周辺の諸国・諸地域と密接な関係を持ちつつ、自律的な一王国として存続してきた。その王国の存在期間は、一般に古琉球・近世琉球という二つの時代に区分されている〔高良一九八七：三六一頁〕。

古琉球時代の琉球の特徴を端的に言うならば、一四世紀後半に取り結ばれた明との冊封・朝貢関係、および朝貢と海禁とを一体化した明の対外政策を背景に、東アジア・東南アジア海域の結節点として盛んな中継貿易を展開した交易型国家であったということである〔高良一九九三：七八―一一二頁、岸本一九九八：一三―一四頁〕。一方で、この時期の琉球は奄美・八重山などの周辺諸島を征服し、それらの島々との間に辞令書を発給し貢物・租税を受け取る関係を築いた島嶼国家でもあった〔豊見山二〇〇三：三六―四八頁〕。だがその「琉球」としての国家的な枠組みや、そこに包摂される人々の帰属意識は、近世に比して多種多様かつ曖昧であった。その背景には、国王と臣下の主従関係――すなわち個人対個人の君臣関係――によって構成される王府組織の特質や〔高良一九九八：八七頁〕、国際貿易港・(3)

那覇における諸民族雑居状態［上里二〇〇五］、中国の福州へ移住する琉球人の存在などに顕著な「人の流動性の高さ」などがあった［豊見山二〇〇三：三六―四八頁］。

一六世紀に入ると、東アジアには日本や新大陸から運ばれる銀が、中国北辺の対モンゴル戦争に投入される「銀の流れ」に支えられた空前の民間貿易ブームが起こる。このブームの中で朝貢と海禁とを一体化した明の海域支配体制が打破され、明の周辺部を中心に様々な武力集団が交易の利潤を争うアナーキーな状況が出現した［岸本一九九八：一六―二二頁］。琉球もこの激流に巻き込まれ、倭寇と総称される国際的な武装貿易集団の台頭などにより、東・東南アジアにおける中継貿易者としての優位性を徐々に喪失していく［高良二〇〇一：二五二―二五八頁］。またそれに伴い古琉球的な王国の在り方も動揺を余儀なくされた。

一方、日本では統一政権樹立をめぐる動きが活性化し、その政治的・軍事的余波が琉球にも及ぶようになった。この動きの中で最終的に天下を治めた徳川政権は、豊臣政権による朝鮮出兵の戦後処理、とりわけ日明講和による日明貿易の実現を外交上の急務と見なし、薩摩の島津氏を通じて琉球に対明交渉の仲介を求めた。しかし琉球の対応ははなはだ不十分なものであったため幕府・薩摩と琉球との確執が深まり、一六〇九年、幕府の許可を得た島津氏が琉球を侵攻するに至った。その結果、琉球は幕藩制国家の支配領域にも組み込まれ、「近世」と区分される時代が開始されることになった。また侵攻と前後して日本・中国以外の国々と琉球との関係は失われていった。

幕府から琉球の仕置（統治）を委ねられた薩摩藩は、琉球に奄美諸島を割譲させ、毎年の貢納を義務付けるなど具体的な支配策を展開した。またやや遅れて、幕府と琉球の主従関係も、キリシタン禁制などの幕藩制の諸規制の波及や江戸への使節派遣（江戸立《だち》・江戸上《のぼ》り）の実施により実体化していった。それはまた対明交渉に挫折した幕府が、自らを中心とした対外関係を再編し、その一要素として琉球を位置付けていく過程でもあった。ただし幕府・薩摩は中国との冊封・朝貢関係を有する琉球王権の存在を前提とした支配方針をとっており、王国の政治・外交の主体はあくまでも国王を頂点とした首里王府であった［高良二〇〇一：二六一頁、豊見山二〇〇四ｇ：三〇二頁］。このため薩摩から派遣され那覇に常駐した監視役の武士団・在番奉行衆（約二〇名）の権限もごく限定されたものであった。

他方で琉球と明との関係は、侵攻後、一時的に動揺したものの原則的に継続された。一六四四年に中国において明から清への王朝交替が起きると、琉球は紆余曲折の末に清の入貢要請に応じ、清を中心とする新たな冊封・朝貢関係の中に再編された。なお清代以降は、清との摩擦を極力避けようとする幕府の姿勢を背景に、琉球・薩摩は結託して清に対し琉日関係を隠蔽するようになった［紙屋一九九〇ｂ］。

清が支配を確立した一七世紀後半以降、東アジアは相対的な安定期に入った。その中で琉球は旧制の刷新に取り組み、王府の組織化・中央集権化・家臣団の再編・身分制の確立・農業の振興・儒教の導入などを推し進めて、新たな状況に対応し得る国家へと自己変容を果たした［高良一九九八］。以後、琉球は清日との関係を両立しつつ、外政・内政の両面において比較的安定的な国家運営を行うようになる。そこでは交易よりも農業に経済の基盤を置く国家主導型の農業社会が指向された［豊見山二〇〇三：七六―八一頁］。また近世に特有の社会的・文化的状況が醸成され、それは現在我々が「琉球的」と評するような固有の価値体系を形成していった［高良一九九八］。

しかし一八世紀後半になると、琉球では農村の疲弊や王府の財政悪化といった内部矛盾が徐々に拡大する(4)。さらに一九世紀以降は欧米列強による東アジア進出が本格化し、琉球の置かれた国際的枠組みが大きく変容して、王国の動揺はより深刻なものとなった。

一八六七年、東アジア情勢の激動の中で徳川幕府が倒壊し、近代国家・日本が成立した。新政府（明治政府）は七〇年代に入ると、伝統的な国際秩序に拠って清日の狭間に位置する「琉球王国」を否定し、これを日本に帰属させる方針を決定した。首里王府（七二年から琉球藩）は清日二国への臣従に固執し執拗な抵抗を試みたが、明治政府はこれを押し切り一八七九年に「琉球処分」を断行した。こうして王国は名実ともに廃止され、琉球は「沖縄県」として日本の一部となったのである。

二　研究の動向

つぎに中国・日本に異なる形で同時に臣従していた近世期の琉球の国家的性質、およびその国際的位置に関する代表的な研究の動向を概観する。(5)

1　戦前の近世琉球史研究――薩摩の支配――

二〇世紀初頭は沖縄研究（沖縄学）の草創期であった。この時期の研究は主に沖縄出身の研究者たちによって推進されたが、その中で近世琉球はもっぱら「薩摩の過酷な支配によって自主性を喪失し奴隷的な地位に甘んじた惨めな時代」と見なされてきた。そこには琉球処分によって「日本」へ編入された沖縄の自己アイデンティティーを追求・確認しようとする意志が色濃く反映されていた。(6)

この時期の沖縄学を牽引した伊波普猷《いはふゆう》は、「沖縄人は日本人の一分枝である」という思想（日琉同祖論）に強く裏打ちされた琉球史像を提示し、近世を「薩摩に隷属した時期」として描くことで、「琉球処分＝奴隷解放」とする自説に繋げようとした。(7)伊波はまた琉球侵攻の動機を「〔薩摩が〕琉球の位地を利用して日支貿易といふ密貿易を営まうとした」と説明し、「密貿易の機関」として王国の形式を残し「支那皇帝の冊封を受けさせた」と理解している「伊波一九六一：二七二―二七三頁〕。すなわち伊波は「琉薩関係＝実質／琉中関係＝形式」と見なし、琉球侵攻やその後の琉中関係を全て薩琉関係の中で捉えたのである。そこでは中国・日本に従う琉球の両義的な行動も、「奴隷支配による民族性の悪化」による「御都合主義・内股膏薬主義」と批判されている〔伊波一九六二：四八六頁〕。なお伊波とともに沖縄学研究を精力的に推進した真境名安興《まじきなあんこう》(8)や東恩納寛惇《ひがしおんなかんじゅん》(9)も大枠としては伊波と同様の立場をとっている。

ただし東恩納は、中日に対する琉球の二方面的な対応に関して、伊波同様の感情論にやや傾斜しながらも(10)、中日の狭間における琉球の国策として理解しようとしている点で特筆に値する。東恩納は「日本思想と支那思想との二大勢力が琉球てふ一王国に於て、強制的に調和されたる情態」を「両属主義」と呼び、琉球の対応がこの主義に基づく国家的な外交策（両属政策）であったことを、次のように指摘する〔東恩納一九七八ａ：五〇頁〕。

> 琉球の政治家が……自覚し得べき範囲内に在りては(11)、琉球は、正しく一個の独立王国にてありき。……彼等の義務とし信ずるところは、王国として遺されたる国家を、王国として伝ふるに有りき。故に、あらゆる卑屈なる手段といへども、彼等に取りては、〔両属政策は〕其国家の運命を持続すべき、外交政策に外ならざるなり。

また東恩納は、①中日の「求めるところ」の相違により琉球に関して両者が衝突しなかったこと、②そのことが琉球自身の小康に繋がっていたこと、③この状態の維持が「両属主義」の理想であったことを以下のように指摘している〔東恩納一九七八ａ：五一頁〕。

> 支那の欲する所は、朝貢の礼にありて、日本の期する所は、貿易の利に有り。……日支両国は、琉球に於て、全く別種の分野を画せしなり。故に未だ甚しく衝突するに至らず。蓋し二大勢力が、此昼夜的関係に甘ずる間は、則ち琉球が小康を貪る事を得る時期にして、而して、両属主義の理想とする所は、此の形勢を永久に維持する事にありき。

東恩納の見解には、その前提となる大枠設定を始め多くの問題点[12]があるが、この現象を東アジア国際関係の中で構造的に把握しようとしている点で着目すべき視角であると言えよう。

2　戦後の近世琉球史研究――「日本」の度合い――

戦後、時代状況の変化や研究の進展に伴い、徐々に新たな視角が提示されるようになった。近世琉球に関しては、一九六〇年代頃から薩摩との関係論から日本（統一政権）との関係論へ移行する動きが顕著になった。たとえば仲原善忠は、島津氏の琉球侵攻を日本の全国統一運動の余波と見なし〔仲原一九六九〕、他方、近代史の分野でも、琉球処分評価の前提として琉球王国の性格を明らかにする必要性から、近世琉球が「独立の国」か「日本の領域」かが議論された[13]。

一九七二年に沖縄が日本に復帰すると、近世琉球史に対する日本近世史研究の一環としての関心が高まり、主に近世琉球と幕藩制社会との親疎が問われるようになった[14]。この流れを受け、安良城盛昭は近世琉球を「薩摩藩の『領分』でありながら『異国』」であると総括した〔安良城一九八〇〕。さらに高良倉吉がこの見解を整理し、「薩摩藩の『領分』として幕藩体制の一環に明確に編成されつつも、同時に王国体制を保持する『異国』的存在でもあった」として近世琉球を「幕藩制の中の異国」と位置付けた〔高良一九八七：三六一頁、三六五頁〕。高良はまた、琉球侵攻と琉球処分を、古琉球期における「自立した国家主体」が日本社会の一員に編成される過程の二段階であるとした。しかしこうした理解は、あくまでも近世日本（幕藩制国家）との比較によって照らし出される一面的な琉球の「姿」であり、その異国性――琉球の固有性と琉中関係との相関性――の解明が不十分であった。

一方で、『歴代宝案』などの対中外交史料に基づき琉中関係史の研究も進められたが[15]、その主軸は琉中間の貿易・

交渉に置かれ、同時期に進展した琉日関係史研究への視座が著しく欠落していた。

3　八〇年代後半以降の近世琉球史研究――「主体性」の追究――

八〇年代以降、古琉球や近代に比べて立ち後れていた近世史の個別実証的な研究が諸史料の整備とともに飛躍的に進められ[16]、同時に旧来の見解の見直しが図られた。たとえば冊封や琉中貿易は、琉球の王権・王府にとって欠かせない要素であったことが究明され、従来根強かった「琉中関係＝形式」論は具体的に反証された[17]。

こうした流れの中から、琉日関係と琉中関係を統合的に理解し、中国・日本の支配の客体としての琉球ではなく、二国との関係を取り結ぶ主体としての琉球をより重視して、その国家的性質を読み解く方法論が提起され実践されるようになる。

政治外交史の分野では、琉球に視座をおいて琉日・琉中関係の展開を具体的に解明してきた豊見山和行が、従来の「中日両属」概念では実態を十分に説明できないとして[18]、強制的に形成され薩摩への従属度が強い琉日関係（＝従属的朝貢）と、自発的に形成され相対的に規制力の弱い琉中関係（＝朝貢）の差違を明確にしつつ、それらを包括する概念として「従属的二重朝貢」という捉え方を提起した[19]。また豊見山はこのような国家形態をとる近世の琉球を「〈半国家的＝疑似国家的といった捉え方ではなく〉他国の干渉を受けない独立した十全な国家形態ではないものの、従属国家（従属的二重朝貢国）の一国家類型」と見なすことを提唱している[20]［豊見山二〇〇四f：一八頁］。同時に豊見山は、薩摩の支配に対する王府・王権の「拒否・抵抗」行動の存在を指摘し、これを琉球の「政治的主体性」の発揮と捉えて、琉球王権の存在を前提とした統御方式をとる薩摩藩の琉球支配の限界性（＝封建的支配関係による限界性）に起因するものと見なしている[21]。

豊見山の研究は、琉球の王権・王府が中日との関係を不可分の要素として成立していたことを実証的に解明した点で高く評価し得るものであるが、いまだ克服すべき課題や再考・検討を要する論点が残されている。それは、①琉球の政治主体性を薩摩への順逆の文脈で——すなわち「主体性＝抵抗」・「非主体性＝従順」として——捉える傾向にあること、②豊見山の言う「従属的二重朝貢」を琉球が中日間において——広義には東アジアにおいて——形成・維持せしめた要因・構造を十分には説明していないこと、③日本の琉球支配の限界性に関して清の政治的影響力を十分考慮していないことなどの諸点である。もっとも②・③は豊見山に限らず、先行研究全般に欠けている視点である。①は「近世＝薩摩支配論」という旧来の見解への反証を強く意識したためであると考えられるが、琉中関係について同様の視角からの考察がなされていないことや、「薩摩に従う（振りをする）『主体性』」や『小国』による『大国』の論理の戦略的活用」（後述）が想定されていないことなどからやや短絡的な主体性観となっていることは否めない。(22)

一方、思想史の分野ではグレゴリー・スミッツが、近世琉球の知識人（主に為政者）の描く多様な自国像に「〈日本や中国ではなく〉琉球人がその命運を握っている国家である」という共通認識が見出し得ることを指摘し、この点から琉球の自律（自主）性（autonomy）の存在を明らかにした［Smits 1999］。スミッツはまた近世琉球を「準独立国（quasi-independent kingdom）」と捉え、琉球の可変的な位置——見方によって日本の一部になったり外部になったり、あるいは中国の朝貢国になったりする——を「準（quasi）」という語の持つ曖昧性によって表現しようとした。同時にスミッツは、多くの琉球研究が近代的な国家や国家的宗主権の概念にいまだに引きずられがちであることを批判し、(23)近世琉球は近代的な意味における「国家」ではなかったことを繰り返し指摘している。こうした姿勢と、そのきわめて明解な自律性論が、日本の学界において十分顧みられていないのは残念なことである。

また制度・文化の方面からは、田名真之が、①近世期に特有の国家制度（官僚制・身分制・家譜制・地頭制・科試制(24)

など）の構築、②史書編纂による国家アイデンティティーの確認、③中日の影響を受けた独自の琉球文化の形成といった動向の分析から、中日両国への臣従という状況の中で、むしろ「琉球」としての自立意識が強化され、「琉球」的な制度・文化が創出されたことを指摘している〔田名二〇〇三〕。

4　近世日本対外史における近世琉球──七〇年代以降の新潮流──

一方、七〇年代から日本近世史においては幕藩制国家を東アジア世界の史的一環として捉えようとする研究視角（所謂「鎖国」見直し論）が提唱されるようになった(25)。

その中で荒野泰典は、長崎（蘭・中）・対馬（朝）・薩摩（琉・〔琉を介した〕中）・松前（アイヌ）という幕府の外交ルート（所謂「四つの口」）の内、直轄地・長崎以外の三藩は、幕府への軍役として異国・夷狄の「押さえの役」を課されていたとして、幕藩制国家とその外交を一つのシステムとして捉える見方を提示した〔荒野一九七八〕。また朝尾直弘らは、一七世紀初における日明講和（および貿易）交渉の挫折によって、幕府が日本を中心とする自前の「国際」秩序（「日本型華夷秩序」）を成立させ、四つの口を通じた諸外国との通交を利用して、国内に対して将軍の権威や幕府の正当性が「国際」的承認を得ているかのようにふるまっていたとする見解を提示した〔朝尾一九七〇、トビ一九九〇、荒野一九八八〕。つまり琉球は、幕藩制国家の「国際」的権威を支える要素の一つとして着目されるようになったのである。

さらに「統一政権と東アジア世界との関わり」に、より明確に琉球を位置付けようとする研究も進展した。具体的には幕府の対中（明清）政策と琉球支配との相関性が問われ、①梅木哲人・紙屋敦之が島津氏の琉球侵攻は幕府の対明政策の一環として行われたことを示し、②さらに紙屋は幕藩制国家に対する「韃靼」（清）の脅威から「清に対する琉日関係の隠蔽」が開始されたことを明らかにしたのである。[26]また上原兼善は一五八〇年代から一六三〇年代における薩・幕・琉・明の動向を多角的に検討することで、幕藩制国家による琉球支配を詳細に跡付けた。[27]

こうして琉日関係はより巨視的に捉えられるようになったが、これらの研究の主眼はあくまでも幕藩制国家による琉球支配の解明にあり、琉球を主体とした動向の解明は不十分である。またその議論は専ら日本の対外（主に対中）政策の文脈で進められ、中国の対日政策の展開は十分に反映されていない。さらに大半の日本（および琉球）の近世史研究同様、幕藩制国家の——特に中国に対する——権威の限界性がほとんど考慮されていないという問題もある。広く国内外に認められていた中国の伝統的な国際秩序（後述）に比べ、日本の「秩序」は国内を中心に限られた範囲でしか通用しない観念的な構築物であったことを指摘するロナルド・トビの研究成果［トビ一九九九］[28]などが、より参照されるべきであろう。

なお紙屋は琉球と薩摩の境界領域としてのトカラ列島（七島）の存在に着目している。琉薩間における奄美諸島の位置と固有性を問う弓削政己らの研究とともに、[29]近年、琉薩間の多様性が掘り起こされ、これらの地域から琉球を相対化する視座が提示されつつある。他方、薩琉関係に関しては上原兼善・喜舎場一隆・徳永和喜らによる実証的な研究蓄積がある。[30]

5　東アジア国際関係史における近世琉球——中国（明清）の朝貢国——

中国史研究の側からは六〇年代後半から七〇年代にかけて、中国を中心とする伝統的な国際秩序によって束ねられる広域世界を総体的に捉えようとする動向が強まり、「華夷秩序」・「冊封体制」[31]・「中国型世界秩序（Chinese World Order）」[32]といった概念が提起された。[33]いずれの概念も基本的には、中国文明の優越性を前提に中国皇帝と周辺の諸国・

諸民族とが冊封・朝貢を行う一元的かつ等差的な上下関係の存在、およびその機能に着目したものであり、琉球を「忠実な朝貢国」［Ch'en 1968］として位置付けている。

また同時に、重層的・両属的な朝貢関係の存在も中国の伝統的な国際秩序の一要素として定義され、その理由として、①中国への入貢が他の小国に対する威信や自国の安全度を高める手段となり得たことや［坂野一九七三：七九―八〇頁］、②定められた儀礼を踏めば中国は朝貢国の内政・外交に注意を払わなかったこと［Ch'en 1968：pp. 163–164、茂木一九九七：六頁］などが指摘された。ジョン・キング・フェアバンクによる「中国型世界秩序」研究グループの一員であった陳大端は、琉中関係を分析し、琉球が清に対して日本との関係を隠しきれなかったにもかかわらず、そのことが外交上の問題とならなかった理由として②を挙げている［Ch'en 1968］。なお同グループにて琉薩関係を分析したロバート・サカイは、琉球が中日へ二重の朝貢を行い得たのは「中国は文化的主導権、薩摩は経済的資源を掌握しようとした」ためであると説明している［Sakai 1968：p. 134］。ただし少なくとも清において琉日関係の公言はタブーであったこと(34)、中日の「支配」の目的の相違のみでは全ての矛盾は解消できなかったことなどを鑑みるに(35)、陳やサカイらの見解は再検討が必要であろう。

中国と朝貢国との関係はまた、緩衝国で自国の周りを囲む「防御の一方式」とも説明された［坂野一九七三：七九頁］。この理解を意識したためか、山下範久は一六世紀を世界における五つの「近世帝国」のパラレルな形成期であったとする自説の中で、琉球は東アジアの「近世帝国」内で普遍性を分有する王朝（日本・中国）間の相互依存的緊張関係を緩衝する機能を押し付けられるようになったと論じている［山下二〇〇三：一二五頁］。ただしその機能がどのように形成・維持されたのかは具体的に検証されていない。

一方、茂木敏夫は、琉球が「両属」性ゆえに中日双方の交流を仲介していたこと、双方に属する（裏を返せば、どちらにも属さない）ことによってその独自の個性を発揮していたことを指摘し、主従関係の二重性によって生じる「非」従属的な側面に着目している〔茂木一九九七：一一―一二頁〕。茂木はまた、小国が「大につかえる（事大）」ならば大国には「小をおもいやる（字小）」義務が生じるという朝貢関係の原則の中で、小国がしばしばこの論理を逆手にとって中国からの優待獲得戦略をとったことを指摘し、「支配―被支配関係」・「上下関係」を「小国」の側から相対化する視点を提示している〔茂木二〇〇六：二二三頁〕。いずれも従来の研究の盲点を突く重要な指摘であるが、実証は必ずしも十分ではなく今後の課題となっている。

　他方、濱下武志は、朝貢を単に中国の対外政治儀礼と捉えるフェアバンクらの見方を一元的であると批判して、朝貢によってシステム化された多国間の交易ネットワーク（東アジア交易圏）の存在を想定し〔濱下一九九〇、同一九九七〕、そのネットワーク内における琉球の活動の多様性を指摘している〔濱下二〇〇〇〕。この所謂「朝貢システム」論に対しては近年「互市」論からの反論がある(36)。この立場から岩井茂樹は、清代における東アジアの多様な交易の在り方は、朝貢の持つ求心性ではなく、互市制度の遠心性によって実現・維持されたとする見解を示し、国家間関係に拠らずに相互安定的な関係を構築した中日関係を「沈黙外交」と表現して、「互市」がこの二帝国間の安全を保障する合理的な制度であったと論じている〔岩井二〇〇七〕。重要な指摘であるが、中日と正式な（＝国家間の）関係を有し、かつ中日関係の安定化にある程度寄与していたと考えられる(37)琉球のような存在をいかに位置付けるかという視点は不十分で、この点をどのように整合的に説明するかが課題であると言えよう。

三　本書の課題

前述した研究動向から分かるように、近世琉球の国際的位置はこれまで日本・中国のどちらかの――特に日本の――支配論理で解釈される傾向にあった。しかし近世琉球の最大の特徴は中日二国への同時的な「臣従」であり、それは「裏返せばどちらにも属さない」状態とも捉え得ることを鑑みると〔茂木一九九七：一一―一二頁〕、琉・中・日の三国関係――およびその中における琉球の位置――の理解には、琉球を主体とした実態の解明、すなわち琉球自身の模索・選択・判断による行為とその成果を詳細に跡付けることが不可欠であるように思われる。また従来の研究では、琉球が中日と二重の関係を取り結びつつ二国の狭間で固有性を維持していた時期の大半において、中日は国家間関係を有していなかったという事実が看過されがちである。しかし琉球の歴史的主体性に着目した研究が深化され、一方で中日関係の見直しが図られつつある現在、琉球の国際的位置を読み解く際にも中日関係との相関性がより検討される必要性があるだろう。

こうした問題意識に基づき、以下では本書の課題とするところ――すなわちいかなる関心に基づいてどのように本書を進めていくのか――について概略したい。

1　琉球と中日関係

本書の第一の課題は、近世琉球の国際的位置がどのように形成されたのかを、東アジアの国際状況、とりわけ中日関係を考慮に入れつつ分析することである。具体的には、①琉球が日明両国に「挟まれていく」過程を、琉球侵攻前後の日明関係の展開と連動させて検証し、さらに、②明清交替の琉球における歴史的意味、特にこの事件による中日の関係性の質的変容が琉球の国際的位置の確定と維持にもたらした意味を考察したい。

既述したように①に関しては、日本史研究において「幕藩制の対明政策（対明通交要求）と琉球支配の展開」という視点からある程度の研究蓄積がある。しかし琉球侵攻を巡る明側の動向、特に該期の明による対日政策——日本の意図とは裏腹に、明では朝鮮・琉球・台湾と続く侵略に日本への警戒は強まる一方であった——との関連性は十分明らかにされておらず(38)、このためたとえば「琉球侵攻後、明は日本との結託を疑い琉球への態度を硬化させたにもかかわらず、なぜ琉球を拒絶しなかったのか」という本質的な疑問すらいまだに実証的に解決されていない。また従来の琉球史研究は、侵攻を巡る琉球の行動を、東アジアの国際状況——とりわけ日明関係——の機微への対応としてではなく、「日本への順逆」の文脈の中で捉える傾向にある。こうした点を鑑み、本書では、日明関係がいかにして直接的な国家間関係ではなく、琉球を介して日明が連なる三者関係の形成へと向かったのか、またそこにどのような琉球の判断と行動があったのかを検討したい。

②についても紙屋敦之らがすでに、明とは異なり清の存在は幕府にとって一大脅威であったこと、このために幕府は琉清関係を容認し、薩摩は琉球に清に対する琉日関係の隠蔽を指示したことを指摘している。しかしこれらの研究では、清の成立によって琉球における清・幕の権威の序列構造（すなわち「清＞幕」）と幕藩制支配の限界が確定したという点が看過されてしまっている。そこで本書では、明清交替を巡る琉・日（幕府・薩摩）・中（明・清）の動向を検討した上で、清の成立が琉球の国際的位置にいかなる影響を及ぼしたのかを考察したい。またあわせて、琉球における中国の王朝（およびその交替）の持つ意味を分析し、積極的に互いの関係を構築しようとした清初の琉清両国の動向をも跡付けることとする。

本書における第二の課題は、清の成立により最終的に確定した近世琉球の国際的位置が、王国末期までどのように維持されたのかを、琉球の国家的営みに即して明らかにし、中日の狭間の構造を具体的に解明することである。

2 狭間の構造

一般に、同一地域における二つの支配系統の併存には少なからぬ矛盾が生じるものであるが、近世琉球では清日に同時に従う状態が比較的安定的に維持されていた。その理由は、①東アジア地域の相対的な安定化、②1で挙げた琉球における清・幕府の権威の関係性、あるいは、③従来の研究が指摘する「清日の目的（要請）の相違」などによってある程度までは説明し得る。しかしこうした外的要因や「上からの論理」では、二国に従う主体であった琉球が実際いかにしてこの状態を維持していたのかという点を解明できない。

一方、琉球の側からは、中日への琉球の両義的な対応を「中日間の平和を理想とする『両属政策』」と捉えた東恩納寛惇の提起があるが、この視角をより修正的かつ実証的に検討する作業はいまだ十分に行われていない。そこで本書では、清日への臣従から生じる諸矛盾に琉球がどのように対応していたのかを具体的に検討し、その清日の狭間における国際的位置が安定的に維持された要因を琉球の側から探ることとしたい。このために本書では特に琉清間の漂流・漂着問題に着目して考察を行う。定められた担い手のみが関与する通常の外交とは異なり、突発的に発生し、場所や対象を限定できない漂着事件は、首里王府の対応や政策のみならず、貿易禁制やキリシタン禁制といった幕藩制の対外統制策と、清の指示や意図が複雑に絡み合わざるを得ないため、三国関係の実態を映し出す好素材であると思われるからである。

さらにこの分析結果を踏まえた上で、最後に本書では、琉球の国際的位置や、それを支える様々な営みの背景にいかなる国家体制および国家意識が存在していたのかを考察する。

なお本書では琉球に性質は異なるものの二つの支配系統が併存していた事実を鑑み[39]、清・日本から琉球に下達される下知・指示・統制・規範などを総称する説明概念として、清日それぞれの「支配秩序」と呼ぶことにする。また琉球に関わる範囲内においては、この概念を用いて、中国の伝統的な国際秩序や日本を中心とする華夷秩序（研究の動向4・5を参照）をも指すことにする。

3　「近世琉球」の特質と意義

1・2の課題に沿った分析・検討は、近世琉球の性質をより明らかにし得るのみならず、琉球の側から中国・日本の、および中日関係そのものの在り方を相対化し、東アジア世界をより多角的に捉え直す作業にも繋がると考えられる。こうした見通しに基づき、本書では最後に1・2の成果を踏まえた上で、近世琉球の国家的特質と歴史的意義を指摘することにしたい。

四　本書の構成

本書は三部から構成される。

第一部「狭間の形成」は、主に第三節1の課題に沿って展開される。すなわち一六世紀前後の東アジアの動乱の中で、近世琉球の国際的位置がどのように形成されたのかを、主に中日の関係性と連動させて考察する。第一章「琉球人か倭人か――一六世紀末から一七世紀初の中国東南沿海における「琉球人」像――」では、一五九四年から一六〇二年の間に明の東南沿海において漂着したり捕獲されたりした「琉球人」が「倭人」と「誤認」される五つの事件を取り上げ、秀吉の朝鮮出兵（一五九二・九七年）の影響による日明の対立構造の中で、両国の間により強く挟まれていく琉球（人）の摩擦や葛藤、およびそこに見られる後の王府の外交姿勢との共通性を考察する。第二章「琉球侵攻と日明関係」では、近世琉球の国際的位置の大枠を決した琉球侵攻に着目し、この事件を巡る琉・日・明の動向を各国の史料から複眼的に整理・分析する。特に研究が手薄な明側の反応やこの事件の明における影響力を重点的に検証し、侵攻を巡る琉球の対応を日明関係の機微と連動させて考察する。第三章「近世琉球と明清交替」では、明清交替の琉球における歴史的意義を検討する。具体的には、この事件が琉・清・日の三国関係に及ぼした影響、および事件時の琉球の対応が後の琉清関係に及ぼした影響を考察する。

　第二部「狭間の運営」および第三部「狭間の思想」は主に第三節2の課題に沿って展開される。第二部は計四章で構成され、琉清間の漂流・漂着問題に着目し、清の成立によってほぼ確定した琉球の国際的位置が、その後比較的安定的に保たれた要因を琉球の側から分析するものである。第一章「中日の支配秩序と近世琉球――「中国人・朝鮮人・異国人」漂着民の処置をめぐって――」では、清日の指示が完全に相反した外国人漂着民の送還方法を巡る問題を取り上げ、清日どちらの指示にも従うべき立場にあった琉球において、この問題がどのような構造の下で解決されていたのかを考察する。次に第二章「近世琉球における漂着民の船隻・積荷の処置の実態――中国と日本の狭間で――」において、幕府の規制と清の規範がほぼ相反するものであった中国人漂着民の船隻・積荷の処置に着目し、首里王府が清日の支配秩序の潜在的な矛盾にどのように対処していたのかを考察する。さらに第三章「近世琉球と「日本の国境」――唐人証文の分析――」では、幕府の対外統制策の一つであるキリシタン禁制を取り上げ、琉球に漂着した中国人に対する禁制「適用」の実態を分析することによって、清日の支配秩序の継ぎ目の構造を具体的に明らかにする。

最後に第四章「清に対する琉日関係の隠蔽と漂着問題」では、「清に対する琉日関係の隠蔽政策」に着目し、琉清間の漂着事件の分析を通じて隠蔽活動の実態を明らかにし、この政策が清日への二重の臣従によって生じる諸矛盾の回避や調整にどのような役割を果たしていたのかを考察する。

第三部は第一章「近世琉球の自意識——御勤と御外聞——」からなる。近世琉球において成立した国家的自意識において、本書第一・二部で論じてきた中国・日本と琉球との関係にいかなる政治的意味が与えられたのかを、「御勤」と「御外聞」という概念を手掛かりに考察する。

最後に終章において本書の分析成果を総括し、そこから導き出し得る近世琉球の国家的特質と歴史的意義を指摘する。

注

(1) 喜舎場朝賢『琉球見聞録』至言社復刻版、一九七七年、二四頁。
(2) 本書では中国・日本・朝鮮・琉球を指して「東アジア」の語を用いる。
(3) 明は周辺諸国に積極的に朝貢を促す一方、民間人の海外渡航や貿易を厳禁する海禁令を繰り返し発布した。このため明の海外貿易は、朝貢に伴って行われる国家貿易(朝貢貿易)に限定された。
(4) 近世後半から末期にかけての王国の動揺に関しては[西里二〇〇五]を参照した。
(5) 第二節1〜3は[沖縄歴史研究会一九九一、高良倉吉ほか一九九五、渡辺二〇〇三b、豊見山二〇〇三、豊見山二〇〇四f]を参照している。
(6) 三氏の研究動向に関しては[高良一九八〇]を参照した。
(7) 伊波普猷の学問・思想の全体像に関しては[金城・高良一九八四]を参照した。
(8) 「慶長役の目的が……其制度風俗を旧来の儘に遺存せしめて支那貿易の機関となし陰に其利益を壟断するを以て唯一の賢き政策となしたるが如し」[真境名・島倉一九五二:四三三頁]。

（9）「冊封進貢は経済上の欺瞞行為なり」［東恩納一九七八b：二〇五―二〇七頁］。ただし東恩納は、島津氏によって琉球は「支那貿易の一機関」に過ぎず、「貿易」・「支那思想防圧」・「幕府と自家の法令の維持」以外の干渉はむしろ「（島津氏の）苦しき負担」となるために、その他の内政は琉球政府に一任したことを指摘している［東恩納一九七八a：一四二―一四三頁］。

（10）たとえば「極めて苦しき小策を弄す」、「琉球の苦境に対しては、むしろ一片の同情に値するものあり」［東恩納一九七八a：四五頁、四九頁］など。

（11）この表現には「その実態は島津氏の傀儡王国だが」という含みがあるものと考えられる。

（12）たとえば、①中日の権威を並列的に捉えている、②琉球の在り方を中日の政治的意図の完全な客体として描いている、③琉日・琉中関係の相違を「人種的親疎」で説明しているなどの問題点が挙げられる。

（13）琉球処分を「侵略」（強制併合）と位置付ける井上清は、近世琉球を薩・清に「両属」しながらも「独自の国」であったと主張し［井上一九六二］、一方、侵略否定説を採る下村富士男は、琉清関係を形式的儀礼的として実質は「日本の領域」であったと主張した［下村一九六三］。

（14）菊山正明は琉球の裁判権や軍役の非賦課の問題から幕藩制との関連性を検証し「琉球王国は薩摩藩支配を受けながらも、一《ママ》の国家として存在」したと結論付け［菊山一九七四］、田港朝昭は石高制・「鎖国」制など幕藩制の特徴が琉球に貫徹しているか否かを問う問題意識を提示した［田港一九七六］。

（15）［宮田一九八四］ほか。

（16）八〇年代における成果は琉球新報社編『新琉球史――近世編（上）・（下）――』（同社、一九八九・九〇年）に結実されている。

（17）豊見山和行・真栄平房昭が、冊封が琉球王権にとって欠かせない要素であったことを究明し［豊見山二〇〇四b、真栄平一九八八b］、また真栄平は首里王府が海外貿易の利潤を家臣に分配することで自らの権力を保障する性質を有していたことを明らかにした［真栄平一九八四b］。

（18）豊見山はまた「上からの領有の論理」が先に立ち「琉球の歴史主体性」を欠落させた歴史認識に陥りかねないとして、この概念を批判している［豊見山二〇〇四e：二六三―二六四頁］。

（19）［豊見山二〇〇四e］。ただし「従属的二重朝貢国」という表現では、「従属的」が琉日関係のみを修飾するという豊見山の本意が伝わりにくい。その意味でこの表現には、琉球が中日へ異なる形で臣属することを十分に表現できない「中日両属」と同様の問題が内包されているように思われる。
(20) 安良城盛昭が一九七八年に示した認識である［安良城一九八〇：二〇一頁］。
(21) この豊見山の主体性論は、一部の琉球役人による島津支配への非協力行動の存在を指摘した崎原貢・上原兼善の研究を発展的に継承したものと考えられる［崎原一九七五、上原一九八一ａ］。
(22) 豊見山は薩摩藩による琉球支配の限界性を「封建的支配関係による限界性」と捉えている［豊見山二〇〇四ｇ：三〇二頁］。
(23) たとえば「琉球は半国家ではなく従属国家」であるとする豊見山の主張にも、「近世琉球は日本の一部か独立国か」といった近代における議論の影響が見られる。
(24) 試験による官吏登用制度。中国の科挙制を模して開始された。
(25) その契機は朝尾直弘の提言である［朝尾一九七〇、同一九七五］。
(26) ①に関しては［梅木一九七三］を先駆に、紙屋敦之がこれを発展させた（『幕藩制国家の琉球支配』校倉書房、一九九〇年）。②は紙屋による成果である（同書）。
(27) 上原兼善『幕藩制形成期の琉球支配』吉川弘文館、二〇〇一年。
(28) なおトビは、東アジアにおいて相対的に実効性を有していた「中国型世界秩序」と区別して、日本のそれを「日本型華夷観念」と名付けている。
(29) 弓削政己の近年の成果として［弓削二〇〇五］などがある。
(30) ［上原一九八一ａ］、喜舎場一隆『近世薩琉関係史の研究』（国書刊行会、一九九三年）、［徳永二〇〇五］。
(31) 西嶋定生は、漢字文化や儒教によって特徴付けられる中国文明を中心とした「東アジア世界」を想定し、その政治的構造様式としての「冊封体制」の存在に注目した［西嶋一九八三］。
(32) フェアバンクは、中国の文明上の中心性・優越性を、周辺地域や非中国人が受容することで成立する関係の束を「中国型世界秩序」と呼んだ［Fairbank 1968］。
(33) 他に［坂野一九七三］などがある。
(34) 夫馬進は、隠蔽の「事実」に気付きながらそれをそのままには公表しないか必要以上に追及しない清からの冊封使の姿勢を検討し、中国の安定に不必要あるいは有害な「事実」を過度に突き止めない彼らの「努力」にも着目すべきであると指摘している［夫馬一九九九：iv－x頁〕。

（35）本書第二部の各論考を参照のこと。

（36）たとえば〔上田二〇〇五、岩井二〇〇七〕などがある。

（37）この点に関しては本書で明らかにする。

（38）その背景には、徳川政権初期の日明関係史の解明自体がいまだ不十分であるという研究状況がある。著者は〔渡辺二〇〇六c〕においてこの点を指摘し、その部分的な解明を試みている。

（39）当時の琉球でも、清日両国との間にともにある種の「主従関係」を有していたという意味で、「唐大和の御取合（交際・外交）」、「唐大和の通融」、「唐大和への御勤」、「唐江戸への御公界（奉公）」といった語で並列的に二つの関係が捉えられることがあった。ただし、諸先学が繰り返し指摘するように清日と琉球との関係は等質ではなく、当時の琉球人も前者を「封王（冊封）－進貢」、後者を「下知－奉公」などと称して明確に区別していたことに留意しておきたい。

第一部　狭間の形成

第一章　琉球人か倭人か
——一六世紀末から一七世紀初の中国東南沿海における「琉球人」像——

はじめに

一六世紀末から一七世紀初にかけて、それも一五九四年から一六〇二年というごく短い間に、中国（明朝）の東南沿海部において漂着したり捕獲されたりした「琉球人」が「倭人」と「誤認」される事件が相次いだ（表1）。明清時代の諸史料を通観するに、これはきわめて特異な現象であるように思われる。[1] たとえば『明実録』では、この時期以外の同種の事件として一三九二年の一事例が確認できるだけである。この一事例は、開始されて間もない明との冊封・朝貢関係の中で「琉球」が国際的に認知されていく時期の出来事であり、倭人への誤認は特に不自然ではないだろう。[2] しかし上記の連続誤認事件は、琉明関係の開始からすでに二〇〇年以上が経過し、「琉球」の存在が周知された後の出来事である。またどの事件でも必ず倭人と「誤認」されている。このことは何を意味するのであろうか。

琉球は、王国形成以降、「沖縄県」として日本に包摂されるまで、周辺の諸国・諸地域と密接な関係を持ちつつ自律的な一王国として存続してきた。その対外関係の主軸となったのは、一四世紀後半に開始され王国の終焉まで維持された中国（明清）との冊封・朝貢関係である。一方で、一六世紀末頃から日本（島津氏・豊臣政権など）も徐々に政治的影響力を強めていった。一六〇九年、ついに薩摩の島津氏が琉球に侵攻し、これによって琉球は中国との君臣関

表1　『明実録』に見られる琉球人漂着民・捕獲民

西暦	『明実録』の記事の年月日	名前(人数)	備　考
1392	洪武25年5月己丑	才狐那等(28)	倭人と誤認
1441	正統6年閏11月己丑	沈志良等	※爪哇への遣船
1469	成化5年4月丙辰	？	※来貢と自称
1473	成化9年4月丁卯	？	※満剌加への遣船
1503	弘治16年10月辛丑	呉詩等(152)	※満剌加への遣船
1594	万暦22年6月辛未，12月丙辰	**失麻哈児**等(34)	倭人と誤認……A
1595	万暦23年8月壬戌	哈那等 **(29)**	**倭人と誤認**……B
1599	**万暦27年5月頃**	**金仕歴**等**[進貢使]**	**倭人と「誤認」**……C
1601	万暦29年11月己酉	**熊普達**等(19)	真倭数人が混在……D
1602	万暦30年9月壬午	由弗多等(57)	**倭人と誤認**……E
1602	万暦30年9月壬午	烏多十郎等(3)	

（ゴシック部分は別史料から判明）

係を維持しつつ、徳川幕府の支配下にも組み込まれるという複雑な国際的立場に置かれることになった。

冒頭に指摘した「誤認」事例は、まさに日本が琉球に対して影響力を強めていた時期の、そして島津氏が琉球に侵攻する直前の時期の出来事である。さらにこの時期には豊臣秀吉の朝鮮出兵（一五九二・九七年）が行われ、東アジアの国際関係――特に日明・日朝関係――は非常に緊張していた。本章は、こうした史脈の中で発生した一連の「誤認」事件に着目し、その歴史的意味を可能な限り考察しようと試みるものである。

一　五つの「誤認」事例

本節では、表1に示した五つの「誤認」事例（A～E）の概要を紹介していく（なお地理に関しては図1を参照のこと）。

1　事例A――失麻哈児事件――

「倭人」としての判断

事例Aは一五九四年五月に蘇州府崇明島で捕獲された夷船一隻（夷人三四名）の事例である。南京監察御史・蕭如松の「議兵船獲倭疏」[3]によれば、

図１　関連地図

倭奴捕獲の報告を受けた蕭如松から、蘇松常鎮兵備道に調査が命じられ、さらに兵備道から蘇州の海防同知と知府に審問の命が下ったという。そこで同知らが呉淞陸営の通事を介して尋問を行ったところ、失麻哈児《しまはら》なる倭奴が、自らは大趾人で一五九一年に関白（秀吉）の麾下《きか》に投じたこと、関白は自分と麻三（小仏即《ママ》機国人）・衣水（戈里国人）を頭目に封じ、今年船四二隻を中国へ派遣して侵掠のために地理を探らせようとしたこと、暴風で自分の船は崇明に漂着したことを白状した。[4]同知らは「夷情は測り難く入犯の虚実も判然としない。また通事一名では各夷の言葉は判断し難いだろう」[5]と断定を避けつつも、夷人が倭船を操り倭刀・倭服を身に着け、時事を吐露したことを挙げ、また夷人は髪を蓄えている点で倭人とは異なるが、これも中国へ潜入するための変装だろうとして、彼らが倭人である可能性を強く示唆している。[6]なお明末中国における倭人イメージの一つが「頭髪を月代《さかやき》のように剃り上げていること」であり（図2）[7]、頭髪の有無は「倭人」判別の重要な基準であったと考えられる。

その後、同知らの報告を受けて兵備道が審問を行い、さらに「夷賊は戈里・安南・西洋・大趾・小趾・大仏郎機・小仏郎機などの国の出身である」[8]という情報を聞き出した。また夷人の所持する紙幅の末尾に「大明万暦十九年」「二十年月日敬白」と、別の一紙に「日本国」と訳出できる三文字が記されていたこと、衣水が「万暦二十二年」などの文字を書いたことを指摘した。ただし漢字に関しては「関白は本来中国人なので、〔夷人らも〕中国の文字を学習したのだ」[9]として、あくまでも夷人を秀吉の一味として解釈する姿勢を示している。なお当時の明においては「秀吉＝中国人」説が広く信じられていた〔中砂二〇〇二：一六三頁〕。

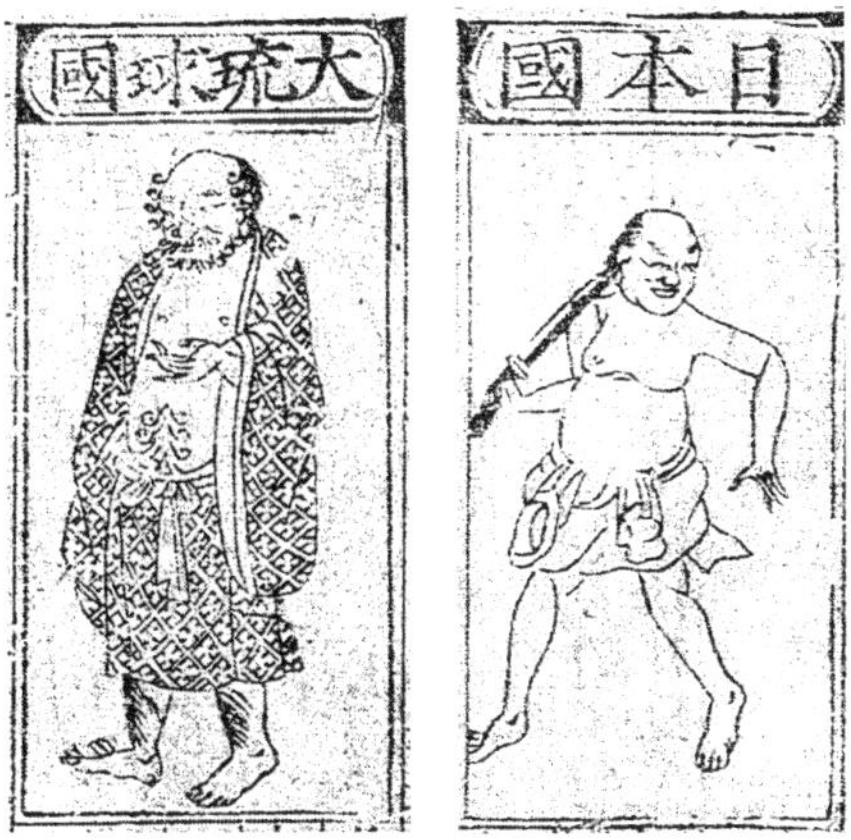

図2　明末に出版された百科全書の一つ『（新板全補天下使用文林妙錦）万宝全書』（1612年刊．東京大学総合図書館蔵）における倭人と琉球人（［田中 1993］参考）

道の審問結果を受けた蕭如松は、倭は表向きは冊封・朝貢

（封貢）を要請しながら裏では隙を窺って内犯を企んでいるのだとして、[10]薊遼総督・顧養謙らが主張していた秀吉封貢策を強く批判し、夷人を北京に移送して詳しく調査することを求めた。この事件は豊臣秀吉の二度の朝鮮出兵の戦間期、すなわち文禄の役後の日明講和交渉において秀吉封貢の可否を巡る明政府の議論が紆余曲折を繰り返している時期に発生しており、蕭如松は本件を論拠として自らの政治的見解を主張したものと考えられる。なお南京兵部尚書の周世選も「海防十議疏」[11]によって本件を朝廷に報告し海防の強化を求めているが、その中では蕭如松の疏文では言及されなかった「琉球」が夷人の出身地の一つとして挙げられている。

「琉球人」への転換

このように蕭如松・周世選の疏文においては、夷人はほとんど倭人、あるいは秀吉の一味と見なされていた。しかし『明実録』によれば、崇明県は朝廷に「倭人」の捕獲を報じたものの、[12]琉球国使（貢使）に識別させたところ琉球人であると判明したため国使に連れ帰らせることにした旨が記されており、[13]崇明県の判断は結果的に「誤認」とされたことが分かる。さらに皇帝は「今後、沿海地方で夷人の船を捕獲したら、より詳細に真偽を訳して（明らかにし）、功賞を目論んで遠人を不当に殺すことの無いようにせよ」と命じており、[14]万暦『新修崇明県志』の「（夷人は）僅かの武器も無く、莫蓙を敷いて足を組んで座り、衣冠・顔つきは中国と遥かに異なっている。訊ねても啞啞《あーあー》と言い不可解である。ただ合掌し叩頭するだけだ」[15]という記事とも兼ね合わせると、崇明県の「誤認」は判断者の強い先入観や政治的作為の所産であった可能性が高いように思われる。

2　事　例　B——哈那事件——

表2　事例B（哈那事件）の経緯

	事件の経過	夷人の供述	審問の結果
1	事件発生		
2	温州府・兵巡道の初審	日本国七島人28名＋明人1名［略奪行為］	倭人＋倭人に味方した裏切り者＝捕獲・征伐すべき→官兵は叙録すべき
3	福建省からの連絡	琉球人６名［進貢→報警］	
4	温州府の再審	明人１名→琉球人［福建で商売］	略奪者かつ倭人＋倭人に味方した裏切り者（進貢・報警・商売の三説を否定）
	兵巡道の再審		敵対者かつ何国何島出身か不明＝捕獲・征伐すべき→官兵は叙録すべき
5	巡撫の調査	みな琉球人	
6	鄭能良（明人）の自殺		
7	兵巡道の再々審	みな琉球人	敵対者かつ琉球人＝捕獲・征伐すべき→官兵は叙録すべき
8	按察司などの合同審査	みな琉球人（那覇などの人）	敵対者かつ琉球人＝捕獲・征伐すべき→官兵の叙録に関しては上官が判断すべき
9	按察司などの再審	［琉球と日本の不睦など］	琉球人（進貢・報警の二説を否定）
10	巡撫・劉元霖の上奏	［補貢（琉球進貢使の供述である）］	琉球人→琉球に命じて真相を究明させるべき

事例Bは一五九五年四月に浙江省温州府で捕獲された夷船一隻の事例である。『明実録』には、浙江巡撫・劉元霖が彼らを琉球人と判断して上奏し、皇帝が送還を命じた旨の簡略な記事があるのみであるが、(16)劉元霖の奏議『撫浙奏疏』(17)の「議処擒獲海夷疏」（巻一）・「査勘妄擒貢夷情罪疏」（巻八）（以下［撫a］・［撫b］と略記）には本件の経緯が詳細に記されている。その全容はすでに別稿にて詳述したが［渡辺二〇〇六b］(18)、概要を示すと次のようになる（表2も参照のこと）。

「倭人」としての判断

［撫a］によると、外洋巡視の官兵が「活倭」の哈那《はな》ら二八名と、一五七七年に海上で拉致され日本に虜去された福建省福州府閩県人の鄭良能を生け捕り、その他の夷人は溺死したり官兵に殺害されたりしたという。按察司温処兵巡道の命を受けて審問にあたった温州知府・劉芳誉らは、温州通事（林森・孫小三）を介して、鄭良能は一五七七年に海上で捕魚中に拉致され日本に連れ去られたこと、夷人は日本国烏嶼《ママ》七島《しちとう》より出船し海上で掠奪を試みたが漁船・商船に遭遇しなかったことや、以前

から鄭良能が夷人らを何度も略奪行為に誘引したことなどを聞き取り、さらに討ち取られた夷人の首を調べ――おそらくは頭髪の有無を調べたのであろう――「みな真倭である」と判断した。

しかしまもなく福建省の分守福寧道(19)から、官兵の攻撃から逃れた六名を捕獲したこと、六名が「琉球人」と自供していることが伝えられた。しかも彼らは当初、琉球の進貢使であると主張し（＝進貢説）、その後「日本が琉球に食糧を借りて中国を犯《ママ》そうとしているので特別に報告しに来た」（＝報警説）と言い換えたという。そこで再び劉芳誉らが夷人の審問を行ったところ、明人の鄭良能までもが「自分は琉球人で福建に商売をしに来た」（＝商売説）と言い出した。知府らは、夷人が日本製品を所持していることなどを根拠に夷人は倭人であると主張しつつ、その進貢・報警・商売の三説を次のように激しく非難した。

思うに、真の進貢であるなら、琉球陪臣の〔進貢使である〕鄭礼らが今厳然と福建に居てまだ帰国していないのに、なぜまた進貢する理屈があるだろうか。況や貢者であれば、必ず大きな軍艦に乗り、中国に入境する時には必ず合図をして旗を掲げ、その使者はまた冠裳の装いをしているはずであるのに、どうしてみな囚人のようにみすぼらしい者たちなのか。これが第一に信じ難い点である。

思うに、真の報警ならば琉球の公文書を所持しているべきであるのに、どうして僅かな書付をも持たないのか。〔報警について〕良能や諸倭に尋問しても、皆よく分からない様子であるのに、どうして報警などと言うのか。あるいは六名が福建省に移送された時、史世用が琉球人とやって来て伝えた「糧を借り山を謀《もと》むるの説」を風聞し、これを借りて言い訳をしたのではないか。これが第二に信じ難い点である。

思うに、真の商売ならば番文（外国の文書）を持って自らを証明すべきであり、兵船に遭遇しても帆を下ろして答弁すべきであるのに、どうして帆を上げ砲を挙げ刀を振るい矢を射て我が官兵を傷つけたのか。倭人たちは硫黄・馬尾・黄醬・牛皮を積んでいると自供するが、調べたところ牛皮はみな矢玉を防ぐ道具に加工され生牛皮ではない。もし硫黄があるなら火砲を連打する時に猛火となるはずで、どうして倭船は全部焼けて灰にならずに六人の倭を乗せて烽火門にたどり着いたのか。もし馬尾・黄醬があったなら、どうして少しも持たずに福建人に捕らえられたのか。また良能は諸人を誘って福建に商売に赴いたと言うが、福建では琉球市場を設けておらず、どうして船を漕いで直入できるというのか。これが第三に信じ難い点である。[20]

そしてこれらを根拠に知府らは、哈那らが略奪を行ったことは疑いないと断じている。[21] なお史世用とは、一五九三年に密偵として明から日本に派遣され、翌年、帰国途中に海上で遭難し鹿児島に潜伏した後、琉球に逃れ、琉球船で福建に送還された軍人（錦衣衛指揮使）である［歴代宝案①：七―一一・四号、歴代宝案②：三一―二号］。帰国した史世用は、関白の豊臣秀吉が琉球征伐を宣言し、琉球の北山（山北）地方に駐兵することを欲したと報告しており［歴代宝案①：七―四号］、また史世用の送還時に、琉球は一五九三年に秀吉が朝鮮出兵のための食糧提供を要求したことを明側に伝えていた［歴代宝案①：七―四号］。[22] 夷人の述べた報警説や、知府の言に見られる「糧を借り山を謀むるの説」には、こうした状況が反映されていたと考えられる。

ついで、これらの調査報告を受けた兵巡道も審査を行い、夷人は倭人であると判断しつつも「何国何島〔に属すの〕かは判断できなかった」と知府よりやや慎重な姿勢を示した。

「琉球人」への転換

一方、浙江巡撫・劉元霖は、夷人を倭人とする部下の見解に当初から懐疑的であった。このため密かに別の通事を使って独自の調査を行ったところ、殺害あるいは捕獲された夷人に「髪を切り落とされた新たな痕跡」があると判明した。つまり夷人を倭人に見せかけるため、元来は生えていた髪を何者かが故意に剃り落としたことが判明したのである。そこで巡撫は「寧波通事（夷来序・盛爵）は、夷人の容貌・言語・衣服・兵器を琉球のものだと言い確証があるようだ。それなのに、なぜこれを倭と言うのか」(23)と述べてさらなる調査を命じた。これが夷人の認知過程において結果的に大きな転機となり、その後の按察司などによる三審において、夷人は琉球人で、琉球那法《ナーファ》（那覇）などに住み、海上で遭難して温州に漂着したことが早々に確認された。この時、通事は「日本・琉球は隣接し、言語・容貌はほぼ同じで実に見分け難い」(24)と弁明している。なお鄭良能は三審の直前に自殺した。(25)

三審の結果を得た巡撫は、夷人を琉球人と断定した上で、進貢説・報警説についてのさらなる調査を指示した。そこで按察司などが寧波通事を介し夷人二名（哈那・幸四蓋）を尋問した。まず進貢官の人数や進貢品が尋ねられたが、夷人の回答はあやふやなものであった。これに対して通事は「〔琉球は〕三年一貢が常期である。〔万暦〕二十二（一五九四）年に進貢を行ったので、〔次は〕二十五年に進貢すべきである（※本件は一五九五年に発生）」、「哈那らは温州府の一審の時、福建に行って売買すると言っただけで進貢とは言わなかった」と指摘した。(26)次に報警説について尋ねると、夷人は「日本が食糧を借りようとしたことは確かだが琉球は肯《がえ》んじなかった」と述べ、両手を背けて二国不睦の意を示した。(27)しかし夷来序は「琉球は日本を恐れて敢えて他の情報を伝えないのだ」と報じた。(28)このため按察司では、進貢・報警説は疑わしく、その真偽は確証がないと判断した。

この四審の結果を得て巡撫が［撫a］に示した最終的な見解は、①浙江省の防倭の観点からは官兵による夷船への攻撃に一理あると認めながらも、②拘束できるはずの船一隻を攻めて「藩国の属夷」を殺傷したことや、地方官が「誤認」を認めなかったことを責め、③一方で荒唐無稽な供述を重ねる夷人へも疑いの姿勢を崩さず、琉球国王に責任を持って調査させるよう要請する、という煮え切らないものであった。そして巡撫は「天朝の小国を労る仁」と

「夷を御する体」が失われないことを望むとして〔撫a〕を締め括った。

さらに巡撫は〔撫b〕において、夷人を倭人であると主張した温州府参将・高可学を処罰し、官兵二名・通事一名を罷免したこと、琉球国使の出入港地である福州に滞在中の琉球進貢使・金士《ママ》〔仕〕歴が「〔哈那らは〕補貢（正規の進貢を補う使節）である」と述べたと福建巡撫・金学曾が知らせてきたため、夷人の進貢説は虚偽ではなかったと知ったことを報告している。そして進貢使の上京を待って兵部に真偽を尋問させるよう要請している。

その後の経緯は不明な点が多いが、琉球の正史『中山世譜』には、国人・哈那らの漂着を劉元霖が上奏して勅命を得、翌年、福建巡撫が漳州人の阮国を派遣して護送し帰国させたとの記事が見え〔中山世譜：一〇七―一〇八頁〕[29]、琉球の外交文書を集成した『歴代宝案』にも、福建巡撫が「鳥船壱隻」を派遣して夷梢・哈那らを送還した旨の記事がある〔歴代宝案②：三二一―四号〕。

3　事　例　C――金仕歴事件――

事例Cは琉球の進貢船（使者・金仕歴ら[30]）の帰国時に起こった事件である（一五九九年か）。『歴代宝案』所収の福建布政使司から琉球国に宛てた一五九九年五月一一日付の咨文によると〔歴代宝案①：七―五号〕、進貢船が「浙江丹《ママ》（平）陽県蓼花橋《りょうかきょう》地方」に至った時（漂着か）、哨官の侯成美らが機に乗じて財物を略奪し、彼らを「正倭」であると偽って県に送り届けた[31]。しかし取り調べによってこの悪事は露見し、侯成美は極刑（斬罪）に処されたという[32]。

4　事　例　D――熊普達事件――

事例Dは一六〇一年に浙江省温州府で捕獲された夷船一隻（熊普《ゆうふ》達《たつ》ら）の事例である。『明実録』には、浙江巡撫の

表3　事例D（熊普達事件）の審問経緯（審問機関とその判断）

1. 帰属の決定

一審	温州府	林元・黄紙は中国人(福建省漳州府龍渓県人). 他は倭人か.
二審	寧波府・嘉興府	
三審	分守寧紹台帯管兵巡海道	林元・黄紙は中国人. 他は倭人(七島人)か.
四審	布政司・按察司・都司	中国人(漳州)2名, 倭人6名(七島3・其甲山3), 琉球人11名.
五審	〃	倭人3名は去年も来浙. 林元は海賊の首領.

2.「琉球人」への転換

[北京]	会同館	在京の進貢使によれば「林元・黄紙以外は琉球人」.
一審	杭州府＋琉球進貢使	林元は中国人. 他は琉球人.（黄紙は死去）
二審	布政司・按察司・都司＋琉球進貢使	
三審	杭州府＋琉球進貢使	

劉元霖が「先行した琉球の進貢・請封（冊封要請）の船を探すために派遣された」と称する夷船を捕獲したこと、その中に「真倭」が混ざっており「衣笠・刀仗」はみな倭物だったため、北京の会同館に滞在中の琉球使に尋ねたが識別できなかったことが記されている。[33]本件の詳細は『撫浙奏疏』内の「報獲海夷併議将領功罪疏」（巻一九）・「議請覆勘夷情疏」（巻二〇）（以下［撫c］・［撫d］と略記）と『歴代宝案』所収の三つの咨文から知ることができ［歴代宝案①：四―四号、七―九・一〇号］、本件が事例Bと近似した事件であったことが分かる。なお本件に関しては『歴代宝案』に基づく田名真之・上原兼善の論考がある［田名一九九一、上原二〇〇一a］。

帰属の決定――倭人・琉球人・中国人――

［撫c］によると、四月一九日に官兵が温州の外洋で倭船を発見・攻撃し、戦闘の末に熊普達ら夷人一九名を捕獲したという。その最初の審問は温州府が通事・馬善十羅を介して、二審は寧波府・嘉興府が通事とともに行っている（審問の経緯は表3を参照のこと）。

審問の結果、夷人の内の二名――林元・黄紙（黄五）――は中国人（福建省漳州府龍渓県人）であることが判明した。林元は「万暦十八

（一五九〇）年十月八日に、官側に身柄を拘束されていない陳申なる人物と鍋碗雑貨を販売するため琉球国に赴き、商売をして今まで逗留していた。今年四月八日に皆と乗船し、国王の命で〔先に明に赴いた〕進貢・請封の船を探そうとしたが、大風のため温州に至り官兵に捕獲された」と述べた。また黄紙は「海辺に住んでおり、万暦二十三（一五九五）年、捕魚中に三川港（後に『薩摩』と供述）の山水鶏という名の倭人に拉致されたが、幸い同郷人がいて銀五両で身請けしてくれたので、二十五年に琉球（後に『琉球国外山』、『其甲山（喜界島）』と供述）に逃れた。今年四月三日、古米山（久米島）が大船（倭人八三名）と小船（五九名）〔の出航〕を計画し同八日に出帆した。海上で船三隻・夏布・米・銀を略奪し三人を殺害し、〔略奪品は〕大船に積んだ。刀・箭は官舎が頭目として管理していた」と供述した。温州府の地方官は、漳州人の多くが計略に富み、昔から遠方に赴いてしばしば外夷による国境侵犯を誘引してきたことを指摘し、漳州人の林元・黄五は先人の計略を引き継いで「販貨」を口実として外洋に出かけ、どこかの島の倭夷の官舎らと結託してやって来たのだと非難している。

また夷人の頭目は官舎・熊普達で、「〔自分は〕琉球人で、今年四月八日に琉球国の世継ぎに派遣され請封するのだ」と供述した。しかし温州府は、その所持品の内、少なくとも刀・衣・鞋は倭物であると通事が認定したことを挙げ、夷人が倭人である可能性を強く示唆した。ただし「調べたところ真正の倭奴の頭上は光っていて頭髪がないという。林元・黄五以外は容貌が兇悪で倭人と異ならないが、頭上にはみな髪があり、その長短は一様ではない。やや疑うべきである」と慎重な姿勢を見せた。

三審は分守寧紹台帯管兵巡海道が行った。この時黄紙が「馬加羅・脱古・禿鶏・戈石買・稽加は倭国七島の官舎らである」と述べたため、「倭人」は七島出身である可能性が浮上した。さらに兵巡海道が密かに黄紙を呼んで懐柔し「東倭」の野望の実態を白状させたところ、黄紙は、福建へ進貢するという夷人に拘束されて同船したと弁明しつつ、

の「慶長争奪」（関ヶ原の戦いか）がまだ決していないので、来春再び〔出兵を〕期しているのだ」と「薩摩の台湾侵攻計画」を伝えた。[46]

「倭国薩摩は挙兵し、今春に船三〇隻を造り、鶏籠《けいろう》（基隆《キールン》）・淡水《たんすい》を占領しようと欲したが、沙該《さかい》大王（徳川家康か）と

ついで三司（布政司・按察司・都司）により四審が行われ、林元も夷人が海上で略奪行為に及んだことや、夷人の大半は七島の「倭子」であることを白状した。さらに通事（李恵・夷来序・哈四班）を介して以下のように各夷の帰属が審問された。

其甲山《きかいじま》・七島・那花《なは》山は琉球と連なっている。戈頼は琉球人で船主官舎の子だ。馬加羅が「戈頼は官舎の子だ」と言った。馬丹台は琉球の那花山人だと自供したが、黄紙は、彼は七島に近い其甲山に住むと言う。嗟囉は琉球の那花に住むと言う。嗟囉塔南は那花人だと言うが琉球のことを尋ねてもよく知らない。倪四は琉球国阿金納山《おきなわじま》に住むと言い、石浦は琉球那花地方人だと言う。禿鶏は琉球阿金納山人だと自供するが、黄紙は其甲山人だと言った。弓児安嗟は琉球那花人、戈石買は那花人、楊馬度は那花人と自供した。禿馬里住は禿鶏の家人で水夫である。朱大は官舎の家人で琉球那花人だと言う。脱古は琉球国の管轄する烏髟媽《ウフシマ》（奄美大島）の人だと言う。官舎の熊普達は「〔自分は〕琉球那花人で、朱大・葛盛は家人、戈頼は息子、嗟囉は水主である」と言う。稽加は其甲山人の舵工と、葛盛は那花人と自供した。[47]

こうしてようやく一九名は倭人六名（七島三名、其甲山三名）、琉球人一一名、漳州人二名であるとする確定的な判断が下された。[48]三司は夷人による略奪殺人や官兵への敵対を非難し、その有髪・無髪は論ずるに及ばず、彼らが倭でも倭でなくても生かしてはおくことはできないとして、[49]その処分を主張した。だが黄紙については真実を吐露した経緯が勘案され、また葛盛については一二歳という幼さが考慮されて、それぞれの死刑を免ずることが提案された。加

えて熊普達らの捕獲に尽力した官兵の叙録も建議された。

その後三司が五審を行い、通事（孟柯十郎・陸勝・万全）を介して夷人と「去年来た倭船」との関わりが調査された。この倭船は、慶長の役で日本軍の人質となった明の軍人・毛国科（茅国科）の送還のために薩摩から派遣され、一六〇〇年に浙江に漂着した倭人・鳥原宗安《とりはらそうあん》の一行を指しており［渡辺二〇〇六c］、すでに定海通事の陸勝らは、熊普達らの中に宗安らとともに浙江に来た者がいることを指摘していた。(50) 五審では、宗安らと浙江に来たのは禿鶏ら三名であり、毛国科が日本に居ると通報した海賊の頭目・林明吾が林元であると判断された。(51)

この五審の結果を得て、巡撫は、夷人の帰属・夷人の処分や情状酌量・官兵の叙録などに関して、三司の意見をほぼ踏襲し、兵部の審議を求める上奏［撫c］を行った。

「琉球人」への転換

その後、巡撫は邸報（官報）を見て琉球進貢使の北京到着を知り、夷人が渡明の口実として「探貢」と述べたことを鑑みて、貢使に事実を確認し後の言い訳の道を閉ざすよう該当の部・科に提案した。(52) そこで北京の会同館の主事が進貢使の蔡奎と梁順に尋ねたところ、福建人の林元・黄紙の年齢・格好は〔琉球人と〕同類ではないが、熊普達らはみな琉球人であり、人を派遣して貢使の消息を探ることも旧法の通りであるとの返答があった。(53) これを知った巡撫は、夷人は日本の国情に通じ倭物を所持していたために「深く〔倭人と〕信じて疑わなかった。原疏［撫c］には少しの虚飾もない(54)」と弁明し、福州へ戻る琉球使が浙江を通過するさいに、彼らとともに夷人を審問したいと朝廷に要請して許可を得た。

そこで浙江の杭州知府らが通事（夷来序・李恵）と琉球使とともに夷人の審問を行うことになった。なおこの審問を前に黄紙と禿鶏は病死した。審問では、まず林元は福建省漳州人、残りの夷人は琉球人であると各々が自供したことが確認された。[55]次に琉球使は、熊普達を琉球の官舎、林元を琉球に流落し看針舵工を勤めていた福建人であると認め、さらに夷人を調べて全員が琉球人の声色（方言か）であるとした上で、刀箭について「琉球は日本に近接し兵器はほぼ同様である」と説明した。[56]また夷人に探封の件を尋ねると「熊普達は元々国王から与えられた咨文を有していたが登岸時の混乱で遺失した」[57]と供述した。略奪・殺人については林元のみが「黄紙が偽りの自白をした」と答えた。[58]知府らは「初期の調査と異なり一致しない。〔夷人の〕語は生を求めるために発され多くは口裏を返す。進貢使さえも辻褄が合わないことを言う」[59]と非難しつつ、「万一『探封』が事実で、我々がその闌入を理由に厳法に処せば外夷の〔天朝を〕信頼し服従する意に背くだけである」[60]と躊躇の姿勢を示した。そして官兵へ敵対した罪などを挙げ、「事は海防に属し国体に関わる。これを殺せば天朝の小国を労る仁を失い、許せば奸夷が僥倖する路を開くだろう」として、進貢使に夷人を連れ帰らせ、琉球に調査・報告させて、「懐柔を失わず奸計にも堕ちず、国体・海防ともに得るようにしてはどうか」[61]との提言を行った。

続けて三司が調査を行った。これに先だって琉球使の梁順は「ある姓の者がいて、[62]名は忘れたが福建省福州人だ。約四〇歳で背が低く髭は少なく顔が黒くてあばたがあった。一五九五年に琉球に漂着し字法を教えて暮らしていた。熊普達は琉球人で今は官舎の位階である。官舎は武職で中国の指揮と同様である。黄五（黄紙）は漳州人で三七、八歳である。太っていて背が高く髭がなく通事をしていた」[63]と述べていたが、三司の調査のさいに熊普達らに面通し「熊普達は官舎、林元は看針の人だ。……嗟囉・馬加囉・戈頼・石浦・禿鶏・牛四甲・楊馬度は琉球人で、病死した二名以外は知っている。戈石買・倪四・嗟囉は山上の人なので知らないが、その声色は琉球人のものだ」[64]と述べた。また夷人の所持品に倭刀や真倭の衣があることを認め、「これは倭物だが琉球の官舎が倭から買ってきたのかもしれない[65]」と述べた。もう一人の琉球使・蔡奎は「熊普達・林元は知っているが他は知らない[66]」と言った。この報告を受けた巡撫は以前自分が対面した時、黄紅は五〇歳近くで背が高く痩せて髭があり、林元は高齢で背は低くなかったと指摘し、「なぜ〔琉球使の〕供述と矛盾するのか。それならば稽加らは以前『七島の其甲山人』と供述し今『琉球人』と口裏を返すのを、どうして信じ切れるだろうか[67]」と述べ、さらなる審査を命じた。

そこで三司の命を受け杭州府が再び琉球使を尋問したところ、黄紅については「捕獲されて驚愕し苦難を経て痩せ弱ったのかもしれない。あるいは私どもと別れて四、五年が経つので髭が伸び顔が老けて五〇歳位に見えるのかもしれない[68]」と、林元については「琉球には林姓の福建人が二人いる。一人は林朝で、約四〇歳、背は低く髭は少ない。もう一人は林元である。前述したのは林元ではなく林朝の年格好であった[69]」と答えた。また七島については「其甲山は元来琉球で七島は日本であり海洋で隔たっている。稽加が其甲山の人だと供述したなら、それは元々七島とは異なっている[70]」と弁明した。報告を受けた巡撫は「琉球使の言は辻褄が合わず信じるに足らないが、すでに熊普達が琉球人であることは認めたので、〔琉球が〕常々恭順であり礼を守っていることを以て、寛大に処置し属国の体面を保たせるのが良いだろう[71]」と述べ、蔡奎らに熊普達らを連れ帰らせ、琉球に調査・上奏を命じ、林元は福建に移送して拘留すべきであるとの見解を示した。なおこの後の琉球の対応に関しては史料が乏しく判然としない。

5 事例E——釐失由弗多事件——

事例Eは一六〇二年に南直隷の松江府南匯県に漂着した夷船一隻（釐失由弗多《りしつゆふった》ら）の事例であり、松江知府であった許維新の『許周翰先生稿鈔』（巻五、雲間案牘）所収「護送琉球夷人帰国申詳」（以下［許］と略記）から、この夷人も当初倭人と疑われたことが分かる。

「倭人」としての判断

［許］によると、六月二九日に巡回中の官兵が海洋に異船一隻を発見し、婦女八名を含む「倭夷」五七名を捕獲したという。夷人は松江府に移送され、その尋問のため日本通事の方旺と薬薩古が召集されたが、知府らは彼らが共謀することを恐れて、薬薩古を儀門の外に待機させ、先に方旺に訳審させた(72)。すると頭目の釐失由弗多は琉球国〔人〕と「詐称」しており、船戸は亦失巴臘人、水手は罕人氏ら四〇名であること、六月五日に計五船で毗落末子(73)へ行き焼香・拝仏した後、大風に遭い他の船は沈没し本船だけが漂流したことが分かった(74)。次に夷人に姓名・年齢を尋ねると、供述した船上の人数や焼香の事情はほぼ合致した。また夷人の中に頗る狡猾な容貌をした帖公という男性がいて、番文を書くことができたために番文の一節を書かせてみたところ、全七九字の内の「国王下大小五十七人」という部分だけは漢文と同様であったが、他は明らかにできなかったという(75)。

その後、今度は薬薩古を召喚して釐失由弗多に夷人全員の名前を白状させたところ、一審の結果と一致したのは数名の名前だけであった(76)。そこで各人を呼び釐失由弗多に面通しさせると、大概の夷人は狡猾で、先の供述で自分の本名を言っておらず、釐失由弗多の供述こそが実情に近いものだと判明した(77)。また釐失由弗多は農作をしに郷土に行く途中で遭難したこと、琉球から一、二日の路程にある日本国阮満地方(78)の人間であることを供述した(79)。そこで松江府では次の調査を行い夷人を倭人と断定した。

松江府が琉球・日本の訳語を取って詳しく訊ねると、〔夷人の〕供述した郷語の内「顔・扇・鶏・犬」はみな日本語と同じで琉球語と異なっていた。しばしば琉球語と同じものがあるが、これは両国共通の言語である。琉球を問うと「密阿各《みやこ》の人」と言う。密阿各とは華語でいう彼の地の都《みやこ》のことだ。そこで密阿各の山川の有無を訊ねると曖昧で答えることができない。この審問により「日本人」であることは疑いないだろう(80)。

知府は「思うに琉球は属国で同情を引きやすいが、倭奴は近年天朝の牽制を受けているので、これに累を及ぼされることを恐れたのだろう。それは必然の情である」[81]と述べ、倭の好戦的な性質などを指摘して（後述）強い警戒心を示した。しかし「中国では恩波は広大で帝業は四海に轟き、四海は誠に差別なく平等である。〔四海の〕夷人が漂着したら哀れみ撫恤することは言うまでもない。例え敵兵でも投降すれば死罪は免じるものだ。今回の男女は、戦わずに捕らわれ平伏しているのだから罪に問うべきではない」[82]と述べ無罪放免を主張した。そして「ただし近頃の東酋は不穏であり、遠方の情勢は察知し難い。ましてや訳審は明白ではなく、もし不測の企みがあれば影響は小さくないだろう。兵備道に呈文を送付し犯人を移送して詳細に訳審させ、詳文を上司に取り次いで報告し〔それによって〕皇帝に題本を送り、四夷館に〔関係文書を〕発して詳しく訳させて決着すべきであろう」[83]との見解を示した。

「琉球人」への転換

この知府・許維新の申詳（上行文）は、一六〇二年七月一三日に巡撫・道に提出され、審査を経て府に返回された。府は各総所に命じて夷人を分宿させ、口糧を月給し、衣服・鞋・褥を作る布を与えた。皇帝には巡撫が上奏し「奏の通りにせよ」との旨を得たという[84]。これに関して『明実録』には兵部の覆奏として、夷人が供述を三変させたため真偽は分からないが、容貌・衣服・振る舞いは琉球人同様なので、福建に移送し琉球語に習熟した通事に尋問させ、琉球人であり問題がなければ帰国させるよう命じたと記されている[85]。

翌年二月、巡撫・道が千戸・医者・下級兵士を派遣し、馬牌・船・家畜を発給して、夷人を福州の福建布政司まで送り届けた[86]。その後、最終的な帰属の判断は福建でなされたと見られるが詳細は不明である。なお崇禎『松江府志』「国朝名臣宦績」の許維新の項には「海浜に男女六〇名の乗った夷船が漂着し邏卒が〔捕らえて〕功を立てようとしたが、調べたところ琉球の属夷だったので、当局に要請して扶持を官給し、福建省へ護送して帰国させた」[87]との記事が見える。また夷人一名が松江府にて病死し埋葬されており、これを悼む詩二首が『許周翰先生稿鈔』（巻一二、五言律詩）に収録されている。[88]

二　「琉球人」か「倭人」か——判断するということ——

前節では五つの事例を取り上げ、明の東南沿海部において当初「倭人」として捕獲された夷人が、その後「琉球人」として判断され直す過程を見た。本節ではこれらの事例に基づき、明において「倭人」か「琉球人」かを判断するということがどのような意味を持っていたのかを考察する。

1　「倭人」とは何か

そもそも当時の明において「倭人」とはいかなる存在であったのだろうか。まず事例Cに着目したい。これは琉球進貢使の積荷を略奪した官兵が、進貢使らを「正倭」と偽って県に届けた事件であるが、この官兵の行動からは、当時の明に「倭人は捕獲すべき（あるいは捕獲してもよい）」とする状況が存在したことが窺える。また事例Eで夷人を審問した松江知府の許維新は、「聞くところでは、該夷（倭人）は襁褓をしている（幼少の）時から、みなすでに武器を備えているという。（武器を持っていないと供述しているが）遠出の際に、どうして武器を持たないことがあろうか」[89]と述べており、倭人を武装して遠方にやって来る好戦的な輩と見なしている。すなわち当時の明では、倭人は「武装した好戦的な人々」であり、かつ「捕獲されるべき存在」であったことが推察されるのである。

こうした倭人観の背景として第一に指摘すべきは、事例A〜Eが豊臣秀吉の二度の朝鮮出兵（一五九二〜九三年、九七〜九八年）の時期、ないしはその後数年以内に発生しているという事実であろう。事例Dにおいては、浙江巡撫の劉元霖が次のように述べている。

以前から華・夷は広大な海上に共生し、漁民・商人は利を貪って賊に餌を与え、島夷は季節風に乗じて中国を乱してきた。秀吉が朝鮮に侵略して以来、海上は数年間落ち着いていたが、釜山の倭軍が逃げ去ると、〔近年〕東南に隣接する島々の者は次第に分不相応な願いを抱くようになり、去年は〔倭の〕使船（鳥原宗安ら）が突然来て狡猾な企ての兆しを見せ、今年は船を分けて流劫し狂態は益々ひどくなった。ましてやその武器の利なること、船の堅固なことは、全く昔の比ではなく、官兵が突如遭遇しても武技を発揮し難い。その評判が内地に伝わり民は狼狽している。防御を厳格にせず勝手に入境させれば、後の害は誠に小さくないだろう。(90)

すなわち秀吉の朝鮮出兵後、倭人による武装入境の脅威が再び強まってきたことを指摘し、彼らの侵入を厳重に阻止すべきことを力説しているのである。さらにここで劉元霖が、倭人を含む東南の「島夷」と華人（漁民・商人）との結託を危惧している点にも着目したい。明では、秀吉の朝鮮出兵が、一五五〇年代の嘉靖の大倭寇——倭人と沿岸部の人々との結託（＝内外の呼応）によって発生したと捉えられていた——の再来に繋がるとして強く警戒されていたが［中砂二〇〇三：一五六―一五七頁］、劉元霖の危惧も同様の意識に基づいていたものと考えられる。

このように当時の明では、約半世紀前の倭寇の記憶や秀吉の朝鮮出兵の衝撃のため、倭人（日本人）はほとんど敵同然の存在であり、警戒し捕獲すべき人々だったと言えるだろう。

2　「琉球人」とは何か

では「琉球人」とはどのような存在だったのであろうか。事例Bでは、夷人を「倭人」と見なす部下の判断に当初から懐疑的だった浙江巡撫の劉元霖が、「そもそも海外の属夷は一国だけではない。〔その中で〕琉球はとりわけ恭順であり、琉球人の容貌・服装は倭と当然異なっている。とりわけ貢船は見分けやすいものだ」(91)と述べ、また事例Dでも「琉球は常々恭順で礼を守っている」（一節4）と評している。事例Dでは夷人の審問に当たった按察司などの官人も、夷人たちを疑いながら「しかし琉球は元より属国であり『守礼向化の邦』である」(92)と述べ寛大な措置を提案している。こうしたことから、当時の明では、属国（朝貢国）である琉球に対して「恭順」・「守礼向化の邦」などの高い評価が与えられており、その琉球人観は（少なくとも公的には）きわめて良好であったと考えられる。

3　「琉球人」か「倭人」か

このように明では当時、時代背景に後押しされる形で「敵国同然の日本」と「恭順な朝貢国である琉球」という対比構造が明確化していた。このため必然的に倭人は「警戒・捕獲すべき対象」、琉球人は「救助・保護すべき存在」と見なされていた。したがって明としては倭人（敵）と琉球人（味方）を正しく見分けなくてはならず、またどんなに判別が難しい場合でも倭人か琉球人かの判断——ある意味で「決定」——を下さない訳にはいかなかった。また、もし琉球人を倭人と（あるいは倭人を琉球人と）誤認するようなことがあれば、それは判断者の過失となった。さらに倭人が「琉球人」を装って「助かろう」とする可能性もあり（一節5）、それを見抜けなかった場合も判断者の過失と見なされた。

加えて倭人が敵である以上、その発見や捕獲は地方官や官兵が功績を得る機会でもあった。このため、この状況を逆手に取って「倭人」捕獲の功績を目論み、判断者が非倭人を倭人と意図的に「誤認」する可能性が常に警戒されていた。事例Bでは官兵や地方官が夷人を「倭人」と判断したことが浙江巡撫から妄報として非難され、官兵の一人が罷免されている。また巡撫は後にこの事件を振り返って「海上の官兵は、重く褒賞されることを求めて、往々にしてみだりに殺し功績を報じる」(93)と指摘している。一方で、官兵が故意に琉球人を「倭人」に仕立て上げ、その荷を略奪した事例Cのような事件もあった。

このように当時の明には、「倭人」あるいは「琉球人」への判断(ないしは誤認)が、判断者の成績評価を功罪いずれかの方向に大きく左右し、また第三者から常にその判断の信憑性を問われるような状況が出現していたのである。こうした状況は、官兵や地方官の慎重かつ「客観的」な判断姿勢を喚起したと考えられる。すなわち事例A・B・Dでは、頭髪の有無・所持品における日本製品や日本文字の有無・入れ墨の有無(後述)などが事細かに検証され、事例Eでは琉日の単語チェックが実施されるなど、「第三者を説得するに足る根拠」の提示に力が尽くされているのである。ただしその根拠はあくまでも当時の「客観性」に準じており、中には「容貌が兇悪で倭人と異ならない」(二節4)など今日的な客観性とはかけ離れたものもあった。

また中には、先に「倭人」という結論ありきで、それに符合するように証拠を解釈する者もいた。たとえば事例Aでは、地方官らが、夷人の蓄髪を「非倭人に見せかけるため」、漢字の知識を「秀吉が中国人であるため」と説明し(二節1)、事例Bでは温州知府の劉芳誉が「諸倭の半数が腕に入れ墨をしていた。調べたところ倭俗に好く交わる者は入れ墨を贈るという」(94)などと主張して、それぞれやや強引に夷人を倭人と断定している。こうした判断には、偏見や先入観よりもむしろ判断者の政治的立場が強く反映されていたと考えられる。と言うのも事例Aは反「秀吉封貢」

論を主張する南京監察御史・蕭如松の疏文内の記事であり、事例Bの劉芳誉は秀吉冊封に反論したために左遷された経歴を持つ人物であったからである［三木一九九六：二三―二四頁］。すなわち秀吉封貢を巡って揺れていた当時の明朝の政治状況の中で、「倭人」捕獲は反封貢論者の論拠として有効利用できる素材でもあったと言えるだろう。

ところでなぜ夷人は必ず倭人と誤認されたのであろうか。その最大の理由は、倭人が当時、中国の沿海部で最も警戒されていたためであると考えられる。たとえば清代において琉球人漂着民が「倭人」と誤認されることはほとんどなく、一方で一七九六年に安南の海賊と誤認される事例があるが［中山世譜：一七八頁］[95]、それはおそらくその頃、中国の東南沿海部に跋扈していた海賊が「安南人（または安南人を装った中国人）」と見なされていたためであろう［豊岡二〇〇六］。

三　「琉球人」か「倭人」か――判断される人々――

次に判断される側であった夷人たちの実態を、当時の琉日の状況を鑑みつつ考察する。

1　夷人の帰属――重層性と多様性――

ところで夷人たちは一体「なに人」だったのだろうか。そもそも彼らには明確な帰属性なるものが存在したのであろうか。このことを考える手懸かりとして、夷人たちが当初、自らの帰属について、琉球だけでなく日本国七島・福州（事例B）、七島・其甲山《きかいじま》・烏髟嫣《おおしま》・漳州（事例D）と言った地名を挙げている点に着目したい。これらの自供情報は明で記録されたものであり、そこに判断者の作為や誤解が含まれている可能性は否めないが、この具体的な地名が全て明側の創作であるとも思われない。というのも、これらの自供における夷人の構成や帰属は当時の琉球の状況と合致しているからである。

まず領域支配の面から見ると、沖縄諸島の北東に連なる奄美諸島（大島・喜界島・徳之島・永良部島・与論島）は、一六一一年に島津氏の直轄領に組み込まれるが、当時はまだ琉球領の一部であった。また奄美諸島と薩摩の間に点在する七島（トカラ列島）は、一六一一年に島津氏の領分となるまで、島津氏と首里王府の支配を重層的に受け入れ、かつどちらの支配にも完全には与しない一種の「両属」地であった〔紙屋一九九〇b：二二八―二三六頁、深瀬二〇〇四：八九―九二頁〕。

一方、当時の琉球には多くの華人や倭人が住み着き貿易などに従事していた。琉球最大の港市であり環シナ海の国際貿易港であった那覇には、華人居住区である久米村が形成され、明初から遅くとも嘉靖年間までに来琉した華人（とその子孫）が居住して琉球の進貢業務などに就いていた。またこれとは別に一六世紀後半以降、様々な理由で渡来・定着、あるいは往来して操船や進貢に携わっていた新参の華人がおり〔田名一九九一：二五四頁〕、その中には倭寇に拉致され日本経由で来琉した者もいた〔上里二〇〇五：一二―一四頁〕。さらに那覇には琉球人と雑居・融合する形で倭人も住んでおり、そこには七島出身者も含まれていた〔上里二〇〇五：一二―一四頁、二六頁〕。この倭人も様々な形で首里王府に登用されており、華人同様に明への進貢業務に従事する者もいた〔上里二〇〇五：一四―一七頁〕。したがって琉球人・倭人・華人が同じ船――たとえ進貢船でも――に乗っていたとしても特に不自然ではなかったのである。

すなわち当時の琉日の境界は七島の辺りでグレーゾーン化しており、琉球内部（特に那覇）には琉球人・倭人・華人が混在し、ともに船に乗るような状況が存在していたのである。そしてこの状況下においては「琉球人かつ七島人

（あるいは倭人）」といった重層的な帰属意識を有する人々もまた存在していたと考えられる。こうした実態を鑑みると、夷人が当初供述した帰属――それは後に「誤認」とされた――は、むしろ「現状」をより正確に反映しており、それは「琉球人」か「倭人」かに一概に括れるものではなかったと言えるだろう。

にもかかわらず、明では夷人の帰属を琉球か日本かの二択に押し込め、その中で琉日の地理的境界すらも厳密に区別しようと試みていた。たとえば事例Dでは、夷人の尋問に当たった兵巡道が「其甲山・七島・那花山（那覇）は琉球と連なっている」とその位置関係を把握した上で、其甲山・七島を日本と見なし「倭人六名（七島・其甲山各三名）、琉球人一一名、漳州人二名」と判断を下している。つまり明では、現状におけるグレーゾーン的な境界に線引きすら図っているのである。それは当時の明において、琉日が異なる性質を持つ固定的な領域として認識されていたことの現れであろう。

こうした明の姿勢はいわゆる「嘉靖の大倭寇」の時代とは対照的である。この時期の倭寇（後期倭寇）が「中国・日本・朝鮮など様々な出自の人々によって構成された海賊集団」であったことは明でもよく知られていたが［石原一九六四：八二一―一一一頁］、なに人であれもっとも重要なのは彼らが「倭寇」であるということであり、その帰属自体は「倭寇」の処置に反映されない傾向にあった。(96) たとえば一五五三年に江南の呉淞口で「琉球人」の倭寇四名が生け捕られたが、彼らが琉球（という国家権力）に帰属する人々であることは全く問題にされていない。(97) しかし本章で見てきた一連の誤認事例では、官兵への敵対行為といった夷人の罪状のみならず、とりわけその帰属が問題視されている。それはおそらく、秀吉の朝鮮出兵により、日本がある権力に統治された固定的な領域を持つ敵国として認識され、それに属する人々（＝敵）として倭人・日本人が把握されるようになり、この敵と対比すべき存在（＝味方）として琉球・琉球人が強く意識されるようになっていたからであろう。こうした帰属に対する明側の意識の変化は、秀吉の朝鮮出兵を契機に、明・朝鮮において倭寇が文字通り「倭人の寇賊」として理解されるようになったとする石原道博の指摘とも深く関わるように思われる。[98]

2　夷人の公と私――もう一つの境界――

明側の最大の課題は夷人の帰属の「判断」であったが、他にも様々な問題があった。その一つが、自らを琉球国使であるとする夷人の主張（事例B・D）の真偽の判定である。

事例Bの夷人・哈那らは琉球の報警・進貢の使者であると主張していた。前述したように、最初の審問を行った温州府の地方官らは、彼らを「倭人」と判断すると同時に、琉球の「文移符験（公文書）」の不所持などを指摘して、国使説を否定している。その後、地方官らの判断を「誤認」と見なし夷人を琉球人と断じた浙江巡撫も、当初国使説には懐疑的であった。しかし後に彼は福建巡撫の通知を受け、夷人が「補貢」の国使であったことを認めている。

一方、管見の限りで本件に関する琉球の同時代史料は、明による「夷梢・哈那ら」の送還に触れる『歴代宝案』の僅かな記載のみであり〔歴代宝案②：三三一―四号〕[99]、哈那らを国使とする記述は見当たらない。しかしやや後の一六〇七年に出された琉球国王宛礼部咨文〔歴代宝案①：四―五号〕[100]には、一五九四年に道に迷い浙江に至った進貢使・菊寿らを福建巡撫が阮国らに送還させた旨の記事が見え、送還の中国人名の一致などから事例Bを指すと考えられる。これらの記録からは哈那らが国使であったのか、国使ではなかったものの後に「国使」と記されるようになったのか判然としない。なお後世の史料には事例Bを国使とする記事（一六〇〇年に琉球に入籍した阮国の家譜など）[101]と、国使としない記事（正史『中山世譜』など）が混在している。

事例Dの夷人・熊普達らは進貢請封の使節であると主張した。しかし倭人と疑われ、紆余曲折を経て（二名の華人以外は）琉球人であるとようやく認定された後も、倭物の所持や琉球公文書の不所持が問題となり、明では結局、国使か否かは判別できなかった。

『中山世譜』を含む琉球側の諸史料には、彼らを国使とする記事は見当たらない。しかし『歴代宝案』には、熊普達が一五九四年に国使として渡明したこと、および華人メンバーの黄紐が一五九八年に管船冠帯舎人〔航海長〕として通事・梁順とともに渡明したことが確認でき、彼らが琉球で進貢に携わる官職に就いていたことが分かる〔歴代宝案②：三一―一・六号〕(102)。このことから田名真之は、夷人は琉球の国使であった可能性が高いと論じ、他方、上原兼善は、渡唐役人や末端の水夫役人などが公船と偽って私的交易団を編成して渡明に及んだ可能性を指摘して本件を尚寧（当時の琉球国王）政権の動揺を象徴する事件として位置付けている〔田名一九九一：二五四頁、上原二〇〇一a：四八頁〕。現段階ではどちらの可能性も否定できないが、琉球は「進貢」において国営貿易とともに使者・乗員の私貨夾帯による私貿易も行っていたこと、当時の琉球には近世ほど確固たる身分制は敷かれておらず官人層と「たみ」は未分化かつ流動的であったこと、この時期の首里王府は政治的混乱の中で外交権を十分に掌握できていなかったと考えられること(103)などの点を鑑みるに、事例B・Dの夷人たちは、公・私の性格を併せ持った、逆に言えば公・私どちらかには切り分けられない集団であった可能性が強いように思われる。

3　判断者と被判断者のあいだ

夷人の中に華人が含まれていた場合、問題はさらに複雑化した。事例Bでは倭人に拉致されたという華人・鄭良能がおり、他の夷人が鄭の勾引により中国海上での略奪行為に至ったと供述したため、「元々は福建の人で外国に拉致されたのに、自ら進んで反逆者に加担し〔倭を〕嚮導した。……その陰謀は計り知れない」などと地方官による非難が鄭に集中している〔渡辺二〇〇六b：五頁〕。しかしその後、鄭が移送中に自殺したため議論は中途半端に収束してしまった。

事例Dの夷人には福建省漳州人の黄紝と林元がおり、前者は日本へ拉致された後に琉球へ逃れたと、後者は商売のため琉球に赴いたと自供したが、明の地方官は当初、漳州人が昔から遠方に赴き外夷による中国侵犯を誘引してきたことを述べ、黄紝らもその計略を受け継いでいると強く非難した（一節4）。しかし彼らが官側の懐柔策に応じて供述を一転させ、夷人の海上における略奪行為や薩摩の台湾侵攻計画を暴露し、「〔自分が当初〕探貢と詐称したのは官舎（熊普達）の主意で、彼が『こう言え』と強いたのだ。また船上の一八人に命じて『こう言え』と求めたのだ[104]」などと告げると、地方官らは「その最も的確な証とし得るのは黄紝の自供である[105]」と、黄紝らの供述に信を置くようになった。

こうして琉球における任職歴があるにもかかわらず、黄紝らが罪を全般的に他の夷人に被せようとしたのは、当時日本・琉球への渡航を禁じていた明から密航者・違法者として処分される可能性を避けたかったからであろう。このため明官が期待する回答（＝夷人情報）を創作・提供する協力者として自らを位置付けることで、罪を逃れ助命を図ろうとしたと考えられる。しかし後に明側の議論の流れが夷人を琉球人と見なす方向へ向かうと、林元が「黄紝は嘘の自白をした」と先の供述を否定し出すなど、彼らの供述は場当たり的で一貫性に欠けており、最後まで地方官を翻弄することになった。夷人の中の華人メンバーは、判断者と被判断者の間で揺れる境界的な存在であったと言えるだろう。

一方、判断者である明側スタッフにも境界的な人々がいた。それは直接夷人の審問に当たる通事である。事例Dで温州府の地方官が「通事の馬善十羅《さんしろう》は、日本を離れた時十八歳だった[106]」と述べるように、通事の中には日本出身者が含まれていた。彼らは捕虜から充当される慣例があったと見られ[107]、事例Bでも兵巡道が「死者も多いが生者もまた多いことを憐れみ、さらに誅殺を加えるに忍びないのなら、捕虜の内の牛歌・独歌・尼歌〔の三名〕を各区に分発して通事として養成し国家の不殺の仁を明らかにしてはどうか[108]」と提案している。すなわち当時の明には「通事への充当」という形で被判断者が判断者の末端に組み込まれる構造が存在したと言えるだろう。だがこうして「判断者」となった通事に対し上官の警戒心は消えなかったようである。たとえば事例Eでは日本通事の方旺・薬薩《やさく》古を召集した知府らが、共謀を恐れ薬薩古を儀門の外に出し先に方旺に訊審させている（一節5）。名前から薬薩古は元「倭人」と考えられるが彼に対する知府の不信感が窺える。

このように判断者と被判断者の境目は、夷人の中の華人や明の元「倭人」通事らの存在により曖昧化し、このことが明における判断をより複雑かつ困難にしたと言えるだろう。

4　夷人の供述変更

最後に、特に事例B・Dに顕著な現象である夷人自身の供述変更について考察したい。彼らの供述変更の最大の特徴は、自らの帰属を「琉球」に一元化しようとする方向性である。前述したように、夷人の最初の供述における帰属の方がむしろ実態を反映している可能性が高いとすれば、この変更をどのように捉えるべきであろうか。一つに、明では「琉球人」と判断された方が明らかに有利である現状に夷人たちが触発された可能性が指摘できる。たとえば事例Bで、当初中国人であると供述した鄭良能が、明官から「倭人」誘引の嫌疑を掛けられると、直ちに自らを琉球人だと主張し始めたのは、まさにそのためではないだろうか。また夷人の中には重層的な帰属意識を有する者がおり、彼らが状況に合わせて帰属を使い分けていた可能性も考慮に入れておく必要があろう。

一方、当初「琉球・其甲山《きかいじま》・七島」などの帰属を供述していたにもかかわらず、途中から夷人全員が「琉球」人であると主張するようになった事例Dでは、中国滞在中の琉球進貢使が「其甲山は元来琉球で七島は日本であり（両地は）海洋で隔たっている。稽加が其甲山人と供述したなら、それは元々七島とは異なっている」として夷人を後押ししている（一節4）。すなわち明が日本領と判断した其甲山は琉球領であり、七島以北こそが日本であるとし、稽加は琉球人だと説明しているのである。其甲山《きかいじま》が琉球領であったことは事実だが、七島（トカラ列島）は先述したように実際は「琉日両属」的な地域であった。さらに一六〇一年に朝鮮国王が琉球に送った回答によると、琉球はそれ以前に朝鮮に届けた咨文の中で七島は琉球に所属すると明言しているのである。[109] つまり琉日の「境界」は、琉球に（あるいは夷人に）都合良く使い分けられていたと言えよう。なお明において当初「七島」人と判断された三名の夷人がどのような理屈によって「琉球人」と判断し直されたのかは史料上に記載がなく判然としない。

同様の「使い分け」は夷人自身の供述にも現れている。たとえば事例Bの夷人は「日本は琉球に食糧を借りて中国を犯《ママ》そうとしているので特別に報告しようとやってきた」と主張し、日本の要求に琉球が承伏しなかったことを述べつつ、両手を背けて「二国不睦の意」を示すなど、琉球が「日本と敵対する存在」であることを強調している。しかし琉球は、朝鮮出兵の軍役免除の代替に日本（島津義久）が命じた一五九一・九三年の兵糧米提出の内、九三年の要請は確かに断っているものの、九一年の要請には応じているのである。すなわち夷人は日明関係の悪化という情勢の中で都合の悪い事実は伏せ、あくまでも日本と敵対し、かつ明の側に立つ「琉球人」像を強調したと考えられる。単なる「琉球人」から「明にとってより好ましい琉球人」へと自己像を補強するこの供述変更は、当時の国際情勢を利用した夷人の積極的な助命措置獲得のための行動であったとも言えるだろう。

おわりに

一六世紀末から一七世紀初にかけての連続「誤認」事件は、秀吉の朝鮮出兵による日明の関係悪化を背景に、「琉球人」か「倭人」か判別し難い人々の存在を許容できない明の政治状況下で発生した。中国沿海部の官人や官兵にとって、敵同然の「倭人」か、忠順な朝貢国の民である「琉球人」かを峻別することは避けられない任務であり、またいかなる判断も自らの――あるいは他の誰かの――政治的利害や功罪に結び付く可能性があったため、「判断」の妥当性や信憑性は数次にわたる夷人の審問や証拠の検証の中で慎重に議論された。

一方、当時の琉球と日本の地理的境界は七島一帯でグレーゾーン化しており、琉球港市部には琉球人・倭人・華人が混住しともに船に乗る状況が存在していた。すなわち両国の境目は地理的にも民族的にもきわめて曖昧で、そこに暮らす人々の帰属意識は多様かつ重層的であったと考えられる。このような「現状」は、一連の事件における夷人の最初の供述内容と見事に合致しており、彼らが琉日の境域を行き来する人々であったこと、したがって琉球人・倭人のどちらにも完全には分別され得ない人々を含んでいたことが推察できる。

こうした状況にもかかわらず、明側では琉球人か倭人かの判断（ないしは「決定」）を下さざるを得なかったため、実在しない「線」としての琉日の国境を想定するなどして、夷人の帰属を半ば強引に切り分けていた。特筆すべきは、この時期の明における琉球人・倭人は、それぞれ異なる権力に支配された固定的な領域に属する人々として認識されていたことである。これは、それ以前の「倭寇」の地理的帰属が必ずしも権力的帰属と同一視されていなかったことと対照的である。まさに秀吉の衝撃的な出現が、明に日本を「支配者・領域・領民」の総体として認識させ、これと対比的な琉球像を確立させ、二国の「領民」を峻別する国家的装置の始動を促したと言えるだろう。

ところで捕獲された夷人たちは、自らの帰属を「日本国七島」・「日本国阨満」と供述するなど、琉球人・倭人の分別を巡る明の緊迫した状況に当初は比較的無自覚であった。しかし審問が進むにつれ、彼らは最初の供述を変更し、実態とは異なる、あるいは実態とは完全に一致しない「琉球」という帰属を一様に主張するようになった。その中には、琉球による日本への兵糧米提出といった都合の悪い事実は伏せ、「日本と対立し明の側に立つ琉球」を強調する夷人もいた。さらに明に滞在中の琉球国使も夷人を後押しし、彼らの供述に辻褄の合うような「国境線」の存在を主張することすらあった。おそらく夷人たちは、審問の過程において「倭人」と判断されることの危険性を察知し、明における「琉球人」像――時には「より好ましい琉球人」像――に気付き、その像に自らを積極的に近付けることによって身の安全を確保しようとしたと考えられる。それは明側で形成された自らの他者像を、対外向けの自己像として夷人たちが他律的に獲得する過程であったとも言えよう。

「誤認」事件から数年を経た一六〇九年、琉球は薩摩の島津氏に侵攻され、明との君臣関係を維持したまま徳川幕府の支配下に組み込まれた。幕府から琉球の所管を認められた島津氏は、一六二四年頃から琉球に対し日本風俗を禁じるようになった〔紙屋一九九〇a：二五―三二頁〕。これは琉明貿易の利潤獲得に期待を高めた島津氏が、琉球を「王国」として保全することで、琉球侵攻後、琉球への態度を硬化させていた明と琉球との関係改善を企図したためであるとされている〔紙屋一九九〇a：三一―三三頁〕。この解釈にはさらなる検討と史料的裏付けが必要であるように思われるが、ともあれ「琉球人」像・「日本人」像は、日本の側からも区別を強いられるようになったのである。

さらに琉日の地理的・民族的な境界も薩摩によって明確化された。一六一一年に七島と奄美諸島が薩摩藩領とされ、その翌年から日本人の琉球への自由渡航や居住が段階的に禁止されて、すでに琉球に定住していた日系人・日本人は、在琉の華人・朝鮮人などとともに「琉球人」として王国の領民に組み込まれていったのである〔豊見山二〇〇三：七三―七六頁〕。こうして琉球領と「琉球人」固定化が進行し、実態としても日本・日本人との区別は自明化していった。なお幕藩制下においては近世日本の「国民」としての「日本人」の固定化が進みつつあった(110)。

その後、明清交替（一六四四年）の混乱を経て、琉球が清を中心とした新たな冊封・朝貢関係の中に再編されると、中国向けの「琉球人」像から「日本」の痕跡は一層意図的に消し去られるようになった。清の軍事的脅威、および琉球支配を原因とした清との摩擦を回避しようとする幕府の姿勢を背景に、琉球・薩摩は結託して清に対し琉日関係を隠蔽するようになったからである〔紙屋一九九〇b：二五六―二六二頁〕。特に一八世紀前半から中葉にかけて、首里王府は積極的に隠蔽策を強化し、中国人に対し日本の物品を隠匿し日本との関係一切を口外しないことなどを国内に周知させていった（第二部第四章参照）。この頃の琉球人は、自らは琉球人であるという認識の下で「琉球人」像・「日本人」像を明確に区別していたと考えられる。たとえば王府は「日本船に数名の琉球人が同乗して清へ漂着したさいには日本人に変装すること」を命じていたが、実際、琉薩間を往来する薩摩船の琉球人水主《かこ》らは、清へ漂着すると急いで琉球風の髷《まげ》を切り落とし日本風の月代《さかやき》を剃り日本名を詐称していた（第二部第四章参照）。このように、琉球は国策によって二像の境目を管理し、忠実な朝貢国の民としての「琉球人」像を清へ供給するようになっていたのである。またこうした営みは、清日両国への臣属によって生じる諸矛盾を調整しながら、清日の狭間で自らを安定的に存続させようとする琉球の自律的な国家運営の一端をなしていた（第二部第四章参照）。ただし明末とは異なり、近世の日清間に大きな対立は無く、また琉球・薩摩の懸念にもかかわらず清自身は琉日関係をほとんど注視していなかった。

翻って明末の連続「誤認」事件を鑑みると、夷人らが明において獲得した「ふるまい」には、明向けの「琉球人」像の意図的な提示や琉日関係に関する情報操作など、中日両国との君臣関係が併存した近世期（一六〇九～一八七九年）における首里王府の外交姿勢の雛形とも呼ぶべき要素が看取できる。夷人には公・私の性格を併せ持つ者が含まれていたこと、全ての事件の対処に琉球の国使や王府が関わっていたことなどを勘案すると、日明の対立構造の中で両国の間により強く挟まれつつあった時期における「誤認」事件の体験・記憶が、この「狭間」で生き抜くための術として首里王府に蓄積され、後の外交姿勢や国家体制の構築に少なからぬ影響を及ぼした可能性が指摘できるだろう。さらにこれらの事件は、東アジアに「近世国家」の枠組が形成される過程において発生した「国々の境目」を巡る様々な摩擦や葛藤を、国家間外交の主導者ではなかった境域の人々の側から具体的に考察する視角をも与えてくれる。こうした問題をより深く追究し、琉球侵攻直前の琉球の動揺、あるいは近世初期の東アジアの政治的混乱の中から、後世へ何がどのように受け継がれたのかを多角的に明らかにしつつ、転換の時代の持つ意味を問い直していくことが次章以降の課題である。

注

（1）明清時代の琉球人の中国漂着については［渡辺一九九九、同二〇〇〇］を参照されたい。

（2）豊見山和行はこの事例を「琉球国・琉球人の内実化を示す一例」と見る［豊見山二〇〇三：二七頁］。

（3）朱吾弼等輯『皇明留台奏議』巻一五、兵防類（『四庫全書存目叢書』史―七五）。以下、特に注記のない限り本件の典拠はこれに準ずる。なお本史料と注（11）所掲史料の存在に関し中島楽章氏のご教示を賜った。

（4）中有一名失麻哈児肯言、楊恵来訳得、哈児称係大趾人、万暦十九年四月初四日、投充関白名下。……関白封哈児、与小仏即機国人麻三、戈里国人衣水、為三頭目。今年五月初三日午時、遣船四十二隻出洋、在於中国地方、窺探地理、以便侵掠。……飄至崇明。

（5）惟照夷情叵測、入犯虚実固未可知、而通事一人各夷語言恐亦未易弁。

（6）但其所操者倭船、所佩者倭刀、所衣者倭服、而所吐露者皆時事。……雖髪之已蓄、若与倭首稍別、然拠失麻哈児所供、諸所同舟者、皆由各島、投入関白部下、欲潜入中国、故令蓄髪耳。

（7）一七世紀初に明で刊行された百科全書類では、倭人は「半裸・裸足で大刀を担ぎ頭髪を剃り上げ顔を右に向けた『倭寇』として描かれている［田中一九九三：二一六頁］。

(8) 夷賊三十四人、各有島分、係戈里・安南・西洋・大趾・小趾・大仏郎機・小仏郎機等国。

(9) 審称、関白原係中国人、故学写中国字。

(10) 臣不意、狡倭陽為乞封請貢、而陰行窺伺、以図内犯、若此。

(11) 周世選撰『衛陽先生集』巻七、疏（『四庫全書存目叢書』集―一三六）。

(12) 崇明県報、獲倭船一隻、倭三十四名。兵部言、但令応天撫按、研審真偽、不必解。従之。（『明神宗実録』万暦二十二年六月辛未）

(13) 前崇明擒獲夷船、再加訳審、令琉球国陪臣認識、実非倭人。兵部覆、請就令琉球陪臣帯回本国、以彰不殺属夷之仁。（『明神宗実録』万暦二十二年十二月丙辰）

(14) 上曰、今後沿海地方、獲有夷人船、還要詳訳真偽。毋得希図功賞、枉害遠人。（同前）

(15) 手無寸兵、班荊趺坐、衣冠相貌迥異市国、詢之啞啞声殊不可弁、惟合掌稽首而已。（巻八、兵防、一六〇四年刊）

(16) 『明神宗実録』万暦二十三年八月壬戌。

(17) 財団法人東洋文庫蔵本。

(18) 以下、特に注記のない限り本件の典拠は［渡辺二〇〇六b］に拠る。

(19) 厳密に言えば「福建〔分守〕福寧道右参議馬邦良」からの連絡である。

(20) 以為真進貢与、今琉球陪臣鄭礼等、儼然在閩尚未帰国、寧有復貢之理乎。況貢者必乗艨艟巨艦、将入我境必起号懸旗、而其使者亦有冠裳之度、豈尽囚首者哉。一難信也。以為真報警与、宜執有琉球文移符験、何無片紙隻字之存耶。以此面詰良能、暨諸倭奴皆杳然罔聞、此何以説。或余孽解入閩省時、風聞史世用同琉球人来伝有借糧謀山之説、遂因以藉口乎、二難信也。以為真商販与、宜有番文照身、及遇兵船、亦宜落篷答話、何為揚帆挙砲揮刀飛矢傷我官兵耶。拠諸倭称、有硫黄・馬尾・黄醬・牛皮在船、今査所獲牛皮、皆做成障蔽矢石之具、非生牛皮也。若有硫黄、当火砲連天之時、宜成烈焔。倭船何不尽作煨燼、猶浮六倭、至烽火門耶。若有馬尾・黄醬、何不稍存一二、而為閩人所獲耶。又拠良能称、引諸人、去閩生意、閩中原未設有琉球市場、豈得鼓枻直入、三難信也。［撫a］

(21) 其為行劫無疑。［撫a］

(22) ［上原二〇〇一a］も参照した。

(23) 通事夷来序・盛爵等皆謂、諸夷状貌語言琉球也、衣服器械琉球也、似有的拠、而遽謂之倭何耶。[撫a]
(24) 又拠各通事称、両国接壌、語言状貌大略相同、実難卒弁。[撫a]
(25) 割腹自殺を試みて失敗した後、入水自殺した。その他に夷人一名がすでに病死している。
(26) 拠夷来序称、三年一貢、此是常期、廿二年貢訖、理応廿五年入貢。又拠盛爵称、哈那・幸四蓋等、温州初審時、止云往福建買売、並未説進貢等語。[撫a]
(27) 又問以走報日本縁由、拠夷来序、幸四蓋等皆称、日本向琉球借糧之事、誠有之琉球不肯、与復将両手相背以示二国不睦之意。[撫a]
(28) 夷来序又訳報、琉球畏懼日本、不敢伝他消息。[撫a]
(29) ただし『中山世譜』は事件発生を一五九四年としており、『明実録』と一年ずれている。
(30) 一五九七年に朝貢している（『明神宗実録』万暦二十五年十月庚申）。
(31) ……被哨官侯成美等、乗機劫掠財物、捏作正倭投県。[歴代宝案①：七―五号]
(32) 奉批（巡撫の批）、哨官侯成美劫掠貢夷、既経浙省衙門明正典刑、已当厥辜。[歴代宝案①：七―五号]
(33) 浙江巡撫劉元霖報獲夷船、称係琉球差探封貢声信者、其中雑真倭数人、衣笠刀仗、皆係倭物。会同館訳問長史蔡奎、奎不能弁也。(『明神宗実録』万暦二十九年十一月己酉)
(34) 福建省同安県人。一五八八年に琉球へ漂着。一五九一年に琉球の進貢船で帰国し秀吉の征明計画を明へ通報した（侯継高撰『全浙兵制考』巻二、近報倭警）。
(35) 於万暦十八年十月初八日、同不在官陳申、販売鍋碗雑貨、前往琉球国生理、淹滞彼地至今。二十九年四月初八日、同衆下船、奉琉球国王差、探進貢請封之船、偶因海風大作、吹至温州府東洛外洋地方、適遇官兵擒獲。[撫c]
(36) 三川港は、発音から薩摩の「山川港」を指すと考えられる。
(37) 進貢貿易に携わる王府の役職の一つ。
(38) 家居辺海、万暦二十三年、在浯嶼外洋捕魚、却被三川港倭、名山水鶏擄去。幸有郷親弁銀五両取身、至廿五年逃入琉球、廿九年四月初三日、古米山商量大船一隻、倭人八十三名、小船一隻内五十九名、四月初八日起身、海上劫船三隻・夏布八十疋・米三包・銀十余両、殺人三箇、載送大船。刀箭倶是官舎為首掌管。[撫c]

(39) 為照、林元・黄五、漳州人也。此地人多機智、遠渉風濤、毎毎勾引外夷、入犯中国、所従来久矣。林元・黄五、踵其故智、仮販貨名色、遠投外洋、糾不知何島倭夷官舎等一十七名、共駕倭船一隻、到于東洛外洋地方泊住……。[撫c]

(40) 夷犯官舎即熊普達供係琉球国人、於二十九年四月初八日、中山国世子差来請封。[撫c]

(41) 倭刀大小八把・倭箭八枝・倭衣十一件・倭傘一把・倭鋸一件・倭草鞋七双・簑衣三領・草帽五頂・生牛皮八張、……其中器物難弁真偽、惟倭刀倭衣倭鞋、通事弁認実係倭物。[撫c]

(42) 及査、真正倭奴頭上俱光無髪、今生擒一十九名、除林元・黄五外、其余十七名、形状兇悪、与倭無異。但頭上俱有髪長短不斉、微有可疑。[撫c]

(43) 黄紙、……又称馬加羅・脱古、与禿鶏・戈石貫・稽加、俱係倭国七島官舎等。[撫c]

(44) 密弔黄紙、諭以利害、許以将功贖罪、令其将東倭欲逞情由、従実供報。[撫c]

(45) 幸今春四月初八日、有夷船一隻、称欲往福建進貢為由、拘五同往、時無奈何孤就同船至洋……。なお黄は通事として拘束された(夷因因其諳曉言語又会写字、強其同来為通事)。(ともに[撫c])

(46) 其倭国薩子馬挙事、今春造船三十号、欲占鶏籠淡水、因与沙該大王慶長争奪未定、再期来春挙行。[撫c]

(47) 其甲山・七島・那花山、与琉球地方俱相連。戈頼係琉球人、是船主官舎之子。馬加羅供称戈頼是官舎子。馬丹台自供琉球那花山人。拠黄紙供馬丹台住其甲山、近七島地方。噠囉供住琉球那花地方。噠囉塔南供那花人、問琉球国事不曉得。倪四供琉球国阿金納山住。石浦供琉球那花地方人。禿鶏自供琉球阿金納山人、黄紙供禿鶏係其甲山人。弓兒安噠供琉球那花人。戈石貫供那花人。楊馬度供那花人。禿馬里住係禿鶏家人是水手。朱大供係官舎家人、琉球那花人。脱古供琉球国管鳥髟嫣人。熊普達即官舎、供琉球那花人、朱大・葛盛是家人、戈頼是兒子、噠囉是水主。稽加供其甲山人是舵工。葛盛供那花人。[撫c]

(48) ……内倭国地名七島三人、地名其甲山三人、琉球外山十一名、福建漳州二人。[撫c]

(49) ……則不必論其有髪無髪、是倭非倭、皆無生理矣。[撫c]

(50) 拠定海通事陸勝等称、衆夷内認有去年随倭使至浙者。[撫c]

(51) 毛国科供報、海上賊首有林明吾・王懐泉・蔣興岩等、欲求彼国先年被擄華民許儀後・郭国安行緝。今所審林元即林明吾、拠旧案乃係海洋有名賊首、又非小寇之比矣。[撫c]

(52) 随接邸報内開、琉球国中山王世子差来長史蔡奎等進貢到京。該臣看得、前項事情、遠在海洋、初供有探貢之説、該国既有差官在

京、相応質確、以杜後詞。復具掲該部科。［撫d］

(53) 閩人林元・黄紙年貌絶不相類、但認熊普達・嗟囉・馬加羅・戈頼・石浦・禿鶏・牛四甲・楊馬度、俱該国人、且云差人探討進貢信息、亦係旧規。［撫d］

(54) ……以故深信不疑、原疏所陳、毫無虚飾。［撫d］

(55) 熊普達、……俱係琉球人、林元係福建漳州府人、各供是的。［歴代宝案①：七―九号］

(56) 首識熊普達於倭衆中、称係彼国官舎、又認林元閩人流落本土、充為看針舵工。其余戈頼・馬加囉等、験俱琉球声音、並無倭夷在内、及審以刀箭各器、則称彼国迫近日本、器械大約相同。（同前）

(57) 至於探封一節、拠訳称熊普達原給有国王咨文、縁登岸之時、混搶遺失。（同前）

(58) 其劫船殺人一節、……各犯俱不実吐、独林元吐称、黄紙冒招。（同前）

(59) 負非旧案、不無異同、而語出求生、致多改口、即使臣且有枝梧之説。（同前）

(60) 万一探封情真、而我以闌入之故、寘之重典、或非外夷委心回面之意耳。（同前）

(61) 事属海防、尤関国体、僇之恐失天朝字小之仁、縦之恐開奸夷僥倖之路。合無径将各犯交付陪臣、帯回本国、仍査往例給以咨文、聴其査明具奏、則既不失懐柔、亦不堕奸計、其於国体海防両得之矣。（同前）

(62) 沖縄県立図書館史料編集室編『歴代宝案』訳注本一（同県教育委員会、一九九四年、二六〇頁）は、原文の「有姓的」を「有姓林的（林という姓の者はいます）」の意で、林元なる者を知っているかという質問への答えではないかと推測している。

(63) 随拠彼国通事梁順預先吐称、有姓的、不記得名、係福建福州人、只記得約年肆拾歳、其人身矮少髭面黒麻、弐拾参年内、漂到琉球国、在彼処作教字法生理。又吐熊普達係該国人、見作官舎銜、官舎乃武職、即中国指揮一様。又吐黄五即黄紙係漳州人、年約参拾柒捌歳、肥胖身長無髭、在該国見作通事。［歴代宝案①：七―九号］

(64) 通事梁順口吐、熊普達是官舎、林元是看針人、……又吐嗟囉・馬加囉・戈頼・石浦・禿鶏・牛四甲・楊馬度俱該国人、除黄紙・禿鶏病故外、余俱識認。其戈石買・倪四・嗟囉係山上人、雖不面識、其声音亦係琉球人。（同前）

(65) 徐徐又云、雖是倭物、彼琉球官舎人家、或亦従倭貨買来。（同前）

(66) 長史蔡奎口称、識得熊普達・林元二人、余不相識。（同前）

(67) 何所吐矛盾。若是則稽加等前供七島其甲山人、今改口琉球、又安可尽憑也。（同前）

(68) 或因被執驚惶艱苦、以致痩弱、又相別来使肆伍年、或長微髭顔色倉老似近伍拾。（同前）

(69) 執称、彼国姓林者二、倶福建人、一名林朝年可肆拾歳、身矮少髭、一名即今林元。前所供者不道是林元、即供林朝年貌。（同前）

(70) 又執称、其甲山原係琉球地方、七島係日本地方、中有海洋相隔、前供稽加等、係其甲山人、原与七島各別。（同前）

(71) 琉球使者詞渉支吾、固不足信。但既認普達等為彼国人、則以恭順守礼之素、自宜従寛議処、回存属国之体。（同前）

(72) 所養日本通事二名方旺・薬薩古到府、恐其通同難信、薬薩古収管儀門外、先令方旺訳審。[許]

(73) 後続の訊問で「みやこ（宮古）」と答えていることから、毗落末子は宮古島第一の御嶽（聖地）である漲水（ピャルミズ／パルミズ）である可能性が高い。

(74) 為首夷人釐失由弗多詐称係琉球国、亦失巴臘人係是船戸、在船水手罕人氏等四十名、另船四隻、於六月初五日同時開船、前往毗落末子地方焼香拝仏、於失記日期、遭海風大起、将中船三隻小船一隻、倶被飄没、止有本船大転折飄流。[許]

(75) 惟審至第七名帖公、能写番文、其人色貌頗為狡慧、因令写番文一摺、共有七十九字内、惟国王下大小五十七人、与漢文不殊、余不能弁。[許]

(76) 止有数名与前相同、余各互異。[許]

(77) 却調各倭、令釐失由弗多一一面認、大率各夷狡黠、先所供報、多係不実出己名、而由失多所供頗為近実。[許]

(78) 阨満は、その音から八重山（ヤイマ／エイマ）である可能性が高い。

(79) 又称原係駕船三隻、往郷種田、開行一日遇風、……実係日本国阨満地方人氏、去琉球一二日路程。[許]

(80) 該本府取琉球日本両国訳語、細行弁問、其供吐郷語、頭面扇物鶏犬之類、皆与日本同、不与琉球同。而間有同琉球者、係両国通共言語。至問琉球、称係密阿各人。密阿各者、華言彼処京師也。而問密阿各山川所有、又茫不能道。以此審質、当係日本人無疑。[許]

(81) 蓋為琉球属国、易於取憐、而倭奴近歳受天朝犄角、恐以其噍類為累、此其必至之情也。[許]

(82) 在国家、恩波浩蕩、四海為家、苟其平等。夷人失風至此、憫恤不必言矣。即臨陣投降、各許免死、而此起男婦、束手就縛、頂礼俯伏、必在勿問之条。[許]

(83) 但邇来東酋不靖、難取遠音。況訳審不詳、或有不測隠情、関係匪細。合行呈解本道、詳加訳審、転詳具題、発四夷館詳訳、発落。[許]

(84) 右万暦三十年七月十三日申詳各院道、覆審発回。本府、散令各総所、分処夷人男婦、月給口糧、幷与布疋、製造衣服鞋褥等件。該撫院具題、得旨依擬、欽遵護送帰国。〔許〕

(85) 『明神宗実録』万暦三十年九月壬午。

(86) 至三十一年二月間、奉院道委差、千戸一員馬、医生一名張、兵快六十名、給発馬牌船隻生口、送至福建布政使司省下収管……。〔許〕

(87) 海浜漂有夷船男婦六十余人、巡徼将以為功、審為琉球属夷、請于当路、廩給之、一載護送、帰閩省使還国……。烽人賈壮孚裔夷男女二《ママ》十余名、……而覈之得其情形、蓋流熟夷、由他島、貢于其王、徼師喜功獵而奏之。（巻三三、国朝名臣宦績三、一六三一年刊）

(88) ……有夷愛滅麻各門者、以疾物故為封、而悼之二首。自雉同遺骨、華棺送此生、郷人哭尽返、異域塚旋成、宿草魂寧識、寒潮恨豈平、海壖風雨夜、徐市不勝情。生還恋土俗、死却弁華夷、僻姓畱名郡、遺封感盛時、乹坤同浩蕩、霜露等凄其、総有室家恨、精霊任所之。〔許〕

(89) 聞、該夷襁褓皆已儲兵、而遠行寧不執械。〔許〕

(90) 看得、渺茫一海、華夷共之、漁商以牟利餌賊、島夷以乗汛擾我、所従来矣。自関酋有事朝鮮、海上数年絶警、及釜倭遁、而諸島界鄰東南者、漸有覦心、去年使船突来、狡謀已兆、今歳分艅流劫、狂態益張。況其器利、船堅、大非昔比、官兵卒遇、技力難施。声聞内地、群情已自驚惶。万一隄備不厳、縦令闌入、其貽害誠非小小者。〔撫c〕

(91) 夫海外属夷、非止一国、如琉球尤其恭順者也。琉球人之状貌服飾、与倭自殊、如貢船尤其易弁者也。〔撫b〕

(92) 但琉球原係属国、又且守礼向化之邦。〔歴代宝案①：七―九号〕

(93) 顧、海上官兵、徼賞念重、往往妄殺報功。〔撫d〕

(94) 又験諸倭半皆刺膊者。査係倭俗凡好交者、即刺以贈之。〔撫a〕なお古墳時代から一七世紀半頃まで、入れ墨はもっぱら琉球を含む南西諸島で行われ、日本では姿を消していたと見られる〔吉岡一九九六：七七―八七頁〕。

(95) 〔渡辺二〇〇〇：五九頁〕も参照されたい。

(96) ただし真倭の賊首・真倭の従賊・漢人の脅賊などの分類によって擒獲者の褒賞・軍功には差が設けられていた〔石原一九六四：八九頁〕。

(97) ……兵船追至呉淞江口、遇見倭船大小五十三隻、……生擒倭寇四名、訳審得太舟三官、即三大王・孫肆狗住羅・馬嗟・七七六、倶琉球人……。（「題剿除倭寇第一疏」蔡克廉撰『可泉先生文集』巻七、奏疏、一五七九年刊、台湾・国家図書館蔵）

(98) 「倭寇にたいする憎悪と怨恨とが、明鮮両国のあいだに、いっそう具体化するのは、じつに万暦朝鮮の役（壬辰丁酉の役）のためであり、『倭寇』を文字どおり、倭人の寇賊と理解するようになるのも……日本人の朝鮮八道への侵略を見聞したためであった」［石原一九六四：五六頁］。

(99) 一五九六年九月八日付、国王尚寧の執照。

(100) 一六〇七年一二月一三日付。

(101) 「阮氏家譜（一世阮国）」［那覇市史⑥上：一五五頁］。なお家譜によれば、阮国の妻は那覇若狭町の才府（貿易業務を担う官職）・菊寿の娘である。

(102) ［田名一九九一］も参照した。

(103) 当時王府は横行する私貿易の管理・抑制を試みていた［上原二〇〇一a：四八―四九頁］。

(104) 又吐仮説探貢、是官舎主意、教人是這等説。又令船上十八人、倶要是這等説。［撫c］

(105) 其尤的確可証者、黄紙之親供也。［撫c］

(106) 況通事馬善十羅、離倭甫十八歳、中間情偽、遽難分弁。［撫c］

(107) 文禄・慶長の役の日本兵捕虜も明軍の通事に充当されている［久芳二〇〇三：一〇九頁］。

(108) 合無……若矜其死者已衆、生者尚多、不忍加戮、并牛歌・独歌・尼歌、或分発各区養作通事、以彰国家不殺之仁。［撫a］

(109) ［深瀬二〇〇四：九二頁］、および［歴代宝案②：三九―一九号］。

(110) 荒野泰典は、一六世紀から一七世紀初の東アジア国際交易ブームの中で出現した日本の「諸民族雑居」状況が、幕府の所謂「鎖国」政策によって否定され、定住「外国人」は帰国か日本同化の択一を余儀なくされたこと、この流れの中で近世日本の「国民」が形成されていったことを指摘している［荒野一九八七：二二一―二二四頁］。

第二章　琉球侵攻と日明関係

はじめに

一六〇九年、琉球は薩摩藩の島津氏の侵攻に敗れ、一四世紀後半より続く明朝との君臣関係を維持したまま、日本（幕藩制国家）の支配下にも組み込まれた。すでに諸先学が明らかにしているように、侵攻の最大の目的は幕府・島津氏による全面的な琉球統治ではなく、琉球に幕府の日明貿易の仲介交渉を担わせることであった[1]。幕府の外交上の最優先課題は、一六世紀半ば以降断絶している日明貿易の再開と、その利潤の独占的管理であり、これは豊臣政権から引き継いだ課題でもあったからである[2]。その背景には、当時の東アジア海上で日本の銀と中国の生糸の取引を主とした民間貿易が活況を呈していたことがあった[3]。

侵攻後、幕府は島津氏を通じて琉球に日明交渉の斡旋を要請し、前後して朝鮮や来日した明商にも対明交渉の仲介を求めた。だがこうした画策が実を結ぶことはなく、最終的に幕府は明との国家間関係に基づく貿易構想を断念し、直轄地の長崎において民間唐船の貿易を独占的に統制する体制の構築に向かった。またこれにより逼迫した藩財政の打開策を唐船貿易に求めることが不可能となった島津氏は、首里王府に一定の権利を付与しつつ琉明貿易の利潤拡大を琉球とともに追求する方針をとるようになった。こうして正式な国交を持たない明と日本が、両国と国家間関係を有する琉球を介して間接的に連なる状況が成立したのである。この状況は明から清への王朝交替後も変容せず、日清修好条規が締結される一八七一年まで原則的に維持された。したがって琉球侵攻は、近世における琉・日・中の三国関係の大枠を決した事件であったと評することができる。

本章はこうした侵攻の歴史的意義に着目し、主に侵攻後の琉・日・明の動向を各国の史料を複眼的に用いて分析しようと試みるものである。この問題に関してはすでに豊富な研究蓄積があるが、(4)今なお検討の余地が残されている。それはたとえば次のような点である。①明の反応や明におけるこの事件の影響力に関して明側の史料の検討が不十分である。②侵攻後、日明貿易の仲介を琉球が実際に担ったか否かについて見解の統一を見ていない。また近年、関連する重要史料が梅木哲人によって発見されたが、その本格的な検討・評価もなされていない。③従来根強かった「琉球＝薩摩の傀儡」論と、それに対する反論として近年盛んに主張されるようになった「琉球の主体性」論の葛藤の中で、侵攻への琉球の対応は日本への従順か抵抗かという二者択一論に収斂する傾向にあり、そうした琉球の順逆相伴う行動を東アジアの国際関係――とりわけ日明関係――の中に位置付け検討する作業が十分ではない。

そこで本章ではこれらの点について検証を試みることとする。これにより近世琉球の国際的位置の形成過程を捉え直し、かつ当時の日明関係の実態とその中における琉球の役割を明らかにしたい。

一　島津氏の琉球侵攻とその前史

まず琉球侵攻の前史、および侵攻の概要を、先学の成果に即して確認しておきたい。

一五七〇年代後半から八〇年代前半にかけて、島津氏は九州に軍事的拡大を進め、琉球へも外交圧力を強めた。この「島津―琉球」の関係は、やがて一五八七年に島津氏が豊臣秀吉の九州攻撃に破れると、「秀吉―島津―琉球」の三者関係へと変化した。その中で秀吉は、島津氏を通じて琉球に服属使節の派遣を求め、果たされねば島津氏と琉球への武力行使も辞さないとしたため、島津氏は琉球と運命共同体化しつつ、秀吉と琉球との仲介者として琉球への圧力を強化した。(5) 一五八九年、琉球はようやく使節を派遣したが、その後も秀吉は朝鮮出兵の軍役要求を通じて琉球服属の実体化を図った。これに対し琉球は一五九一年には兵糧米を提供したが、一五九三年の再要求は国力衰微を理由に拒否し、一方で秀吉の朝鮮出兵をめぐる情報を明や朝鮮へ通報し続けるという両面的な行動を取っている。

一五九八年八月に秀吉が死去すると朝鮮出兵は終焉に向かい、政権は五大老筆頭の徳川家康に掌握されていった。家康は直ちに明・朝鮮との関係修復、特に明との貿易の実現を図った。その目指すところは出会貿易か遣使交書――すなわち明からすれば互市か朝貢――によって日明双方の国家が海上貿易を統制することであった〔渡辺二〇〇六c〕。(6) なお朝貢の形式をとれば日本は明の臣下となるはずだが、家康がこの点を懸念していた形跡は確認できない。そもそも家康は「朝貢国の王＝中国皇帝の臣下」という中華世界の方程式をよく理解していなかった可能性もある。いずれにせよ家康は、当時活況を呈していた日明の民間貿易を独力で管理し得るほどの支配権をまだ国内で確立しておらず、このため明の協力を前提とした管理体制を想定せざるを得なかったと考えられる。

こうして朝鮮に対して家康は一五九九年から講和交渉を開始し、一六〇五年頃から日明関係の仲介を求め始めた〔中村栄孝一九六九：二八三頁、李一九九七：二二三頁〕。また明へは一六〇〇年に、家康の命により作成された講和と貿易を求める書簡が直接届けられた〔渡辺二〇〇六c〕。一方で、琉球に対しても日明交渉の仲介が求められるようになっていく。一六〇二年、家康は奥州に漂着した琉球人を送還し、島津氏を通じて御礼使の来聘を琉球に求めたが、この交渉の過程で日明仲介も要請されるようになった。具体的には一六〇六年夏頃、島津義久が薩摩の儒僧・南浦文之に「呈琉球国王書」を起草させ、来聘催促を無視する琉球を責めつつ「貴国は中国の隣にあり、ここ三〇年余、中華と日本は商船の往来がない。将軍はこの状況を憂え、毎年貴国に明の商船を来航させ日明貿易を行ってはどうかと、貴国と相談するよう〔島津家当主の〕家久に欲せられた(7)」と家康の提案を伝えている。また同時に家久が文之の起草した「呈大明天使書」を、まもなく来琉する明の冊封使（夏子陽ら）に宛てて発し、明商船の島津領内への来航を要請している（『南浦文集』巻之中）。この書簡との相関性は定かではないが、来琉した冊封使に琉球国王・尚寧は〔貢船以外の〕商船の往来による貿易の許可を求める呈文を送っている［歴代宝案①：七―一三号］。これについて上里隆史は、斜陽にあった朝貢主体の貿易を日明の民間貿易へリンクする形で再編し、かつ日本の要請を満たして閉塞した琉日関係を打開しようとしたためではないかと推測する［上里二〇〇八：四二一―四三頁］。だが冊封使は「往来の名実に仮託して密かに倭夷と貿易をなそうとしているのだろう」として琉球の要請を却下し、日本との通商の厳禁を命じた［歴代宝案①：七―一三号］。

他方、島津氏の主眼はむしろ琉球領からの大島（奄美諸島）割譲にあった。当時、島津氏の財政は悪化しており、その解決を大島併合に求めたのである［紙屋一九九〇b］。これに対し幕府は一六〇六年秋頃に一旦琉球出兵を認めたが、その後は「琉球が来聘に応じなければ最終手段として出兵を認める」と慎重に構え、なかなか決定的な出兵許可を下さなかった［上原二〇〇一c：六六―八〇頁］。来聘問題を口実に大島併合を目指す島津氏とは異なり、幕府にとっては対明政策の一環としての来聘実現が全てであったためである［梅木一九七三：四七頁］。しかしついに一六〇九年二月、島津氏は尚寧に「家康に琉球誅罰を命じられたが、悔い改め日明仲介を行えば安泰を保障する」との最後通牒を送った［旧記雑録・後編④：五三八号］。確証はないが、この頃、島津氏は幕府の出兵許可の再確認を得たと見られる［上原二〇〇一c：八〇頁］。

同年三月四日、とうとう島津軍は出船し、二五日に沖縄へ到着、四月一日には早くも首里城を陥落させた。そして翌五月には尚寧・重臣を捕虜として鹿児島へ凱旋したのである。これを聞いた家康は大いに喜び、七月七日、家久に琉球の仕置（統治）を許した。ただしそれはあくまでも琉球国家の存続を命じた上での許可であった［紙屋一九九〇a：二五頁］。

二　明への報知とその反応

1　使者一の派遣準備と使者二の派遣

侵攻を被った琉球は直ちに明の福建布政司に宛てた尚寧の咨文［歴代宝案①：一八―三号］を用意した。そこには、①薩摩の倭奴にやむを得ず屈し伊平屋《いへや》島を割譲した、②彼らは鶏籠（台湾）攻取の援軍を求めたが「守礼の邦」として明に進貢する琉球はこの要求を拒否した、③今年の明への進貢は延期する、④自分はまもなく日本に連行されるため三司官[8]の馬良弼（名護《なご》親方《ウエーカタ》良豊）が国政を代行する、⑤この咨文は鄭俊ら（以下、使者一。なお使者に関しては表4を参照のこと）に託し福建に届ける予定である、などと記されていた。侵攻の経緯をおおむね正しく記すものの、喪失した領土を一島のみとして侵攻の被害を過小に説明し、かつ薩摩の台湾出兵の要請を明の臣下として拒絶したと主張している点に留意したい。この台湾出兵計画は事実としては確認できないが、侵攻の一ヶ月前に、家康は肥前の大名・有馬晴信に対し台湾偵察の許可を出し、日明の商船が現地で出会貿易を行う算段を整えるよう命じている［岩生一九三四：三三六―三三七頁、上原二〇〇一c：九六―九八頁］。なお明・琉球の正史の類に使者一の福建到達に関わる記事は確認できず、その実否は判然としない。

表4　使者一覧（○・×は進貢の遂行・未遂行を示す）

使者一	鄭俊ら	1609年5月付，明宛咨文→不到達か	
使者二	毛鳳儀ら	1610年1月付，明宛咨文【進貢・報倭】→○	
使者三	蔡堅ら	1610年9月付，使者宛符文【進貢】→○	
使者四	栢寿ら	1611年11月，派遣【進貢・謝恩】	福建にて合流→十年後貢×
使者五	馬良弼ら	1612年1月付，明宛咨文【同上】	
使者六	金仕歴ら	1613年2月，派遣【進貢】	福建にて合流→×
使者七	蔡堅ら	1614年9月付，明宛咨文【修貢】	
使者八	蔡廛ら	1616年4月，派遣【報倭】→×	
使者九	毛継祖ら	1617年10月，派遣【修貢】→×	
使者十	陳華ら	1618年2月，派遣【使者九の探問】→×	

一方、鹿児島へ連行された尚寧は、島津氏から明への進貢の継続を指示された。このため王弟・尚宏（具志頭《ぐしちゃん》王子朝盛）と毛鳳儀（池城親方《いけぐすくウェーカタ》安頼）が帰国し、琉球では国政代行者・馬良弼の名義で一六一〇年一月二〇日付の（A）礼部宛と（B）福建布政司宛の咨文が用意された［歴代宝案①：一八—四・五号］。その主旨は、国王の命で毛鳳儀・金応魁ら（以下、使者二）を派遣し、延期していた一六〇九年の進貢を行うということで、（A）には、①国王は後患を恐れて薩州に赴き和議を主張した、②倭人は見かけは勇猛だが中身は情け深い、③領地の一部を割譲したので倭軍は琉球から撤退し、国王の諫言を聞き入れて台湾への挙兵も中止した、④倭国と和好を約せば兄弟のような共存関係が続くと考えられる、⑤使者一の明への到着が懸念されるため使者二を派遣するなどの旨が、（B）には使者一に託された咨文の全文が転記された上で、①国王は倭奴の目的は琉球全域の併合・支配ではないと考えているが、倭君（家康）との謁見・講和が済んでいないので島津が不測の嘘をついていることを恐れている、②来春、関東に行き諸事を決裁し一六一一年に帰国予定である、③進貢の重要性を家臣に説き、その継続のため使者二の派遣を命じたなどの旨が記されていた。これらの咨文は、侵攻が一過性のものであることを強調し、倭国との和議による琉日の共存の可能性を説く一方、島津への疑心なども記し、その台湾出兵を「抑制する」存在としての琉球の意義をもほのめかす内容となっている。

この使者二の派遣時期は不明だが、一六一〇年七月の『明実録』の記事に、福建巡撫・陳子貞が琉球使者・毛鳳儀らによる倭警急報を上奏したとあり（『明神宗実録』万暦三十八年七月辛酉）、使者二の明到着が確認できる。なお管見の限りで、この実録の記事が琉球侵攻について触れた最初の明の公的記録である。彼らはまず福州で咨文（B）を、ついで北京で咨文（A）を提出したと見られる。これに対し万暦帝より一二月一六日付で尚寧宛の勅諭が下り、①倭乱の中でも進貢の遅滞を懸念する琉球を哀れみ撫慰する、②尚寧の帰国後に進貢して恭順を守れば皇帝の意には背かない、③琉球と倭国との前後の事情は再び報知すべきであり、それによって処遇を決定する旨が示された〔歴代宝案①：一―三一号〕。このように明の朝廷（以下、明廷）は当初、比較的穏やかな反応を見せていた。ただし琉球に事情の再報告を求め本格的な処遇を保留するという慎重な姿勢には、日本への警戒や今後の展開への緊張感が窺える。なおその約二ヶ月前に「海防条議七事」と題した陳子貞の上奏が明廷で議論されているが（『明神宗実録』万暦三十八年十月丙戌）、その内容からも明廷の日本に対する警戒心が窺える。

一方で、琉球侵攻に関するより直接的な波紋も確認できる。浙江省嘉興の進士で、官職を辞して郷里で暮らしていた文人・李日華の『味水軒日記』巻三には次のようにある。

〔一六一一年一月四日条〕海塩知県・喬君が来訪し、日本の琉球併合について談じた。彼曰く「中国は歴代琉球の朝貢を受けており、これを見捨ててはならない。すぐに派兵する暇《いとま》はなくても、近辺の海島でその一部を安堵して王統を存続させ、琉球臣民の忠義の興復を待って策応させるべきだ。このことは福建・広東の巡撫に責任があり、口をつぐんで声を出さず、遠夷に中国は頼りにならないと思わせてはならない(9)」と。

彼らが侵攻の情報をどこから入手したのか定かではないが、可能性として、たびたび日記に引用されている邸報（官報）などが考えられる(10)。いずれにせよこの頃には、福建や北京以外にも琉球侵攻の情報が伝わり、知識人の口の端に上る状況があったと言えよう。

2　日本・琉球の動向と使者三の派遣

翻って使者二の渡唐期間における琉球・日本の動向を見てみたい。一六一〇年五月、尚寧は家久と薩摩を発ち、八月に駿府で家康、江戸で秀忠に謁見した後、一二月に帰薩している。(11)

一方で幕府は島津氏に明に対する八幡《ばはん》（海賊行為）の実施を示唆していた。家康の側近・本多正純は、一六一〇年閏二月一〇日付の家久宛書状で、対明交渉の不調により家康が少々の兵力派遣を思案しているので内々に準備し御意を待つよう指示している［旧記雑録・後編④：六七二号］。しかし八月に尚寧が家康と謁見したさい、家久が琉球の仲介交渉の結果を見てから出兵を検討すべき旨を家康に説き、八幡は一旦見送られることになった［旧記雑録・後編④：八七六号］。(12)また一〇月二日付で島津家老・比志嶋国貞が同職の三原諸右衛門に出した書状には「特に琉球から明へ派遣された池城の首尾も一層順調であると聞く。従って一六一一年春の八幡は差し当たり造船などを命じておき出船は差し控えよ、という御決定は尤もである」(13)とあり、使者二の好首尾も八幡が見合わされた一因であったことが分かる。なお使者二は明に逗留中であったが、同年五月に旧例に準じて進貢することを命じた「憲諭」が琉球にもたらされており、渡明した使者の誰か（使者二の一部か）がすでに帰国していたようである。

幕府のこの路線修正は、その頃、家康が起草させ、来日中の明商・周性如に託した日明貿易を求める福建巡撫宛の書簡（同年一二月一六日付）においても確認できる。すなわち書簡案文に記された琉球の日本への臣属を示す「琉球称臣」の文言が、正文では削除されているのである。(14)ロナルド・トビは、その理由を島津氏の侵攻後まもない段階での明の逆撫でを避けたためと推測するが［トビ二〇〇二：六四―六八頁］、さらに言えばそれは琉球の仲介に対する期待を込めて明への八幡を見送ったまさにその状況下での削除であった点を指摘しておきたい。当時の幕府は、明の反応を注視しつつ、名ではなく実――それもきわめて瞬間的な実――を選択していたのである。

さて一方、琉球では次の使者（以下、使者三）が明へ派遣されていた。一六一〇年九月二日付の王府符文には、五月に旧例通りの進貢を命ずる憲諭を得たため、蔡堅（喜友名《きゆな》親方《ウエーカタ》）を派遣して進貢するとある〔歴代宝案②：二六―一六号〕。『明実録』に使者三に関する記載はないが、北京滞在中であった朝鮮使節・李睟光の『芝峰集』巻九から、使者三が進貢を全うしたことが確認できる。詳細は不明だが、特に問題は発生しなかったようである。

三　明の硬化と琉球の日明仲介行動

1　二つの帰国と使者四・五の派遣

幕府が日明交渉の展開へ期待を強めていた一六一一年五月、使者二が琉球へと帰国した〔歴代宝案①：一八―六号〕。すぐに正使・毛鳳儀は、薩摩に赴き尚寧に皇帝の勅諭を呈上し、さらに家久と駿府へ向かい一二月に家康に謁見して復命している。一方、薩摩藩は同年四月に琉球の検地を終え、九月に尚寧に石高の目録を下付した。また同月、藩は尚寧・重臣に家久宛の起請文の提出を求めた。こうして一〇月一九日、ついに尚寧らは琉球へ帰国した。その直後、家久は尚寧に宛てて書状（同月二八日付）を送り、次のように述べている。

> 貴殿は〔帰国を許した〕我が恩を忘れてはならない。旧約を守り明に遣使して、商船の往来による通好を求め、その功により過ちを補うべきである。かつ貴殿が関東を訪れた際に、家康公は九州の武士に命じて明を攻撃しようとしたが、私が仁義の言説で制し、琉球が商を通じ好《よしみ》を議するのを待って、それが叶わない場合に出兵しても

遅くはないと述べ許されたのだ。これは郭氏が周知し、貴殿が恐れ聞くところである。今まで出兵しないのは、すなわち私の力によるのである。(15)

すなわち家康による明への出兵の如何は、琉球の仲介にかかっていると述べているのである。なお郭氏とは島津義久に仕えた明人医師の郭国安（汾陽《かわみなみ》理心・吏心）を指すと考えられる。(16)ここにその名が見える理由は後述することとし、先に書簡の後半を掲げたい。

貴殿は日本の三事に従うよう明に上聞すべきである。その一は、どこかの島で我が国の商船を通航させ相互に支障がないようにすること。その二は、毎年商船を派遣し琉球で日明貿易を行うこと。或いはその三として、互いに遣使し貢・書を交わし嘉意勤礼して讃え合う方がよいだろうか。この三事に一つでも従うならば、和好となり両国の万民が恵みを受け国の治安は長久に保たれるだろう。従わなければ、すでに不服の地にも輝くほどの威徳を備えた家康公が、軍船に渡海・攻撃を命じ、城邑は陥落し人民は殺戮され、明の君臣は大いに憂えることになろう。これすなわち通商と入寇の利害は白黒のごとく明快である。まさに貴殿が〔明に〕急報すべきことである。

つまり家久は尚寧に、①海上の一島における出会貿易、②互いに琉球に商船を派遣する形での出会貿易、③国書・貢物を送達する使節による通交、の三事を明に示し、中国沿海部への攻撃をほのめかしながら、いずれかの方法による日明貿易の実現を迫るよう求めたのである。それは一六〇〇年に家康が行った最初の対明直接交渉の試みと同様の強硬姿勢だった。

一六一一年一一月、琉球は貢物の半量を進貢する使者（以下、使者四）として栢寿（小禄親雲上良宗《おろくぺーチン》）らを、翌年、残りの貢物を届ける使者（以下、使者五）として馬良弼・鄭俊らを明へ派遣し、両使は福州で合流した。使者五が福建布政司に届けた尚寧の咨文には、①勅諭を得たため夷酋（家久）は恐れ倭君も心を傾けて尚寧を帰国させた、②これにより特に進貢・謝恩の使者を明へ派遣し一六一一年の貢物を納めたい、③船が小さいため二隊に分けて送付する、④謝恩品は刀・鎗などである、⑤倭寇が終息した事情を朝廷へ上奏してほしい、と記されていた〔歴代宝案①：一八―六号〕。すなわちこれは先に明から要請された「前後の事情の報告」を行いつつ進貢する旨を述べる咨文であったと言える。なお一六一一年の進貢は使者三がすでに行っているが、この時点では使者三はまだ帰国していなかった。

2　明における波紋

従来の研究動向――梅木説をめぐって――

すでに知られているように、使者四・五の派遣を受けた明は琉球への態度を急速に硬化させ、十年後の進貢を命じるに至った。従来この急変は『明実録』・『歴代宝案』を主な典拠として、貢期の違反・貢物への倭産品の混入・進貢使の人員の過多などが問題化し、明が「日本の指図による進貢」と看破したためと説明されてきた〔小葉田一九九三、喜舎場一九九六、上原二〇〇一d〕。しかし二〇〇一年に梅木哲人が、新史料に拠り、明の硬化のより具体的な要因は、家久が尚寧に示した三事を使者四・五が明に伝えた――すなわち琉球が日明交渉の仲介役を担った――ことにあると指摘した〔梅木二〇〇二〕（以下これを仲介説と呼ぶ）。梅木の示した史料とは、島津家文書に含まれる福建巡撫・丁継嗣（陳子貞の後任）と福建巡按御史・陸夢祖の疏（上奏）各一通と勅諭の写本である。写本は二種あり、一方には『中山王条疏』の題箋と「承応三午（一六五四年）写ス」の付箋が[17]、他方には『琉球国貢期』の題箋と「明暦三（一六五七）年六月十八日写済　左京」の付箋が付いている[18]。それぞれ同内容だが後者のみ読点が施されている。梅木は、明の公文書がなぜ島津家文書内にあるのか、これらは実際の疏・勅の写しなのかといった疑問は禁じ得ないと断りながらも、『歴代宝案』との符合などから「当時のものが薩摩藩に伝えられたと見ても間違いないのではないか」と結論付けている。後述するが、これらの文書の信憑性はきわめて高く、梅木の史料発見と仲介説の指摘は高く評価されるべきである。ただしこれらの史料に関する梅木の内容分析は非常に簡素なものであり厳密な史料批判と解読はいまだ行われていない。また明側には従来十分利用されてこなかった関連史料が散在している。そこで以下、これらの史料を徹底的に分析しつつ使者四・五に対する明の動向を論じていくこととしたい。

丁継嗣らの上奏

使者四・五が問題化する直前の一六一二年六月七日、明では浙江総兵官・楊崇業と遊撃・沈有容が「偵報倭情」を上奏し、日本の侵攻を被った琉球が使者二・三を派遣したのは（日本の手先として）中国の動向を探るためであったと指摘し、あわせて朝鮮南部における倭人の雑居や釜山における日本との開市往来の現状を訴え（『明神宗実録』万暦四十年六月庚午）、朝鮮の君臣は日本を恐れて従っているとして朝鮮に対する不信を示した。[19] 明が琉球・朝鮮と日本との接近に警戒を強めつつあったことが看取できよう。なお小葉田淳が指摘するように、その背景には通倭（日本との密貿易）の悪化もあった〔小葉田一九九三：一九―二二頁〕。

同年七月七日、使者四・五の到着を受けて福建巡撫・丁継嗣が上奏を行い、①使者五の船は〔指定入港地ではない〕海壇島から突然登岸しようとした、②今年は貢期ではない、③貢品中に倭物が多い、④定員を超す使節が渡来した、など使者四・五の異常さを列挙して、「その有様は平素の恭順の意ではない。倭夷に駆使されているのだ。ただし咨文には言い分が陳述されており、直ちに阻んで疑心を抱かせ離反を促すことになってはよくない。正使・従者数名を留めて上奏の結果を待たせ、残りは食料を与えて帰国させるべきである。常貢以外の品物も一緒に持ち帰らせれば、大朝の威を壮《さか》んにし天朝の体を正すに足るだろう」[20]と常貢以外の品の貢納の不許可を朝廷に求めた。この上奏は礼部に下され、礼部からも同内容の覆奏がなされたが勅裁は下らなかった。なお琉球は明初から慶賀・謝恩などの特別な進貢のさいに倭物を献上しており、勅諭への謝恩を兼ねた今回の使者が持参した倭物も旧例に準じた質・量であったことに注意しておきたい〔小葉田一九九三：三二―三九頁〕。

七月一七日には兵科給事中の李瑾らが上奏し、「以前から倭は南海に雄を称し、他国を窺い領土を広げようとしてきた。尚寧は倭の侵略を被り連行されたのに、釈放後すぐに倭奴の威を忘れ、遠く中国の義を慕い、貢期を待たずに進貢するはずがない。琉球が倭に指図されていることは明白である」と説いた後[21]、通倭者による武器や大船の日本流出や「倭に近い境域が琉球の『続』となる」可能性を指摘して、早急な海上交通の取締りと通倭の禁止を主張した。さらに八月六日には兵部が上奏を行い、「数十年来、倭は貢だけを垂涎している。ゆえに琉球を従え、国王の帰国を許し、〔その進貢を〕通貢の路としようとするのである。日本は『明は倭の貢を受け入れないが琉球の貢は拒まない』、或いは『明は使者二・三の貢を受け入れたようにするだろう』と考えたのだろう」と述べ[22]、琉球に遣使し国王の帰国の真否を探らせるべきであると論じた。だがこれらの上奏にも勅裁は下らなかった。

礼部の覆奏

ところで丁継嗣の上奏を受けてなされた礼部の覆奏であるが、浙江省嘉興の士大夫・項鼎鉉の『呼桓日記』巻四（八月一〇日条）には、この覆奏を載せた邸報が抄写されており、覆奏の内容が国内に報知されていたことが分かる。また梅木発見の疏二通にも「邸報を閲覧した」としてより詳細な覆奏の抄写が見え、そこでは次のような議論が展開されている。

琉球は二百余年、明の属国だったが、一度、倭に王を捕らえられ、その土地・人民を支配されてしまったからには、今日の琉球は昔日の琉球ではない。王の帰国を口実に進貢してきたが、今年は貢期ではなく、倭の計略によって明の内実を覗いに来たのだろう。また商売・結託する者が〔倭人を〕案内したのだろう。……丁・陸の議のごとく禍の糸口は明らかに見えているが、これを食い止めたいならば「絶つ」などという策では不適切である。……ましてや琉球は進貢を名目として来たのに明が急に追い返したのでは、琉球に口実を与えてしまい、「柔遠の体」にもそぐわない。そこで礼部は琉球に次のように諭示すべきである。「爾の国は新たに戦禍を被り、財は尽き人も乏しい。困難を越えてまで遠来する必要はなく、帰国して修養すべきである。十年後、物力の回復を待ってから進貢しても遅くはないだろう。今回の貢物は巡撫に調査させ、倭物は全て持ち帰らせる。琉球の産物は献納を許し爾の恭順の意を見よう。使者は旧例に照らして賞給し、入京せず直ちに帰国させて長旅の労苦を省こう」と。そうすれば中国の恩信を示すに足り、外夷の術中にも堕ちないだろう。不絶の絶とは、絶よりも深いのである。(23)

すなわち礼部は、侵攻の疲弊回復を待つという名目で十年後の進貢を命じ、使者四・五の入京と倭物納入を許可しないことを提案したのであった。『呼桓日記』所引の邸報はまさに本記事の要約であり、少なくともこの部分に関して、丁・陸の疏の史料的信憑性は高いと言えるだろう。なおこの覆奏の後半は『明実録』にも収録されている（『明神宗実録』万暦四十年十一月乙巳）。

丁継嗣らの再上奏

次に丁・陸の疏の内容を見ていきたい。両疏に日付はないが、疏題から礼部覆奏を受けて朝廷に再提出された勅裁催促の上奏文であると分かる。(24)その内、丁の疏には礼部覆奏の抄出に続けて「私と巡按（陸）は……礼部の議には感服である」[25]と記されており、丁・陸ともに礼部の提案に強く賛同していることが窺える。その後、丁は次のように述べている。

ところで福建の亡命者・郭国安が、「一六一二・一三年に〔明に〕帰国して母に拝顔する。琉球は内に元から三事を設けている」と伝えてきた。語の多くは無茶で道理に外れているが、その三事とは明らかに互市を挟む説のことである。この二項（帰国と三事の件か）は琉球使節に託されて届いた。あらかじめ偵察者が報告して来たので、これは通勾する者の所為《せい》だと思い、懸示して努めてこれ（書簡）を禁じ送達することを許さなかったので、今回〔郭は〕触文の草稿を〔琉球使節に〕与えただけなのである。[26]

また丁の疏と同様の論旨で展開される陸夢祖の疏も、三事について次のように記す。

なお福建の亡命者・郭国安が、一六一二・一三年に母に拝顔するというのは、暗に〔倭の〕入犯の時期を指している。薩摩州は琉球に命じて三事を設けさせたのであり、それは明らかに互市を挟む兆しである。[27]

これらの記述からは使者四・五が郭国安の私信という形で三事を明に伝えていたことが分かる。先述したように島津家久は尚寧宛の書簡で、日明交渉の仲介について「これは郭氏が周知し、貴殿が恐れ聞くところである」と記しており、この策は家久が指示したと考えられる。「郭の言を届ける」形を取らせたのは、家久が明に対する琉球の立場に配慮したためであろう。しかし巡撫らは三事は薩摩の指示によるものと完全に看破していた。前述したように明では日本の琉球操縦が問題視されており、倭物も含めて進貢品そのものは前代同様だったことを鑑みると、梅木が推断するごとく、明の態度が硬化した最大の要因は琉球が三事（と日本の入犯の可能性）を明に伝えたことにあった可能性が高いと考えられる。

なお両疏の最終的な目的は礼部の覆奏の趣旨に添った勅裁の要請であり、各疏は「臣等は胸を踊らせながら勅命を待望している」と締め括られている。[28] また丁の疏には、琉球が提出した触文二通（檄二稿）を礼部・兵科に写し送ったことが記されている。

ちなみにこれらの疏や勅諭が島津家文書に含まれた経緯は今のところ不明である。付箋に記された書写の時期（一六五四・五七年）は明清交替に伴う琉中関係の混乱期だが、管見の限り当該期の史料に関連の記述は見出せない。むしろ一七一二・三年の渡唐銀（進貢貿易に用いる銀）の吹替（改鋳）を巡る薩摩藩と幕府のやりとりの中にそれらしき文書の存在が窺える。[29] すなわち藩の吹替要請を受けた幕府が発した「琉中関係の概要把握のための質問状」への藩からの回答に、家康の命で「薩摩が（日明貿易に関する）書翰の草案を用意し琉球王から明に届けさせた」ところ明の疑いを招き十年後貢を命じられたという説明とともに、明宛の国王書翰や皇帝の勅書の写しなどが残存していると記されているのである。[30] 詳細は不明だが、そこに該当史料が含まれていた可能性は低くないだろう。また本記事は、使者四・五による仲介行為が薩摩の命で実施されたことを示す貴重な傍証でもある。

葉向高の上奏と勅諭の降下

さて丁・陸の再奏後、今度は一一月一二日に内閣大学士・葉向高が次の上奏を行った。[31]

琉球は倭に併合され……その心は量り難い。丁の疏に「倭は明らかに琉球に命じ、これを挟んで互市を代請させようとしている。また閩浙の亡命者・郭安国《ママ》も書簡をその家に寄せた。内容は無茶で道理に外れている」とある。書簡は敢えて上聞せず〔丁が〕写して私に届けた。東南のことは甚だ懸念すべきだ。……速く勅裁を下していただきたい。[32]

葉の上奏は、内容から丁・陸の再奏を受けてなされたと推断でき、このことからも梅木の見出した疏二通の信憑性が確認できる。なお葉の『蒼霞続草』には、琉球問題に触れた丁継嗣宛の書簡四通が収められており、日付はないが、内容から当時応酬されたものと推測できる〔中砂二〇〇二：一六九―一七〇頁〕[33]。その中で葉は「琉球はすでに折れて倭の傘下に入った。倭が侵攻を利用して通貢しようとするのは必然の勢いである。そうなれば沿海の禍は言葉では言い表せない程になるだろう」[34]、「福建人の多くは『倭の志は通市にあり入寇にはない』と言う。その情理に基づいても恐らくその通りだろう。しかし通市は決して認められない主張である。誰にこの難局を任せられようか。今、倭はすでに琉球を呑み、漸く鶏籠・淡水を占拠して、益々中国に迫っている。倭を駆逐できず、防備も困難である。これは皮膚を剝ぐ程の災難であり何の策でこれに処し得るだろうか」[35]などと述べている。そこからは琉球侵攻を契機に強まる日本への脅威の中で対応に苦慮する明廷首脳の様子が垣間見える。

一一月一五日、ようやく礼部の提案通りの処置を命じる勅諭が下った（『明神宗実録』万暦四十年十一月乙巳）。すなわち今回は琉球産物のみを献納させ、次回の進貢は十年後とする旨（以下、十年後貢）が正式に決定されたのである。この勅諭は、福州滞留中の使者四・五に与えられた翌一六一三年五月一三日付の福建布政司の咨文〔歴代宝案①：七―一五号〕に収録されており、少なくともこの頃までに琉球使者に通達されていたと見られる。なお梅木の発見した写本には勅諭がより完全な形で収録されている。また使者四・五には福建総鎮府の咨文（同年六月九日付）〔歴代宝案①：七―一六号〕も交付されているが、それによると使者・馬良弼は「水寨の把総の騙りにより『貢物に倭物が混入している』という虚実を巡撫に報告された」、「琉球は二百余年、倭に通じたことはない」と必死の抗弁を試みたようである。この訴えは総鎮府によって朝廷に上奏され、兵部が琉球に官員を派遣し「倭情」の有無を探索させることを検討したが、結局、探索使は派遣されなかった〔豊見山二〇〇四d：一五三頁〕。

3　科挙と琉球問題

さて琉球問題は福建の地方衙門や明廷でのみ議論されていたわけではなかった。従来の研究では全く指摘されてこなかったことであるが、実はこの頃、科挙——福建武試・福建郷試・会試——の時務問題（策問）においても琉球に関わる出題が相次いでいたのである。

王在晋撰『海防纂要』（一六一三年序）巻五には「万暦壬子（一六一二年）福建武試策」として「宣諭琉球議」が収録されており、使者四・五への対応を問う出題への一解答——程文（後述）か——と推定できる。そこでは「琉球は自強できず倭に従うが、二百余年間〔朝貢国として〕育んできたのに一日で見捨てるべきだろうか」[36]として、琉球に「爾が力を合わせ志を高くして自強し貢期通りに土産の方物を納めるなら、以前通り通貢互市し国力を充実することを許そう。だが表向きは帰順しながら裏では倭と通じて明に従わないのであれば、その来貢の礼は拒絶しないが、その挟詐の謀にも堕ちることはない」と諭すべきであると主張されている。[37]すなわちこれは明廷の施策にほぼ完全に沿う解答である。

また茅維編『皇明策衡』（一六〇五年序、一六一五年続刊）巻二五には一六一二年の福建郷試策として、福建の海防の大計を尋ねる「海防」の一題が収録されており、「琉球の進貢は拒絶・受容のどちらが長策か（……拒之納之、孰為長策）」と問われている。これに対し同書所収の答案——程文と呼ばれる模範答案（ただし当時は試験官による代作が主流）[38]——は、①琉球へは派兵しなかったので、朝鮮を非難したようには琉球〔の倭への服従〕を強く責めることはできない、[39]②忠義を守り入貢した琉球を、倭を絶つために拒絶すれば、君主としての義務〔援軍派遣〕を果たさずに臣下の朝貢を拒むことは不当であると言われかねない、[40]③倭だけでも備え難いのに琉球にも備える必要が生じれば益々備え切れないなどの理由を挙げ[41]、「今、遠い海外に在るので出兵はせずとも、遣使か文書送付により琉球の君臣に臥薪嘗胆して国力の充実を図らせ、遠方から支援して琉球が〔倭の〕臣隷に成り下がらないようにすべきである[42]」、「天朝が二百年間も育んだ恩をどうしてすぐに棄てるだろうか。……琉球を撫恤すれば我が用を為し、支援すれば倭の用は為さないはずだ。小国の従・背は今日の進貢の拒・受で決まる。どうして『不然の疑』を設けて『無罪の国』を絶ち仇敵を助長するのか[43]」といった主張を展開している[44]。

さらに同書の巻二六には一六一三年の会試策として倭への対処策を問う「虜倭」（葉向高らの出題）が収録されている。これに対する解答は、琉球・朝鮮を拠点として明と対峙する近年の倭の脅威は昔の比ではないこと、また最も憂慮すべきは倭と結託する内地奸民（通倭）であることなどを挙げて防倭の重要性を述べつつ[45]、琉球について次のように論じる。

倭を策する者が言うことには「倭は昔、朝鮮を蹂躙し我が藩籬を傷付けた。近頃また琉球を併合したが、明は二百余年の恭順な属国を救出できないでいる。今また倭は琉球の入貢を利用して貿易を求めてきた。中国の姦民は常に倭と関わり心を合わせている。これを禁じれば倭と結託し、禁じなければ益々患をなす。政策がよくないと、海の患はそこから始まるのである。嗟夫《ああ》、遠く海を隔てた孤島では、海外に軍を野営させ往年の朝鮮の故事を踏襲しようとしても、決して目的を実現できないだろう。ただ倭の志は進貢ではなく貿易にあり、その陰謀は琉球ではなく明にある。倭は明が堅固であれば琉球を通じて明を試し、明がもろければ琉球に乗じて勝手にふるまうであろうことは、また当然の勢いである。ゆえに貢の絶否は即決すべきである」と[46]。

これは策倭の一般論として記されているものであるが、明が琉球を救出できないこと、倭がその進貢に仮託して貿易を要請すること、国内の通倭者が倭を増長することなどが、明において広く問題視されていたことが推察できる。

以上の策問の解答には、①明が援軍を送らなかった（送れなかった）ので琉球の倭への敗北はやむを得ない、②琉球の進貢の名目は正しく、これを拒むべきではない、③ただし琉球が倭の貿易要求の手先となることは許容しない、といった共通点が確認でき、これは基本的に明廷の方針に沿う内容である。また防倭の観点から琉球を（倭に取込ませず）自らの属国として維持しようとする姿勢や、通倭者が倭と結託して国内から王朝を揺るがす危惧が示されている点も大きな特徴である。こうした模範解答の傾向や、設問の具体性と即時性を鑑みるに、当時の明廷の琉球への対応を正確に知らなければ適切な解答は困難であったと考えられ、加えて策問受験は科挙合格の絶対条件であり、福建のみならず全国試験の会試でも関連の出題がなされていることから、当時、科挙の出題者・採点者・受験者――社会支配層とその予備軍――に、日本の貿易要求や通倭の問題を含む一連の琉球問題の経緯や明廷の対応が（邸報などにより）広く知られていたものと推測できる。また試験後に明廷の論理と施策を盛った正答（程文）が公示・刊行されたことは、それらが事後の一定期間において、科挙を目指す人々の中に浸透し続けていたことを示していると言えるだろう。[47][48]

四　十年一貢への挑戦

1　十年後貢と琉球・薩摩・明

福建に使者四・五が逗留していた一六一三年二月、成り行きを知らない琉球は進貢使・金仕歴ら（使者六）を派遣した［歴代宝案②：二六―一八号、三一―一八号］。その中には使者四として渡唐した栢寿が含まれており、使者四・五の一部が先に帰国していたと見られる。

一方、同年の春、薩摩では家久が南浦文之に「与大明福建軍門書」(以下、軍門書)を起草させていた(『南浦文集』巻之中)。それは福建巡撫(軍門)宛ての尚寧書簡で、家久の命により琉球が日明通交の仲介を行うことを伝え、かの三事の選択を求めるものであった。また拒否されれば日本が明を攻撃するとし、それらは全て「日本大樹将軍の意」かつ「州君(家久)の両国を通ぜんと欲する所以の志」であると記していた。以前の郭国安の私信送達という形から、尚寧による直接要請に切替えようとする姿勢に家久の焦りや苛立ちが窺える。

同年七月、使者四・五が「十年後貢」の勅諭を携えて帰国した〔歴代宝案①：一八―八号〕[49]。琉薩の衝撃は想像に難くない。早速、琉球は修貢の名目で蔡堅(喜友名親方)・呉鶴齢(国頭親方《くにがみウェーカタ》朝致)ら(以下、使者七)を派遣し、礼部宛の尚寧の咨文(翌年九月二四日付)を届けた。それは、十年も進貢を果たさなければ皇帝の威徳により狡倭から属国が守られる状況が維持できなくなる恐れがある、したがって皇帝の威福を借りて倭を畏服させ得る処置、すなわち常貢の復旧を決死の覚悟で求めたいと訴え、「日本の狡を絶つために琉球の順を絶つならば、何を以て属国の心を繋ぎ皇霊を暢べるのか」、「倭は絶ち琉球は納めるべきである」と処分の撤回を迫るものであった〔歴代宝案①：一八―八号〕。

また郭国安については「なぜ亡命の徒輩の虚言・妄言を聞き入れ、疑心から罪なき琉球を絶って寇逆(倭)を助長させるのか」とその信憑性を一蹴し、使者四・五の馬良弼・鄭俊に関しては王命を辱めて咎を招いた罪により死刑に処すと述べている。ただしこれは単なる明向けのポーズであって以後も彼らは王府の要職に就いていた。一方、家久は一六一五年三月二一日付の尚寧宛書状で「(使者七の渡唐により)大明と琉球との関係がよく和らぎ睦むよう努めることが最も重要である」[50]と述べ、琉明関係の充実を最重視していた。豊見山和行が指摘するように、十年後貢という明廷の決定が念頭にあったためであろう〔豊見山二〇〇四d：一五四頁〕。

ところで使者七が軍門書による貿易仲介を行ったとする諸説があるが、豊見山は、①尚寧の咨文と軍門書の主張が両立せず、また②崇伝の『異国日記』に「先年、薩摩が琉球へ書簡の案文を届け明への送付を命じたが、琉球からはこのような書簡を明へ送ることはできないとのことであった」（一六二一年六月一二日条）[51]と記されていることから、「琉球は軍門書の送付を拒絶した」と結論付けている。確かに軍門書が明に届いた形跡はなく軍門書に関しては琉球の斡旋はなされなかった可能性が高い。ただし勅裁を知った家久の反応（貢期回復の最重視）を鑑みるに、軍門書の送付自体が琉球に命じられなかった可能性もあり、その不送達が琉球の自発的な拒絶に拠るものかどうかは検討の余地があるだろう。

一六一五年春、福建巡撫の袁一驥（丁継嗣の後任）は、勅裁に従い使者六・七の進貢を拒絶した（『明神宗実録』万暦四十三年三月乙卯）。そのことを知った家久は、同年九月、尚寧に宛てて「……十年以内は（進貢を）許容しない件はどうにもならなかったと聞く。異国の法制は謀計に及び難いものであることよ。琉球の不幸が察せられる」と書き送っている。[52]琉球に日明貿易を仲介させることの難しさを、ようやく認識し始めたのかもしれない。

一方、明廷内には琉明の民間貿易や日明貿易を容認する意見も存在していた。たとえば同年一一月、刑科給事中の姜性は、十年後貢により琉球が諸物の調達を倭に依拠してしまうことを挙げ、「論者は『十年後貢は守らせ、その他の年は海上で貿易させて繋ぎ止めておくべきだ。貢使は内地に入ることを許し、貿易は小埕（福州府連江）で行わせればよい』と言う。これこそ倭患のまさに議論すべきことであろう」[53]と上奏している。また翰林院庶吉士の徐光啓は、この頃、論文「海防迂説」（『徐光啓集』巻一）で下記のように論じている。[54]

家康が琉球に侵攻したのは「明が朝貢国の琉球を救おうとした場合は、明へ琉球を返還する『我が徳』により貢市を求めればよい。仮に明が琉球を救わず、遣使して琉球を慰撫し倭に琉球の復活を求めたら、また同様にすればよい。どちらかに明は必ず応じるので貢市は得られるだろう」と考えたからだ。……〔だが〕明が遣使しなかったので、〔倭は〕怒り自ら王を解放し国を復活して進貢させた。しかし明が琉球もろとも拒んだので〔明を〕侮蔑する書を届け明を誘おうとしたのだ。〔倭が〕設けた三事は昔年の〔秀吉が講和のさいに設けた〕朝鮮の五事のごとくである。昔の五事は貢市がその第五にあり、今の三事も貢市がその第三にある。結局彼らは貢市を重視しているのだろう。(55)

そして後継の秀忠も必ず通市を画策するとした上で、貢市と入寇とは別物であって双方に利をもたらす貢市を許してこそ日本へのあらゆる対策が可能になると説いている〔小葉田一九九三：五三頁、中砂二〇〇二：一八一頁〕。

2 使者八の賭け

さて琉球は明へさらなる遣使（以下、使者八）を行っていた。福建巡撫・黄承玄（袁一驥の後任）の『盟鷗堂集』巻一「題琉球咨報倭情疏」によれば、一六一六年四月に琉球船が「報倭」の旗を掲げて来航し、「日本七島（トカラ列島）の夷人が『小琉球（台湾）を収奪するため現在各島で造船している』と伝えた」と報じて、使者・蔡廛が尚寧の咨文を提出したという。(56)そこには二百余年の進貢実績や「父子之国」故の密接な琉明関係が強調された上で、倭寇の鶏籠攻取計画を知り「鶏籠を暴虐されては、その喉元の福建住民は安堵できないだろう」と考え急報する旨が記されていた。(57)黄承玄は、急報は単なる進貢の口実ではないかと疑いつつも、早急に防備の対策を取るよう朝廷に求めている。(58)

琉球が伝えたこの情報は、長崎代官・村山当安（等安）による一六一六年三月の台湾遠征を指す。当安は幕府から高砂国渡海朱印状を得て、台湾を日明貿易の拠点とすべく艦隊を派遣していた〔岩生一九三四、中砂二〇〇二：一七三―一七五頁〕。この遠征は暴風雨などにより失敗に終わったが、五月に当安配下の明石道友らの船が行方不明者の捜索のため福建に至り、明の交渉役・董伯起を人質として帰国している。すなわち侵攻直後から琉球が明に報じてきた「日本の台湾出兵計画」は、この時ようやく「現実」の情報となったと言えよう。通報を受けた明は使者八の忠順さを褒め、「関白の情由を飛報した事例」――琉球が秀吉の朝鮮出兵の情報を通報した前例――に準じて給賞したが、十年後貢の撤回はしなかった〔歴代宝案①：七―一七号〕。なお翌年、道友は伯起を福建に送還し「総摂（将軍秀忠）」の互市を要請する表文を届けたが、明はこの書を受理せず、貿易も認めなかった（『盟鷗堂集』巻一「題報倭船疏」）。

　ところで使者八の派遣後まもない一六一六年六月一五日付で、尚寧は「琉明の商船往還の『純熟』な調達により励むべきこと」(59)の一項を含む請文を島津氏に提出している。それは「右の条々……聊《いささか》も疎意に存ぜず候」という誓約で締め括られており、これを体現するかのごとく、一六一七年一〇月に琉球は「上奏文の取り次ぎを請う」名目で再び明へ修貢の使者（以下、使者九）を派遣した〔歴代宝案②：三二―一二号〕。明はこれを拒絶し、十年後貢の遵守を命じたが〔歴代宝案①：七―一八号〕、翌年二月、使者九の帰国前に琉球は「使者九の消息を尋ねる」名目でさらなる遣使を重ねている（以下、使者十）〔歴代宝案②：三二―一三号〕。その仔細は不明だが、恐らく使者九同様に帰国させられたと思われる。

　こうして十年後貢の勅裁後も、琉球はほぼ毎年明へ遣使した。その中には報倭など日本に背くかのように見える行動も含まれていたが、一連の遣使の最大の目的は貢期回復の請願（および進貢貿易）であり、それ自体は島津氏の指示に添うものであった点に留意したい。

3　貢期の回復と情勢の変化

　一六二〇年、万暦帝と尚寧王が相次いで死去した。一六二二年、新国王の尚豊は「十年後貢の期が満ちた」として自らの冊封を要請（請封）しつつ進貢する使者・毛鳳儀らを明へ派遣した［歴代宝案①：一八―九号］。明はこれを受け入れたが、休養が不十分であるとしてしばらくは五年一貢とする旨を通知した（『明熹宗実録』天啓三年三月丁巳）。やがて一六二九年、礼部は書類不備などを理由に長らく許さなかった琉球の請封を認め、冊封使（杜三策ら）を決定して勅裁を得た［歴代宝案①：四―八号］。彼らは一六三三年に来琉し、その帰国時に派遣された護送・謝恩の琉球使が「旧貢回復を願う」尚豊の咨文を明へ届けたことにより、翌年一一月、ついに三年二貢（実質的には二年一貢を指す）を許す聖旨が下った［歴代宝案①：四―九号］。使者は一六三五年五月下旬に帰国し、勅裁は直ちに薩摩・幕府に通達されたようである。家久は同年九月一七日付で尚豊に「これ以上めでたいことはない。〔以後〕唐口〔貿易〕に一層念を入れるように」と書き送っている。(60)

一方この間に幕府・薩摩藩は従来の方針を大きく転換していた。家康の死去（一六一六年）により二元政治が解消された後の一六二一年、将軍・秀忠は一六一九年に明商・単鳳翔が届けた将軍宛の「浙江都督の書翰」――密航明商の取締り要請――を、形式・内容の不備を理由に受納しないと決めたのである。(61)すなわち幕府は長年求めてきた明との直接交渉の機会を見送ったのであった。ロナルド・トビはこれを、国内外に対する政策の順調な進展により幕府が明の国際秩序へ参入（＝貿易を実現）する必要性が消え、むしろ生まれかけていた政権の自立性を守る道が優先されたためと解釈し［トビ一九九〇：九二頁］、永積洋子や荒野泰典もこれを支持している［永積一九九〇：一二〇頁、荒野二〇〇三：七一頁］。この解釈にはさらなる検証が必要と思われるが、少なくとも国内支配の確立に伴い、対明貿易の統制に明の協力を仰ぐ必要性が減じていたことは確かであろう。そしてこの頃から琉球へ日明仲介を求める幕府の言説も見られなくなる［上原二〇〇一ｄ：一六〇頁］。その後、幕府はキリシタン禁制と対外貿易の管理を主軸とした通交管理体制――いわゆる「鎖国」――の構築を進め、一六三〇年代にこれをほぼ完成させるが、その中で諸藩の唐船貿易は徐々に禁止され、最終的に幕府が直轄領の長崎においてこれを独占的に管理するようになった。

こうした政策の変化により、藩による唐船貿易の道が閉ざされた薩摩は、日明貿易の仲介を琉球に求めるのではなく、琉明貿易の利潤拡大を琉球とともに追求する方策へと目を向けるようになった。一六三〇年、島津氏は悪化の一途を辿る藩財政の再建の基礎に琉球を介した対明貿易（とりわけ生糸購入）の利潤を据える方針を決定し、翌年には首里王府に対して貢期の回復はもとより、船数や遣船回数の増加などを明に要請するよう指示した［旧記雑録・後編⑤：五六三号］。なおこの貿易拡大策は琉球との協議の上で推進されており、琉球の要求を盛り込み、貿易に関わる負担の一端を薩摩が担うなど一定の譲歩の中で行われていたことに留意したい［上原二〇〇一e：二六七―二六八頁、豊見山二〇〇四e：二七六頁］。

この藩の方策に首里王府は基本的には追従していた。すなわち貢期復旧の実現後も、「冊封使の帰国の安否探問」、「琉球人漂着民の救助への謝恩」などの名目で明への遣船を重ね、琉薩の協議内容に沿う形で進貢品目の増加・改定の要請を行ったのである［豊見山二〇〇四e：二七七―二七八頁］。しかし明はまもなく常貢以外の遣船に不快感を示すようになり、一六三六年には探問などの口実による来貢を咎め、貢期の遵守を厳命するに至った［歴代宝案①：八―一七・一八号］。それは豊見山が指摘するように、遣船の目的を「（琉球王の）臣下が中国に貿易し日本に転販するを利とするに縁《よ》る」と見抜いたためであった(62)。こうした明の不信もあり、貿易拡大策の大部分は不調に終わった［豊見山二〇〇四e：二七八頁］。

4　新しい国家理念の萌芽

一方、豊見山が明らかにしたように、この時期の琉球王権には「明との関係と島津氏への奉公の両立こそ王国存続の根本である」という意識が形成されつつあった〔豊見山二〇〇四b：六七―七一頁〕。尚豊は、冊封使が来琉した一六三三年六月九日付で重臣の蔡堅に書状を下し、「琉球は唐の御恩情によって今まで存続しているので、琉球において冊封使の覚《おぼえ》を良くし、〔それによって〕特に御国元（薩摩）への御奉公（貿易拡大事業）も達成するよう思慮することが肝要だ(63)」と伝えている。また同年一〇月二四日にも、冊封使の護送使となった蔡堅に、明において貢期回復や遣船増加の請願に尽力するよう指示しつつ、「この国は唐との往来ゆえに存続してきたので、御国元の御用を達成しなくては仕方がないと我々も臣下もよく心得ることが肝要だ(64)」と述べている。さらに一六四〇年閏正月三日には渡唐中の蔡堅に、幕府から唐物補塡を打診されたことを伝え、「天下（幕府）の御用に十分に応じれば、薩摩にも琉球にも良いことになるだろうから、困難なことだが宜しく頼む(65)」と書き送っている。まさに豊見山が述べるごとく、尚豊は「島津氏支配と冊封朝貢関係を両立・整合させようとはかっていた」と言えよう〔豊見山二〇〇四b：六九頁〕。そしてそれはまた琉球王権が、日明それぞれに向けて自国の存在意義をアピールし続けてきた自らの「生き残り戦略」を整理・純化させ、一種の国家理念として示し始めていたとも言えるだろう。しかしその意識は即座には官人層に共有されず、この路線に非協力的な者もいた〔崎原一九七五、上原一九八一a〕。この行動を官人のサボタージュあるいは琉球の非協力体制（かつ薩摩への抵抗）と見なす先学もあるが、本章では「王権と臣下層の意識のズレ」とする豊見山の見解に従いたい〔豊見山二〇〇四b：六九頁〕。王国が日明間で安定的に存続されるためには、尚豊の理念を組織的に維持する国家体制の構築が不可欠であり、そのためにはさらなる時間が必要だったのである。

おわりに

最後に本章で明らかにした点、および新たに指摘した点についてまとめたい。

本章の特色の第一は、従来十分に検討されてこなかった琉球侵攻に対する明の反応や、明におけるその影響力を詳細に考察したことである。これにより、特に琉球が日明貿易を仲介した一六一二年以降の明廷の認識に、①明が救援を行わなかったので琉球の倭への屈服はやむを得ない、②朝貢国である琉球には進貢の正当性がある（＝琉球を拒絶してはならない）、③日本が明に代わって琉球を属国とし増強することを懸念する、という顕著な特徴が見られることを明らかにした。さらにこうした明廷の認識と、それに基づく方針は、一連の琉球問題の経緯とともに、邸報や科挙を通じて社会支配層に広く知られていったこと、また一方で明廷内には日明貿易の許容すら含む多様な意見が混在していたことも指摘した。加えて琉球問題は一貫して日明関係の中で捉えられ、常に通倭とセットで議論されていたことも明らかにした。すなわち明廷では、①琉球・朝鮮・台湾などの属国が日本に侵される脅威と、②通倭者が日本と結託して明を揺るがす脅威が一体化しており、琉球を明側に維持できるか否かが日本との優位性を競うバロメーターとして意識されていたのである。

こうしたことから明は琉球を「拒絶しなかった」のではなく「できなかった」のであり、日本がそこにある限り、琉球がどんなに疑わしくても琉明関係を放棄する訳にはいかなかったと考えられる。にもかかわらず琉球が進貢に乗じて日本の要求の手先となることも許容し難いという状況が、明廷を十年後貢という苦肉の策に至らしめたと言えよう。この後、琉球は猛烈な挽回行動を行うが明廷が決定を覆すことはなかった。なお明廷の対応は、日本が一貫して日明関係の中で琉球侵攻とその後の琉球政策を展開してきたことと、ある意味で表裏をなしていた。すなわち日明はともに双方を見据えながら琉球という「綱」を引き合っていたのであり、琉球が日明どちらにも包摂されない位置を確立し得たのは、こうした二国の姿勢に大きく起因していると考えられる。

本章の特色の第二は、先行研究では見解の統一を見ていなかった琉球による日明貿易の仲介行動の実態について、史料批判に基づく整合的な解釈を行ったことである。まず梅木哲人が発掘した新史料の詳細な解釈と史料批判を行い、その信憑性の高さを明らかにした。これにより使者四・五が日明貿易の仲介を担ったとする梅木の主張と、そのために明は態度を硬化させ十年後貢を決定したとする梅木の推論が妥当であることを示した。さらにこの仲介は「郭国安の私信送達」というやや間接的な形で行われ、それは一六一〇年に家久が琉球に仲介を命じた際の指示に拠るものであることも新たに指摘した。

一方、梅木を除く先学は使者七の仲介行為の有無を論じていたが、これについては近年、豊見山和行が仲介不実行を実証している。ただし豊見山は使者四・五の仲介行為を見落としているため、使者七の仲介不実行を、使者八の「報倭（台湾出兵の明への通報）」とともに薩摩支配への「拒否行動（腹背）」と見なし、これにより琉球が島津氏の傀儡ではなく「主体性を保持した存在」であったと解釈している。しかし使者四・五が仲介を行った点を鑑みれば、この行為により明廷が態度を硬化させたことを受けて、「日明貿易の実現」よりもむしろ「琉明貿易の回復」を琉薩がともに最優先した結果、挽回行動の一環として仲介不実行や台湾出兵の通報が行われたものと解釈すべきであろう。すなわち琉球の行動は、薩摩への単なる「腹背」ではなく、「明との関係を改善することで薩摩の要請に応じる」という二方面的な外交として理解すべきであると考えられる。

本章の特色の第三は、これまで「薩摩・幕府の琉球『傀儡化』」あるいは「琉球による（主に薩摩・幕府への「抵抗」

の）主体性の発揮」として説明されてきた侵攻の歴史的意義を、幕藩制への順逆の視点ではなく、東アジア国際関係――とりわけ日明関係――の中で総体的に把握しようと試みたことである。この作業の中で、本章では特に琉球が侵攻以前から日明両国へ「従う」二方面的な外交行動を取り続けていたことに着目した。第二節以降で明らかにしたように、琉球は侵攻直後の段階ですでにこの姿勢を明確にしている。すなわち明に対して侵攻を過小に報告し琉日共存の可能性を説く一方、長年の明への朝貢（進貢）を強調しつつ自らが日本の台湾出兵を抑制していることをアピールし続けており、そこには日明二国の間に自らの存在意義を獲得しようとする琉球の意図が示されていると考えられる。

こうした琉球の外交行動は、当初、琉明・琉日それぞれの関係性において個別に行われる傾向にあったが、それらはやがて琉球において接続され「明との関係の改善により薩摩（さらに幕府）の要請に応じる」という方針に整理・統合されていった。そこには自国の安定化への志向もさることながら、琉球侵攻が日明関係の中で発生し推移したこと、①琉球との関係を維持しようとする明廷の姿勢と、②日明の国家間関係の構築から琉球を通じた間接的関係の形成へと重点を移そうとする幕藩制の姿勢があったことが大きく影響していたと考えられる。さらに前述の方針は、国王尚豊によって「明への進貢＝薩摩への奉公」という国家理念へと格上げされていった。豊見山は、一六一三年の仲介不実行を尚寧による薩摩への面従腹背と見なし、尚豊政権の特色を島津氏との妥協による（島津氏への従属度の強い）日明への二重朝貢体制の構築であるとして、尚寧政権後の変容を主張する［豊見山二〇〇四d：一六一―一六二頁］。だが侵攻以前から実施されていた二面的な外交行動との連続性を考慮すれば、その蓄積が尚豊期に一定の結実を見たと理解すべきではなかろうか。なお念のため付言しておくが、こうした行動の「主体」は言うまでもなく首里王府である。

こうしてようやく琉球では、琉明関係と琉日関係がその国家理念の中で矛盾なく接続され、この理念に基づく国家運営が自覚され始めたのである。ただしその認識が王府内に浸透し継続的に共有されるためには、その後の国際状況の安定と王府自身による構造改革の実現を待たねばならなかった。

注

(1) ［桑江一九三四・梅木一九七三］。これらの研究を紙屋敦之・上原兼善らの一連の研究（後掲）が補完した。

(2) ［小葉田一九九三：一一頁、藤木一九八五］。

(3) ［岸本一九九八：二八頁］。

(4) 主な研究として以下がある。［小葉田一九九三］、［仲原一九六九］、［喜舎場一九九六］、［梅木一九七三、同二〇〇二］、［上原一九八一b、同一九八五、同二〇〇一b、同二〇〇一c、同二〇〇一d、同二〇〇一e、同二〇〇九］、［紙屋一九九〇a、同一九九〇c、同一九九〇f］、［豊見山二〇〇四b、同二〇〇四d、同二〇〇四e、同二〇〇四g］、［渡辺二〇〇九a］。

(5) 本段落におけるここまでの記載は［荒木二〇〇六：四〇—四三頁］の整理に依拠している。

(6) 本章後述の内容も参照されたい。

(7) 貴国之地隣于中華、中華与日本不通商舶者三十余年于今矣、我将軍憂之之余、欲使家久与貴国相談、而年々来商舶於貴国、而大明与日本商賈通貨財之有無。（『南浦文集』巻之中）

(8) 国政を司る三人の宰相。上に摂政《せっせい》がいるが形式的な存在で政治の実権は三司官にあった。

(9) 海塩喬令君、来顧談日本併琉球事。言、中朝既累世受其朝貢、不宜置之不理。即力不暇勤兵、亦宜於海島附近処、稍安挿之、令奉宗廟血食、以俟琉球臣民之忠義興復者、而為之策応、是在督責閩広二撫臣、不宜噤不発声、使遠夷謂中国不足倚也。（なお本記事は［中砂二〇〇二：一七八頁］にて紹介されている。）

(10) 北京滞在中の朝鮮使節が一六一〇年七月に閲覧した通報（官報）には「倭奴による琉球攻撃と国王連行」を伝える陳子貞の上奏が載せられていたという［夫馬二〇〇八：一二頁］。

(11) 『喜安日記』、［豊見山二〇〇四d：一四七頁］など。

(12) 管見の限りでこれを最初に指摘したのは［豊見山二〇〇四d：一四八頁］である。

(13) 殊自琉球大明へ被罷渡候池城之仕合も、一段可然之由相聞得候、彼是以来春之被（破）判者先々船作等被仰付、出船者可入御用

捨事にて候、（[旧記雑録・後編④：七五三号] および [千葉一九九六：五一―五三頁、上原二〇〇一b：一〇三―一〇四頁]）

（14）『羅山先生文集』および『影印本異国日記―金地院崇伝外交文書集成―』東京美術、一九八九年、一四―一六頁。案文改訂については [藤井一九九四：四〇―四一頁]。

（15）足下、可不忘寡人之恩、堅守旧明（旧盟カ）速差官于大明、請許船商往来通好方可以功補過、且足下拝関東時、大将軍家康公発令西海道九国之衆寇明、寡人以仁義之言説而止之、蒙許候琉球通商議好、否則進兵未晩、此郭氏之所備知而足下之所悚聞也、至今入寇之兵未動及《ママ》（乃カ）寡人力矣、……足下宜奏聞明国懇従日本三事、其一、割海隅偏島一処以通我国舟商使彼此各得无咎、其二、歳通餉船交接琉球倣日中交易為例、其三、執若来往通使互致幣書嘉意勤礼交相為美、此三者従我一事則和好両国万民受恵、社稷保安長久、不然大将軍既耀徳不服、使令入寇戦船曼渡沿海剿除陥城邑殺生霊、明之君臣能無憂乎、是則通商之与入寇利害判若白黒、正足下之所宣（宜カ）急告也、[旧記雑録・後編④：八七六号]

（16）郭国安に関しては [増田一九九九] に全面的に依拠する。

（17）東京大学史料編纂所蔵、島津家文書、四五―五九号。

（18）前掲文書、四五―五八号。以下、丁・陸の疏をそれぞれ [丁]・[陸] と略記する。

（19）朝鮮君臣、怵而従之。（『光海君日記・鼎足山本』光海君五年五月乙丑）

（20）此其情態、已非平日恭順之意、況又有倭夷為之駆哉。但彼所執有詞、不応驟阻以啟疑弐之心。宜除留正使及夷伴数名、候題請処分、余衆量給廩餼、遣還本国。非常貢物、一併給付帯回、始足以壮大朝之威、正天朝之体。（『明神宗実録』万暦四十年七月己亥）

（21）倭之称雄南海、狡焉啓疆、已非一日。彼中山王者、豈其当虔劉之余囚縲甫釈、遽忘倭奴之威、遠慕中国之義、不待貢期、増其方物、以来王哉。其為倭所指授明矣。（『明神宗実録』万暦四十年七月己酉）

（22）……数十年来、倭所垂涎者貢耳。故既収琉球、復縦中山王帰国、以為通貢之路、彼意我必不入倭之貢、而必不逆琉球之貢、或仍如三十八年納毛鳳儀・蔡堅之事。（『明神宗実録』万暦四十年八月丁卯）

（23）琉球、向為属国二百余年、一旦被倭虜其主、藉其土地人民。則今日之琉球、非昔日之琉球矣。拠云帰国而来貢、実非貢期。安知非倭之計而覘我虚実耶。又安知非興販勾引者為之嚮道耶。……如撫按所議、灼見釁端、而欲為之杜者、詎可訕絶之非計哉。……況彼名為進貢、而我遽爾阻回、則彼得以為辞、恐非柔遠之体。而臣愚、以為宜宣一勅諭到彼、若曰、你国新経残破、賤匱人乏、何必間関遠来、還当厚自繕聚、俟十年之後、物力稍充、然後伏脩貢職、未為晩也。見今貢物、着巡撫衙門、差係倭産者、悉携帰国、係出若国者、姑准収解、以見爾恭順之意。其来貢之人、照旧給賞、即便回国、不必入朝、以省跋渉労苦、夫然、則既足以示我中国之恩信、又不堕彼外夷之術中、謂不絶之絶、乃深于絶者也……。[丁]

(24) 為属国情形頓異、疆臣条疏非虚、懇乞聖明、俯照部議、早渙綸音、以便遵奉事。[丁]／為夷貢可疑、部覆已確、懇乞聖明、亟賜渙発、以便遵行事、臣閲邸報、礼部題覆、為急報帰国事。[陸]

(25) 臣与按臣……竊嘆服該部之議……。[丁]

(26) 若夫此中正（亡の誤写）命郭国安、貽出家下、言、在子丑歳、帰拝堂前、其山内故設三事。語多狂悖、其所云三事、是明挟互市之説也。此二項倶附琉球貢使携至。曾有偵事者、先期伝報、而臣以為此通勾者所為。因懸示、力禁之、勿許投。故止今出与檄藁。[丁]

(27) 若乃閩中之（亡の誤写）命郭国安、有子丑拝堂、暗指入犯之期、薩摩州移檄中山、設為三事、明挟互市之釁。[陸]

(28) 臣等無任激切、翹首待命之至。[丁]／臣無任激切、待命之至。[陸]

(29) 銀不足に伴い、一六九五年以降、幕府は銀の含有量を下げる貨幣吹替を次々に断行した。琉球・薩摩藩は中国貿易では使用し難いとして渡唐銀の品位向上を幕府に訴えた[上原一九八一a：一〇八—一一三頁]。

(30) 於薩府書翰之草案相調、中山王より大明江使翰差渡させ候、……右之節中山王より大明江遣候書翰之扣幷大明天子より之勅書等写有之候、[旧記雑録・追録③：一二三八号]。

(31) 上奏の全文は葉の『綸扉奏草』巻十七「琉球入貢掲」に、簡略版が『明実録』に載る。

(32) 琉球已為倭併……心甚叵測。巡撫疏中言、倭将明檄琉球、挟其代請互市。又閩浙亡命郭安国亦寄書其家、語多狂悖、不敢上聞、而抄以寄臣。東南之事、甚為可憂。……伏望聖明即賜批発。(『明神宗実録』万暦四十年十一月壬寅)

(33) なお二人は科挙合格の同期で、葉は福建出身であった。

(34) 琉球既折而入于倭。倭之借寇以通貢、亦必然之勢。如此則、浜海之禍、将不可言。

(35) 閩人多言、倭之志、在于通市、不在入寇。拠其情理、似亦近之。然通市是決不可行之説、誰敢任此。今所慮者、彼既呑琉球、漸而拠鶏籠淡水、去我愈近。駆之則不能、防之則難備、是剝膚之災、而将何策以処此也。（なお夫馬進は、本史料に基づき、葉らの最大の脅威は日本の台湾占拠であった点を指摘している[夫馬二〇〇八：二一〇頁]。）

(36) 今琉球既不能自強、而俛首于倭。然育之二百余年、而棄之一旦可乎。

(37) 盍諭之曰、……爾其側身戮力、峭志自強、如依期、以土宜方物来、仍通貢互市、以資生聚。若陽示帰順、陰寔通倭、決不爾狥、則既不払其来貢之礼、而又不堕其挟詐之謀。

(38) 『皇明策衡』は一六三二年に陳仁錫の手で編まれた『皇明郷会試二三場程文選』に全文再録されている［Elman 2000: p. 445］。程文については［鶴成二〇〇五］に詳しい。

(39) 夫琉球被俘之時、我不能以急朝鮮者急之、不容厚責以抱柱之信。

(40) 今奉琛之日、若又以絶日本者絶之、安能保無入室之戈。「入室之戈」とは、①他人の部屋の武器を逆手に取ってその相手を攻める、②師の説を逆手に取って自説を主張するという意味の「入室操戈」に由来するものであろう。解釈については中砂明徳氏のご教示を賜った。

(41) 是倭可絶、而琉球不能絶也。倭難備、而并備琉球、則不勝備也。

(42) 今越在海外、縦不挙、夫亦遣一介相問、或文告相遣、令其君臣臥薪嘗胆、生聚教訓、而我遥為声援、毋致夷為臣隷乎。

(43) 天朝二百年、卵翼之恩、夫寧一旦棄捐。若加存卹、則固吾之耳目、吾之犄角也。……撫之則為我用。携之則不為彼用。是小国之向背、決于今日之拒納。夫安有設不然之疑、絶無罪之国、而長寇讐者哉。

(44) なお『海防纂要』巻一にも同年の「福建程策」として「福建備倭議」が収録されており、『皇明策衡』の解答よりは遥かに短いものであるが文意には相当の類似点が認められる。

(45) 今之倭、南倚中山為媾、北営釜山為穴、其地尽直我中国首尾、合応遂無所不備。……故夫今之禦倭難、而昔易也。此倭虜情形之大較也。乃其最可慮者、我塞下之民、日以我情輸虜、且逃而従虜。……故夫禦倭虜之倭虜易、而禦中国之倭虜難也。総之惟在于修備之一言。

(46) 策倭者曰、是昔年蹂躙朝鮮、毀我藩籬、近又併呑中山、以二百余年恭順之属国、而我不能救也。今又冒中山入貢、求与我市矣。我之姦民、日交関不絶、以中其心。禁之則駆而合于倭、不禁則為患滋大。謀之不臧、海患自茲始也。嗟夫、以弾丸之島、滄溟之隔、而欲暴師海外、踵往年朝鮮之故事、必不得矣。惟是倭之志不在貢而在市、其謀又不在中山而在我。我堅則而以中山為嘗、我瑕則乗中山而逞、亦自然之勢也。故貢之絶否、可立決也。

(47) なお合否を大きく左右したのは、首場で出される経義題の内の四書題であった。

(48) 一六一三年の会試で直接的に問われているのは日本への対策だが、これに関わる最も即時的かつ重大な問題は明らかに琉球問題であった。
(49) 逆風のため琉球ではなく先に薩摩に着船した［旧記雑録・後編④：一一五六号］（付年号は一六一四年であるが内容から判ずるに一三年の誤りであろう）。
(50) 次国上（国頭）以渡唐、大明与球国純熟之才覚在之由、尤肝要之至也、［旧記雑録・後編④：一三一九号］。付年号は一六一六年だが、［小葉田一九九三：四二頁、豊見山二〇〇四ｄ：一六六頁］の見解に従い一六一五年とする。なお馬良弼は当時「稟報謝恩使」として薩摩に滞在していた［豊見山二〇〇四ｄ：一六六頁］。
(51) 先年薩摩ゟ琉球へ書ノ案ヲ遣シ、大明へ如此書ヲ遣候へと申遣候へとも、琉球ゟ如此ノ書ヲ大明へ遣候事ハ不成由也、（注（14）所掲『影印本異国日記』四〇頁）。
(52) 十ケ年之内者不可許容之由、不及是非儀、異国之法制更難及謀計者乎、其国之不幸令察者也、近日以使節可申伸之間、不能詳、恐懼不宣、［旧記雑録・後編④：一二〇一号］
(53) ……説者謂、十年一貢以守明旨、其他歳宜令市易海上、以示羈縻、貢則許入内地、市則定于小埕地方、此倭患之当議者。（『明神宗実録』万暦四十三年十一月己亥）
(54) 甲辰（一六〇四年）科翰林館課の旧作に後年手を入れたものと推測でき、内容の下限は一六一七年であるという（王重明輯校『徐光啓集』上海古籍出版社、一九八四年、五〇頁）。
(55) 彼之為此、意我二百年朝貢之国、勢必救之、救之則還其故封、因以為我徳而求貢市。就令不救之、但遣一介行李吊慰於琉、微辞於倭亦将復之、以為我徳而求貢市也。彼以此両者為我必応之著、則可必得貢市。……既不能得我一介之使、於是自怒自解、自復其国、而令之代貢陳辞、我又並琉球拒之、於是為嫚書以怵我。所設三事、猶昔年朝鮮之五事也。昔之五事、貢市居其第五、今之三事、亦貢市居其第三、蓋其本意所重在於是耳。
(56) 彼国有日本七島夷人来説、各島見在造船欲収小琉球、彼国王……令其先行馳報。
(57) 邇聞倭寇造戦船五百余隻、本年三月内、協取鶏籠山等処。竊思鶏籠山、雖是外島野夷、其咽喉門戸有関閩海居地、藉令肆虐鶏籠、則福省之浜海居民焉能安堵……。
(58) 『明神宗実録』（万暦四十四年六月乙卯）にこの上奏の記事が見える。
(59) 一、大明与琉球商船往還、純熟之調達弥可被入精事、［旧記雑録・後編④：一三五六号］

(60) 此上之目出度仕合御座有間鋪（敷）候、弥以唐口之義可被入念候、〔旧記雑録・後編⑤：八五九号〕

(61) 国書刊行会編『通航一覧』五、国書刊行会、一九一三年、五五六―五六一頁。

(62) 〔豊見山二〇〇四e：二七八頁〕および〔歴代宝案①：八―一七号〕。

(63) 球国者唐之御恩情ニテ彼是今分ニ相調候、我禁中唐人之覚可然様ニ、就中御国本之御奉公罷成様ニ被廻思慮肝要ニ候、（「蔡氏家譜」〔那覇市史⑥上：二六〇―二六一頁〕）。

(64) 此国者唐之往来之故今分ニ仕居候処、御国本ヨリ御用之儀不達候而者無詮候条我等始諸臣下ニ至迄心遣千万無申計候条乍重言可入念事可為肝要候、（「蔡氏家譜」〔那覇市史⑥上：二五九頁〕）

(65) 今度之天下之御用之儀能調候ヘハ麑島之御為ニモ能御座候、又琉球迄可然カトモ出合ニテ候間カヘスミミモ難成ナカラ頼存候事、（「蔡氏家譜」〔那覇市史⑥上：二六〇頁〕）

第三章　近世琉球と明清交替

はじめに

一七世紀初における日明両国への両義的な対応の中から、自国の国家理念の中で二国との関係を接続・統合する道を模索しつつあった琉球を次に襲ったのは明清交替の動乱であった。この時、琉球が明清どちらにも対処し得るような「等距離外交」を行い、最終的に清朝に帰順したことはすでに諸先学が明らかにしているところである。一方、琉球侵攻において親明派の三司官・鄭迵[1]が、あるいは一九世紀後半の琉球処分のさいに脱清人[2]らが見せた僅かながらも激烈な「日本」への抵抗とは裏腹に、「忠順な明朝の朝貢国」としての琉球による清への強い抵抗は確認できない。琉球にとって中国の王朝、およびその交替とはいかなる意味を有していたのであろうか。

本章では、①明清交替時における琉球の対応を諸先学の成果に拠って整理した上で、明清交替が琉球・中国・日本の三国関係に及ぼした影響を検討し、②その後琉球が清との関係を確立していく中で、明清交替時の琉球の対応が琉清間においてどのような意味を持ったのかを明らかにし、さらに③清末に発生した王朝交替再来の危機（＝太平天国の乱）における明清交替時の琉球の対応の影響について考察する。これにより近世琉球における明清交替の歴史的意義を検討したい。

一　近世琉球と明清交替

明清交替時の琉球の対応については戦前からの厚い研究蓄積があり[3]、事実関係はほぼ網羅されていると言ってよい。ただし各成果の間に若干の齟齬があり、またそれぞれの研究が部分的に解明する事象の全体像も把握しづらい。さらに明清交替が琉球・中国（明・清）・日本（幕府・薩摩）の三国関係に及ぼした歴史的意義については再検討の余地がある。このためここでは先行研究を整理・統合する形で明清交替時の琉球の対応を若干の補足を加えつつ概説し、最後に琉中日関係における明清交替の歴史的意義を検討したい。

1　明の滅亡と南明政権への対応

一六四四年三月、李自成らの率いる農民反乱軍が北京を占拠し、明朝最後の皇帝・崇禎帝を自害せしめた。新興国家・清を打ち立てた東北の女真（満洲）勢はこの機を逃さず、直ちに反乱勢力を駆逐し、五月に北京へと入城した。

琉球の進貢使・金応元らは、同年三月より福州に滞在していたが、北京陥落の報に接し、さらに明の皇族・福王が南京で弘光帝として即位したことを知ると、本国の指示を得ないまま南京へ赴き、弘光帝の即位を慶賀して生糸互市の許可を求めた[4]。弘光帝は交易を許し、翌年、使者・花煾を遣わして琉球を招撫した。このため国王尚賢は崇禎帝崩御の進香と弘光帝即位の慶賀の使者として毛大用らを派遣した。

しかしまもなく弘光政権は清の貝勒《ベイレ》将軍[5]によって滅ぼされてしまった。そこで毛大用らは福建に発足した明の皇族・唐王による隆武政権に投誠した。新帝は弘光帝同様に琉球の生糸互市を認め、翌一六四六年、使者・閔邦基を遣わし琉球を招撫した。このため国王は慶賀使として毛泰久・金正春らを派遣したが、彼らが任務を終え帰途に就いた直後に福州は清軍に制圧されてしまい、沿岸で海賊に襲われやむなく福州に引き返した毛泰久らは衣を改め剃髪して貝勒将軍へ投降することとなった。

一方、琉球では隆武政権の滅亡を知らぬまま一六四七年に先行使節の探問使として蔡祚隆らを派遣した。しかしこの使節は海賊に阻まれて帰国したため、一六四九年二月に探問・請封・進貢の使者として同人が再度派遣された。蔡祚隆は、清軍の進攻を受けて福建に逃れていた明の魯王（監国）に入貢し、その勅諭や、魯王を奉ずる鄭彩（建国公）の乞師（援軍要請）を求める書簡などを携えて同年五、六月頃に帰国した。

このように琉球は南明の各政権に順次帰順していた。ただし王府としての帰順が確認できるのは一六四九年二月の蔡祚隆らの派遣までで、魯王への帰順は使者の判断によるものである。帰順した琉球に対し弘光・隆武は招撫により入貢を求め、両政権は琉日の懸案であった生糸互市を全面的に認可している。(6) なお乞師は魯王政権のみが行ったが、琉球がこれに応じた形跡はない。

他方、琉日関係においては、一六三九年に琉球が「たったん人」による北京攻撃の情報を薩摩藩に報じたことが確認できる。(7) また一六四六年六月、兵乱時の貿易に関する琉球からの問い合わせに対し、幕府は従来の通り明との生糸貿易を続行するよう指示していた［旧記雑録・追録①：八〇号］。なお幕府は同時期に琉球や来日唐船から盛んに中国情報を収集し、南明政権の乞師への対応などを検討していたが、一六四七年一〇月に福州陥落の報が来航の唐船から伝えられると派兵を見送り、動乱の余波を警戒して海防強化などを実施した。(8)

先述したように一六四六年、清軍による福州制圧を知った隆武帝への慶賀使・毛泰久らは貝勒将軍の麾下に投じた。そして翌年四月、貝勒とともに入京し、順治帝に謁見・投誠した(9)。これは本国の許可を得ないままなされた行動であり、余儀ない選択の結果であった［喜舎場一九九三c：五七四—五七五頁］。

2　清への「帰順」

同年二月、順治帝は諸外国の朝貢受入を国内に示達した。ついで六月には福建に滞留していた琉球・安南・呂宋の使者に対して勅書を給し、帰国して国王の招撫を促すよう命じた。これにより琉球へは、福建より北京まで琉使に同行した通事の謝必振が、明の印・勅の返還と清への招撫を求める使者として派遣されることになった。清使は琉使とともに一六四九年六月に福州を離れ、七月に薩摩の山川《やまがわ》へ漂着した後、九月に琉球へ到着した。その頃にはすでに魯王に入貢した琉使・蔡祚隆らも帰国していた。なお清使の到着直後、国王尚賢は中国による冊封を受けないまま逝去し、新国王尚質が即位した。

ところで、これ以前に琉球は島津氏に、①韃靼人が皇帝となり使者が来琉し弁髪を強制したさいの対応と、②福州まで退いた隆武勢が琉球に落ち延びてきた場合の対応を尋ねていた［旧記雑録・追録①：六二五号］(10)。これに対して島津氏は、①については「琉球は昔から大明へ通融しなくてはならないので、薩摩守（島津光久）の一存では返答しがたい」(11)としつつ、②への対応とともに幕府の指示を求めている。つまりこの時、明・清への対応に関して琉球・薩摩とも明確な指針を有していなかったのである。なおこの時の幕府の返答は不明である(12)。

一方、一六四九年の清使来琉時における幕府の対応については記録がある(13)。それによると薩摩藩の江戸家老・新納久詮が幕府老中・阿部重次に内意を尋ねたところ、阿部は、①琉球は島津氏の拝領地なので公儀（幕府）からの指図はなされない、②琉球は異国ではあるが島津氏が下知する時は日本同然である、③したがって琉球に「悪キ事」が発生すれば日本の瑕になる、と述べた上で藩主の意向を尋ねたという。藩主の意向を確認していなかった新納はとっさの判断で、(14)①清帝に帰順し慶賀使を派遣すれば後年明が復興した場合に琉球の面目が立たない、②しかしこのまま清が続くのならば今回使者を派遣しないのは良くない、③明清どちらとも決めがたいので双方に「然るべく」対応するよう内々に藩主より指示されていると告げ、具体策として「兵乱による海賊多発のため、乱の終息後に遣使すると清使に告げて時間を稼ぎ、明清どちらかの勝利が決するのを待つ方針」を示した。その結果、この新納の回答が藩主の意見として老中衆に吟味され「大隅守（藩主）の心次第」という指示がなされた。すなわちこの時、幕府も明か清かの選択に関して明確な指針を有していなかったのである。

幕府から対応を一任された島津氏は、清使への対応は琉球国王・三司官らの談合次第とし、那覇に駐在させている在番奉行に対してこの談合への干渉を禁じた〔旧記雑録・追録①：二八五号〕。その理由は「琉球は昔から唐・日本に従っており、現在は島津氏が拝領したと言っても日本の国内ではないので、このような時の指示はこちらでは難しい」ためと説明されている。(15)また琉球へ清使が到着してから薩摩へ問い合わせても間に合わないので、藩からの事前の指示が適用できない時には「とにかく今後琉球のために良いように相談をした上で〔清使に〕応対するように」と指示した。事前の指示とは、先述したいわゆる「時間稼ぎ策」であり、琉球は結局これに従っている。しかし清使・謝必振は納得せず、翌一六五〇年までは慶賀使を待つが、それを過ぎたらまた遣使すると猶予期限を約諾した上で帰途に就いた。この時、琉球から派遣された護送使・周国盛らが清に届けた書簡には、明の印・勅の返還と入貢（遣使）は準備が整わないため来年に延期する旨が請われている。

だが琉球は約束の期限までに遣使を行わなかった。そこで一六五二年九月、謝必振は再度渡琉し明の印・勅の返還を求めた。琉薩はこの事態を早くから想定しており、すでに五〇年秋には薩摩藩から琉球駐在の在番奉行に対して「去年の口上の趣旨を変えずに三司官の相談を以て適宜返答するように」と指示が下されている(16)。また琉球でも五一年には、翌年春における左右聞船（慶賀船のことか）の中国派遣が決定され、清への書簡の宛先について「三司官の相談次第」とする藩からの指示を受けて、「明清それぞれに一通ずつの書簡を用意し中国で臨機応変に対応する案」を提示し許可されている［旧記雑録・追録①：三九六号］。もともと琉球には国王印を押しただけの白紙の「国書」（空《こう》道《どう》）を不測の事態に備えて進貢使に携帯させる慣行があり、上記の案はその応用策と考えられている(17)。結局、琉球は一六五三年に清使の護送を兼ねた慶賀使として馬宗毅らを清に派遣した。なおこの遣使は幕府の指示を仰がず薩摩藩の許可のみで実施された(18)。

清へ到着した馬宗毅らは、①一六五〇年に慶賀使・阿榜琨らを派遣したが漂没したらしい――そしてそのことは清使の再来で初めて判明した――、②勅は国王とともに埋葬するので近年受領した二枚分しか返還できない、③明印は返還するので清印を頒賜されたい、といった内容の国書を提出した(19)。ただし「五〇年に漂没した」阿榜琨は家譜によれば翌々年に死去しており、勅も実際は埋葬せず保管する慣例であったなど琉球側の弁明には虚偽があり、また琉球は慶賀と同時になされるべき「請封」を清に対して行っていないことから、この時点では未だ明清への「等距離外交」路線を――薩摩藩の指示と認可のもとで――継承していたと見られる。しかし清はこの慶賀の遣使を琉球の「請封」と見なし、直ちに冊封使（張学礼・王垓）の派遣を決定した。二度の遣使による招撫と半ば強引な冊封の決定は、政権基盤の早期確立を目指す清の積極性を示すものと考えられる。

一六五五年、福州において冊封使派遣のための大船が建造中であるとの情報が、先の慶賀使迎接のために派遣され福州港口で海賊に阻まれて帰国した琉球船や、長崎来航の唐船によって琉日へともたらされた(20)。同年七月、早速、薩摩の家老衆から江戸への上申書が発され、「琉球の韃靼への帰順は公儀としても残念なことであろうが、慶賀使を派遣したからには冠船（冊封使船）は必ず来航する」と述べた上で、冊封使によって清俗が強制されたさいの対応を尋ね、さらに清俗の強制は「日本之瑕」かつ「殿様迄御外聞ニも可悪」であるから、拒絶し冠船を追い返すか、あるいは清使と事を構える段になったら討ち果たすべきか、という強硬策の実施の可否を問うている。[21] 加えて「琉球は唐と通融しなくては立ちゆかないが、外聞や日本の瑕になるのなら琉球の不自由は堪忍するよう命じるべきであろう」、「〔清使に対する〕強硬策によって清俗を拒絶しても清から琉球への派兵はないだろう」とする見解が添えられている。すなわちこの段階では薩摩は、清との摩擦や琉清関係の断絶よりも、琉球支配者としての幕府の体面を優先していたのである。

こうして翌八月、藩主光久は江戸において老中・松平信綱に対し、①清俗強制を琉球人は「迷惑」として必ず拒絶するだろう、②韃靼の旗下に投じたことさえ残念なのに清俗を強制されては日本の外聞にも悪いと述べ、幕府老中による指図を求めた［旧記雑録・追録①：六四六号］[22]。ところが、これに対し同月二二日、藩主に伝えられた幕府（老中衆）の見解は「冊封使から清俗を強制されたら従うべきである。その他の点については藩主の計らい次第とせよ」というものであったのである。[23] この通知を受けた藩の家老衆は「この上は（幕府の意向ならば）琉球王位も異議ないだろう。不足のないご指図に安堵した」として、まもなく幕府の指示を琉球へ通達すると返答している。[24] なお幕府の意向は、藩主からの依頼を受けた松平定行（溜間詰[25]、藩主の縁戚[26]）からも国元へ伝えられているが、その書簡で定行は「琉球は唐へ通融しなくては立ちゆかないことを内々に了解しているので韃王から冠船が派遣されたら万事従うべきである」[27]と述べている。薩摩とは対照的に、幕府は自らの琉球支配者としての体面よりも、清と琉球の君臣関係を優先する判断を下し、薩摩はこれに従わざるを得なかったのである。

その後、琉球は少なくとも三度（一六五四・五五・五六年）にわたって清に対して遣使を行い滞留中の慶賀使を迎接しようと試みた。しかしこれらの使節はいずれも海賊に阻まれ目的を達せられなかった。一方、一六五五年三月、冊封使の張学礼らが福州へ到着したが、やはり海賊の横行のため出航できず、結局、五九年閏三月に一度北京へ戻ることになった。(28) 当時、東南の制海権は鄭氏勢力にあり、清は五六年に海禁を強化し、六一年には遷界令を出すなどの対策を講じたがいまだ鄭氏打破には至れずにいた。

一六六一年、順治帝が逝去し、康熙帝が即位した。新帝は琉球への冊封使の任務未遂行を知ると正使を革職し副使らも処罰した。しかし翌六二年、鄭成功が死去したためか、冊封使の「再」派遣を命じ、贖罪のためとして同一人物をそれぞれ正副使に任命した。こうして一六六三年六月、冊封使・張学礼らの一行は福建に長らく逗留していた琉使とともに来琉し、国王尚質の冊封を行ったのであった。この時、懸案であった清俗は結局強制されず、この報告を受けた薩摩藩主・光久は、九月に尚質に対して、装束が「勝手次第」とされ先規のごとく大明の衣冠で勅使への対面が済んだことを嘉する書簡を送っている［旧記雑録・追録①：一〇二七号］。

さて多くの先学は、この冊封使の来琉および尚質の冊封をもって琉球が「明を捨て清へ乗り換えた」時期であると見なしている［高瀬一九七八、豊見山二〇〇四b］。ただし琉球は、①慶賀使派遣に窺えるように、少なくともそれ以前からある程度は「清に帰順した」という意識を持ち、②同時に清による冊封以後も「明に乗り換える」可能性を常に意識していたこと、③その前後において一時的に日本の「秩序」に大きく傾斜していたことに留意したい。一六六二年三月、琉球の高官・羽地朝秀（六六年に王府最高官の摂政に就任）は薩摩藩宛のものと思われる口上覚にて、(29) ①近年琉球と唐との商売が国姓爺（鄭氏勢力）の海賊行為のために阻害されている、②国姓爺は毎年日本へ遣船しているので幕府から彼らに琉球船の安全保障を働きかけてほしい、③そのさいに琉球はやむなく韃靼方に帰順しているが大明が復興すれば以前のように朝貢すると述べれば国姓爺は納得するであろうと述べ、二方面外交による貿易の安定化と幕府を通じた琉中問題の解消を求めている［上原一九八八、真栄平一九八五］。また琉球は朝貢国として一貫して中国年号を使用していたが、冊封使の来琉した一六六三年とその翌年に死亡した王族の墓には日本年号（寛文三・四年）が刻まれるなど、明清交替の間隙を縫って一時的に日本年号が選択されることもあった［真栄平一九八七］。

一六六三年一一月、冊封使と共に護送使（孫自昌ら）と謝恩使（呉国用・金正春ら）が派遣され、翌年には康熙帝への慶賀使が派遣された[30]。なお、そのさいに乗員による進貢品の盗難事件（北谷《ちゃたん》・恵祖《えそ》事件）が発生し、貿易経営に本格的に乗り出しつつあった薩摩の不興を著しく買う事態となるが、ここでは詳細は割愛し先学の成果に委ねたい[31]。その後、琉球は定期的に清への二年一貢を行うようになったが、一六七〇・七二年の進貢船が海賊に襲われるなど、鄭氏などによる攻撃は止まず、安定的な進貢実施とは言えない状況であった。

3　三藩の乱への対応

一六七三年一二月、それまで清に従っていた漢人の将軍らが「反清復明」をスローガンに蜂起し、三藩の乱が勃発した。同年三月に進貢使として派遣された向（呉）美徳らは鄭氏勢力による海賊被害に遭いつつも福州に到着し、翌年正月に上京したが、その帰途に蘇州で靖南藩（福建）の耿精忠の謀叛を知り、福州に戻れないまま蘇州胥門外の天妃宮に三年間の滞留を強いられることになった[32]。一方、北京へ上京せずに福州に残留した人員は、福州を制圧した靖南王に安全を保証されつつ五月に福州を出帆し六月に帰国している。この帰国組は三藩の乱の詳細な情報をもたらし、それらを薩摩経由で九月に入手した幕府は、長崎経由の情報も加味し、「十五省百五十三府の内、九十八府は大明に復した」として三藩側が優勢であると判断していた[33]。

一六七六年六月、靖南王の使者として遊撃・陳応昌なる人物が来琉し、「大明」（三藩）の優勢を説き、火薬の材料となる硫黄の供与を要請した。そこで王府が、対中国外交を掌る久米村の官人衆に対策を僉議させたところ、①唐国の半分を大明が押さえたのに硫黄を供与しなければ後年の支障になるので少々は硫黄を渡すべきであろう、②もし大清の天下になった場合はどのようにも言い訳できるであろう、③したがって薩摩・幕府の許可が得られれば硫黄二万斤程を渡したい、という趣旨の意見が提示されたので、王府はこれを在番奉行の阿多六兵衛に相談したという(34)。この件は早速薩摩藩へ注進され、藩主から幕府への問い合わせの結果、九月付で老中衆より「硫黄は供与するよう琉球国王に返書すべきである」との指示が下った［旧記雑録・追録①：一六八三号、一六八四号］。この指示は薩摩藩を通じて琉球に示達され、陳応昌は硫黄を得て一一月に帰途についている［旧記雑録・追録①：一七二九号］。

さらに一六七六年一〇月、琉球は探問使として蔡国器（高良親方《たからウエーカタ》）を渡唐させることに決めた。久米村の最高責任者である総理唐栄司（久米村総役）は、当初、この使者に靖南王への慶賀の啓文一通のみを持参させようとしていたが、万一を懸念する国器自身の建議により清の安否を探問する咨文一通も用意された。この措置が三司官から国王尚貞に上奏されると、国王は「万全の計」であると喜んだという(35)。

翌七七年三月、国器らは那覇を出航した。福州に到着し港口の番船を見ると「韃人」が乗っていた。そこで内々に尋ねたところすでに清が復興していることが判明した。四月に下船し福州の柔遠駅（琉球館）へ入り、通事の謝必振らに陳応昌の行方を尋ねると、①清の康親王の軍勢が南下し前年九月に靖南王は降参した、②陳応昌の帰国時には康親王がすでに入城していた、③陳応昌は琉球からの咨文を焼き積荷を捨て韃靼人に変装して福建に侵入しようとしたが清の番兵に捕らえられた、④尋問のさい、陳応昌は「琉球に赴き硫黄を求めたが、琉球には硫黄がなく目的を果たせずに帰国した」と答えた、と伝えられた(36)。そこで国器も靖南王への啓文を焼き捨て、康親王に清への咨文を提出した。親王は国器を審問し「陳に硫黄を供与し、清に背いて耿王（靖南王）を助けたのではないか」と訝しんだが、国器は、琉球は久しく清の鴻恩を蒙っているので耿王の要請には決して応じなかったこと、ゆえに国王が自分を派遣して清の安否を尋ねさせたこと、もし耿王を助けたのであれば清の安否は問わないはずであることなどを主張し、それが捕獲された陳応昌の〔偽りの〕供述と奇しくも一致していたために幸いにも康親王の信を得ることに成功した。[37]

国器の家譜には「国器にこの権謀があったために、今に至るまで貢典は絶えず、累々と聖恩を蒙り、琉球が奏請した事は全て認可されるのである[38]」と記されている。

4　明清交替と琉清日関係

以上、先学の成果を整理・統合し、若干の補足を行いつつ、明清交替時における琉球の対応を概観した。以下では明清交替が琉球・清・日本の三国関係に及ぼした影響を検討する。

「等距離外交（二方面外交）」に代表される明清交替時の琉球の対応は、戦前より幕藩制の指示に従った結果と見なされてきた。しかし近年、豊見山和行が、そこに僅かではあるが琉球の意向も反映されていたことを指摘している［豊見山二〇〇四b］。本節でも確認したように、薩摩藩は部分的にではあるが「国王・三司官の談合（または相談）」に判断を委ねる動きを見せており、豊見山がこの点をすくい上げたことは高く評価されるべきである。

ただし豊見山がこれを「旧来の見解のように幕藩制国家による一方的指示に振り回された対応方法ではなかった」として、琉球の「（政治的）主体性」と結び付けて解釈している点については疑問がある。というのも本節で詳述したように、明清への対応については琉・薩・幕とも明確な指針を有しておらず、かつ三者とも判断（およびそれに伴う責任）を避けていたからである。たとえば一六四九年の清使来琉時の動向を示すと次のようになる。

① 琉球は薩摩藩に指示を要請。
② 薩摩藩は「琉球は明と通融する国なので藩主の一存では判断し難い」として幕府に指示を要請。
③ 幕府は「琉球は島津領なので幕府は関知しない。琉球は異国だが島津氏の下知時は日本同然であり、そこに問題が発生すれば日本の瑕となる」とした上で薩摩藩主の意見を要請。薩摩藩の江戸家老は、とっさの判断で「時間稼ぎ策」を回答。
④ 幕府は薩摩藩の「時間稼ぎ策」に同意し「藩主の心次第」と裁可。
⑤ 薩摩藩は「時間稼ぎ策」を指示しつつ最終的には琉球国王・三司官の合議次第と指示。
⑥ 琉球は薩摩藩の指示（「時間稼ぎ策」）に従う。

このように確かに（特に使者来琉後の）最終的な対応は琉球に任されていたが、指示を求めていたにもかかわらず自己判断を命じられたという点ではむしろ「責任を押し付けられた」形に近い。豊見山はこれを「〔薩摩は〕明清いずれかの選択権は、最終的には琉球に存すると考えていた」〔豊見山二〇〇四b：七三頁〕と説明するが、少なくとも前記実態からは琉球に命ぜられていた行動――豊見山の言う「選択権」――の中に、主体性と結び付け得るポジティブな意味合いは確認できず[39]、また琉球もそれを望んでいなかった点を指摘しておきたい。

次に一六五五年における冊封使来琉の風聞への対応であるが、以下のように整理できる。
① 薩摩藩は幕府に「琉球への清俗強制」への対応を照会。そのさい、琉球・薩摩は「迷惑」（琉）・「日本の瑕」（薩）を理由に清俗の拒絶を志向。
② 幕府は清俗受容を指示し、その他の点は藩主次第と返答。

すなわち幕府の結論は、「琉球の迷惑」や「日本の瑕」より清の指示を優先せよというものであった。この幕府の判断について藩主の縁者にして幕府の溜間詰であった松平定行は「琉球は唐へ通融しなくては立ちゆかない（なおこの解釈は薩摩側から提示されたものである）ことを内々に了解しているため」と説明している。このことから豊見山は「中国との関係の維持なくして琉球の存立があり得ないという点で幕府・島津氏は共通の認識をもっていた」ために「島津氏の領分の側面」よりも「冊封・朝貢関係をもつ異国の側面」を重視して琉清関係を容認したと論じている［豊見山二〇〇四b：七六頁］。また上原兼善は、①外交問題を醸成する危険を冒して幕府が琉球の領土主権者たることを東アジアに認知せしめるか、②公儀の権威失墜のリスクはあるものの旧来通り中国との宗属関係を容認するかの選択肢の中で幕府が②の保身策を選んだと解釈し［上原一九八一b：三五七—三五八頁］、同様に紙屋敦之も幕府の結論を武力衝突の回避のためと推測し［紙屋一九九〇f：三一五頁］、「幕府は、琉球支配に関して、いわば名を捨てて実を取る政策を選択」したと理解している［紙屋一九九〇d：二二五頁］。

　これらの解釈はみな一定の妥当性を有しているものの、この幕府が下した決定の東アジア国際関係——とりわけ琉・清・幕の三者関係——における最も重要な意義について言及していない。それは、この幕府の決定により琉球が同時に従う二つの支配秩序の序列が確定したことである。幕府は「日本の瑕」よりも清の指示を優先するよう琉球に命じたのであり、それは幕府による琉清関係の容認に留まらず、琉球における清の支配秩序の相対的な優位性の承認であったと見なすことができよう。

　このことはまた清日の狭間における琉球の国際的位置の安定にも決定的な意味を持っていたと考えられる。すでに第二章で見たように、幕府は明に対しては特別な脅威を有していなかった。そのことは幕府が明に対して度々武力行使を伴う（あるいはほのめかす）貿易要求を行っていたことからも窺える。したがって琉球における日明それぞれの支配秩序の併存には、後の清代に比して不安定要素が多かったと考えられる。しかし清の成立は幕府にとって大きな脅威であり［紙屋一九九〇ｅ］、このため幕府が琉球支配に関して清との衝突を避けようとしたことは、すなわち琉球における清・日本の支配秩序の衝突の構造的な回避が可能になり[40]、琉球が両国の秩序に同時に従う状況をより容易かつ安定的に維持できるようになったことを意味していると言えよう。なおこの清日の支配秩序の序列構造による衝突回避の実態は、次章において具体的に検討することにする。

また以後この三者関係を補完する「清に対する琉日関係の隠蔽」が琉薩の結託のもとに推進されることになるが（第二部第四章に詳述）、すでに一六四七年に来琉を試みた清使が薩摩に漂着したさいに、藩から「韃靼人の前で琉球人と日本人が『知人がましい』様子を見せるのはよくない」という指示が下されるなど［旧記雑録・追録①：二八四号］、隠蔽行為の萌芽が確認できる点にも留意しておきたい［紙屋一九九〇ｂ：二六一―二六二頁］。

二　対清外交と三藩の乱――「忠誠物語」の成立と利用――

清が支配を確立させた一六八〇年代を中心に、琉球と清の間で、先述した三藩の乱のさいの琉球の行動が重要な意味を持ったことがあった。行動というのは、もちろん背反の事実（＝清からの冊封を受けていたにもかかわらず三藩側に硫黄を提供した）ではなく、その代わりに清に信じ込ませることに成功した架空の「忠誠物語」（＝三藩に従わず清への忠誠を貫いた）のことである。こうした三藩の乱を巡る琉清関係の展開は、従来の研究ではほとんど取り上げられてこなかった。そこで本節において詳しく考察を試みることにしたい。

1　一六八〇年代の琉清関係における「忠誠物語」

正史『球陽』の一六八一年の項目には次のようにある。

毛見龍（識名親雲上安依《しきなペーチン》）らが進貢・請封のために福州に赴き上京した。そのさいに密かに聞いたことには、礼部が「以前、暹羅に〔冊封使が〕航海したが道は遠く随伴の官兵も多く送迎に苦労した。このため遣官を停止し勅誥して王を封ずるようにした。今、琉球も勅誥を琉使に持って行かせ王に与えるようにしてはどうか」と上奏し「〔礼部の〕議に依れ」という聖旨が下ったという。そこで見龍は直ちに呈文を提出して、冊封使派遣による封王を求めたところ、礼部が皇帝に上奏した。康熙帝は「琉球国王は代々忠貞を篤くし藩職を勤め、靖南王の謀叛の際にも朝貢を怠らなかったので褒め称えるべきである」と述べ、冊封使の派遣と錦幣二〇疋の加賞を命じた。[41]

つまり清は冊封使の派遣に関して、福州で琉使に勅諭を託す方式への変更を決定していたのであるが［上原一九八八：四五〇—四五一頁、豊見山二〇〇四b：八五—八六頁］、この決定は琉球使の請願により見直され、最終的に康熙帝が三藩の乱のさいの琉球の忠順を例に挙げて処置の撤回を命じたというのである。（傍点は著者による）

実際、この進貢を受けて琉球国王に発された康熙帝の勅（一六八二年二月八日付）には、「〔琉球は〕遠方にあっても代々声教に遵い、逆賊が叛乱し海寇が跋扈したさいにも、良く忠貞を篤くし藩職を守り累々と方物を献上しており、その真心は明らかである」[42]と記され、三藩・鄭氏の反清叛乱の中で琉球が清への忠順を維持したことが褒め称えられている。またこの時に派遣が決定された冊封使・汪楫らに託された「〔琉球の〕世子（世継ぎ）尚貞を国王に封ずる詔」（同年六月一一日付）にも「三藩や鄭氏の謀叛の際に、篤く臣節を守り、恭順はいよいよ明らかにして、良く忠誠を尽くしたことは、深く褒め称えるべきである」[43]と記されている。これらの勅・詔からは、康熙帝が琉球の忠順さ——もっともこれは琉球が創作した「物語」なのだが——を高く評価する姿勢を示していたことが確認できる。

以後、琉球へ派遣された冊封使の記録（使琉球録）には、三藩の乱の最中においても国王尚貞が清への進貢を継続したという「忠誠物語」が連綿と記されることになった。その先例となったのは汪楫の『中山沿革志』で、次のように記されている。

> 康熙十九（一六八〇）年、尚質の世継ぎの尚貞が遣使して入貢した。皇帝は尚貞に対し、藩職を守り靖南王の謀叛の際にも累々と方物を献上した恭順さは褒めるべきであるとして勅を下賜して称え、錦幣五〇疋をも下賜した(44)。

すなわち琉球の「忠誠物語」は清にとっても重要な「物語」として能動的に語られるようになったのである。そのことはまた清がこの物語を利用して、自らの権威と対外関係の安定化を図ったことを意味していると言えよう。

一方、汪楫らは出発前に、康熙帝に対して、琉球が日本などの国と往来しており、今それらの国は天朝の徳化を求めていることを述べ、彼らが琉球で通貢を求めてきたさいにはどのように対応すべきであるかを尋ねている(45)。那覇で倭人と会ったことを記す明末の冊封使・夏子陽の記録(46)、あるいは対明貿易を求め続けた明末の日本の記憶の影響であろうか。この汪楫の問いに康熙帝は「そのような要請があれば礼部に報告して議論させるように」と応じている(47)。琉球はすでに清に対して琉日関係の隠蔽を開始していたが(48)、この段階で清は琉日関係の存在を事実として認識していたこと、にもかかわらず皇帝はこれを特に問題視しない姿勢を示していたことに留意したい。

さて琉球に赴いた汪楫は、帰国後、自らの『使琉球雑録』に次のように記している。

> 琉球は日本から遠くはなく、時に交易すると伝えられているが、琉球人は甚だこのことを口にしたがらず、まるで日本があることなど知らないかのようである。ただ七島人とは往来すると言う。七島とは口島・中島・諏訪瀬島・悪石島・臥蛇島・平島・宝島である。……琉球人は皆これを「土噶喇（トカラ）」と呼んでいる。七島の頭目は、皆、右という文字を名前にし、甚右・清右・三良右・木工右・次良右・甚七右・貞右と言う。通事は重

徳と言い、手版に「琉球の属地」と書いている。しかし彼らの容貌は憎々しげで卑しく、中山(琉球)人とは似ていない。……ある人は〔彼らを〕「倭人だ」と言う。(49)

実は上記において「琉球の属地トカラ人」と称して冊封使と対面しているのは、冠船奉行付衆の高田茂太夫・端山六郎右衛門、在番奉行付衆の浜田忠兵衛・小野甚左衛門、冠船奉行道具衆の小玉左市兵衛・伊駒兵右衛門、船頭の貞左衛門・三郎右衛門・木工左衛門・甚七・次郎左衛門・清左衛門ら薩摩役人と船頭たち、すなわち「日本人」であった［紙屋一九九〇d：二三〇―二三二頁］。(50)しかし汪楫は「七島頭目」をほとんど倭人であると看破しながら、この点に関する明言をぎりぎりのところで避けている。(51)こうした冊封使の態度に関して、夫馬進は以後の冊封使にも同様の姿勢が見られたことを指摘し、これを中国の安定に不必要あるいは有害な「事実」を過度に突き止めない彼らの「努力」であると指摘している［夫馬一九九九年：ⅳ―ⅹ頁］。

なお清代に入って以降、琉球は清に対して徐々に日本との関係を隠蔽し、やむを得ない場合には日本を「宝島(トカラ)」と詐称して琉日関係をカムフラージュするようになったが(52)――本書ではこれを「宝島のレトリック」と呼ぶ――、その始期や実践に関してはいまだ検討すべき点が残されている。この内、実践に関しては第二部で詳述することとし、ここでは始期に関して、少なくとも一六八三年の段階でほぼ「宝島のレトリック」を利用する隠蔽のスタイルが確立されていたこと、そこには薩摩役人衆の協力が認められることを確認しておきたい。(53)

さらに『球陽』の一六八八年の項には次のような記事がある。

進貢使の毛起龍・蔡鐸らが表文を奉じて入京した。これ以前は接貢船が海関で多くの費用を納税しており、かつ明朝以来、派遣する貢船二隻の定員は百五〇名であった。このため海は広く人は少なく往来に不便であった。そこで上奏して、免税と人員の加増を求めたところ、礼部が「琉球の納税は荷蘭国の例に照らして免税とすべきであるが、貢船の人員は会典に〔定められた定数に〕従うべきであり加増の必要はない」と議奏した。〔しかし〕康熙帝が「琉球は来享すること最も久しい。かつ呉三桂・耿精忠の謀叛の時に、安南は呉三桂に従ったが、琉球は靖南王の遣使による招撫に終に応じず、良く忠誠を尽くし藩職を守った。その恭順の誠は深く褒め称えるべきである」と述べ、命じて再び礼部に議させたため、貢船の定数は二百人となり、また接貢船は納税を免ぜられた。康熙帝はまた、旧制では外庫に貯えている緞子を下賜していたのを、礼部に命じて内庫の緞子に変更し、これも定例として下さった。(54)

すなわち康熙帝自らが安南の背反行為すら引き合いに出して三藩の乱のさいの琉球の忠誠を褒め称え、接貢船の免税と人員増加が認められたというのである。またこれとほぼ同様の記事が『中山世譜』や、進貢使の一員であった蔡鐸や蔡応瑞（国器の長男）の家譜にも収録されている。(55)

一方『歴代宝案』には、一六八八年の進貢のさいに清に提出された国王尚貞の「進貢船二隻と接貢船一隻の三隻を免税とし進貢船の人数は二百人を上限とすることを請う」上奏文（九月一五日付）が収録されている〔歴代宝案①：一五—一〇号〕。その中で尚貞は、免税に関して「琉球は天朝（清）の定鼎から納款しており帰順は最も早かった」と主張し、先に免税措置を求めて認可されたオランダに準じる措置を要請し、貢船の定数に関しては「臣の効順の愚誠を鑑みて」認可されることを求めている。これに対する礼部の返答には、礼部が免税の認可と定員増加の不認可を皇帝に提案したところ、皇帝から「琉球国は長年誠心にて進貢している」ことを理由に定員増加も認めるよう命じられた旨が記されており、同様の記事が『清実録』にも収録されている。(57)この時に三藩の乱のさいの「忠誠物語」が皇帝の口の端に上ったのかどうかは清側の史料では確認できないが、少なくとも琉球は朝貢国の忠誠——特に清初からの帰順——を訴えることで自らの要求を通そうとし、皇帝もこの論理を受け入れ、礼部の決議を覆してまで琉球の要請に応じたことは事実であるようだ。このことから康熙帝自身が琉球の「忠誠」を積極的に評価していたことが窺える。なお一六八〇年代以降、三藩の乱のさいの「忠誠物語」を理由に清が琉球へ特別な恩典を施したことはなかったようである。

2 琉球国内における「忠誠物語」

一八世紀になると、首里王府はこの架空の「忠誠物語」を事実として正史（国家編纂の史書）に記載した。琉球の正史は二種類あるが、その内の一種である『中山世譜』（一七二四―二五年改訂本）には、三藩の乱のさいに安南国は三藩側に従ったことが記された上で「康熙十五（一六七六）年、靖南王が遊撃・陳応昌を派遣して招撫したが王は肯従しなかった」[58]、「康熙十六年、正議大夫の蔡国器を派遣して清の安否と貢使の消息を探問させた。聖祖（康熙帝）は大いに悦び、深く琉球の忠順の誠を褒めた。後の増船・免税や緞の加賞などは全てこの功績ゆえである」[59]と記載され、三藩の乱における清への背反行為――すでに清の冊封を受けていたにもかかわらず靖南王へ硫黄を供与したこと――の痕跡は消し去られている。もう一方の正史である『球陽』――一八世紀中葉に首里王府が編纂した――巻七にもほぼ同様の記事が収録されている。

また一七五三年に首里王府が王府役人を対象として発布した『旅行心得之条々』（一七五九年に改訂）――清の官人と琉球人の想定問答集の形式で編まれた「清への対応マニュアル」――には次のような問答が含まれている。

〔清の官人の仮想質問〕　琉球は貿易が済むまで福州を出発しようとせず、貿易後ようやく上京するのは、進貢ではなく貿易を重視しているからではないのか。[60]

〔琉球人の模範解答〕　琉球は、進貢忠義の誠を題目に勤めてきました。しかし小国で諸物に不自由していることを順治皇帝様が気付かれて福州での商売を許されたので、琉球は諸物を思う様に入手できるようになり天朝の御高恩を誠に有り難く思っています。買物の次第は福州の人々が平時に目にし得るものですが、忠義の誠は平時に見えるものではありません。というのも、康熙の初めに呉三桂が広東で謀叛を企んだ時、安南国は呉三桂に荷担しましたが、琉球は靖南王が福建で謀叛を企み、遊撃の陳応昌という官人を派遣して招撫したさいに、国王は「琉球は順治皇帝様以来、御高恩を多々蒙り、進貢を滞りなく勤めているので、天道に背いて靖南王へ従うことは絶対に出来ない」と断言されました。この時、遊撃は再三勧めましたが国王が少しも請け合う気配を見せなかったので立腹して帰られました。このため康熙皇帝様から御褒美の勅書をいただいたのです。これは進貢忠義の誠ですが平時には見られないものです。かつ買物の首尾を聞き届けてから北京へ出発するのは、政務のために国用の品物を購入して琉球を静謐に統治するゆえであり、これも天朝の御徳化を蒙ってのことなのです。(61) どうして平時の商人の勤めと〔進貢とは〕大きく異なるでしょうか。このような訳で恐縮ながら御思慮をいただきたく存じます。（傍線は著者による）

すなわち首里王府は、朝貢国としての忠誠心を清から疑われた場合を想定し、架空の――しかも安南の例を引き合いに出して誇張された――「忠誠物語」（傍線部）によって琉球の忠誠と恭順を清に対して強調する模範解答を用意し、役人層に学習させていたのである。つまり琉球では、対清外交を円滑に継続するための手だての一つとして、この「物語」が利用されていたといえるだろう。

しかしその一方で、琉球では背反の事実（＝清からの冊封を受けていたにもかかわらず三藩側に硫黄を提供した）を明記した公文書も作成されている。それは架空の「忠誠物語」成立の立役者であった使者・蔡国器の家譜（系譜）である。琉球の家譜は、王府が内容を管理・統制し、その認可を得た記事のみが記載されるという、れっきとした公文書であったが(62)、国器の家譜には、靖南王への硫黄給与(63)、その清に対する隠蔽と「忠誠物語」へのすり替え——国器の策略——に関する詳しい記事が、国器の功績として記載され、このことが後に清による冊封方式の変更撤回や免税措置などを含む多大な国益をもたらしたとして評価されている(64)。

さらに国器の五代後の子孫・徳蘊が一七六四年に祖父・父の後を継いで小禄間切具志地頭職を拝領したさいの王府の任命書——家譜に抄録されている——にも、この一族が代々「旅役の御奉公(65)」を勤めたこととともに、国器の策略——靖南王・清朝双方への国書持参を提案したこと——の功績が特記されている(66)。つまり国器の策略は彼個人の功績として高く評価されただけではなく、約一世紀後ですらも子孫の任職の根拠として王府内で効力を放っていたと言えよう。

3　ま と め

首里王府は、三藩の乱のさいにおける使者・蔡国器の策略——三藩・清への等距離外交、架空の「忠誠物語」を清側に信じ込ませた機転など——を、多大な国益をもたらしたとして高く評価し、その詳細の『家譜』への記載を公許した。この高評価は約百年後の国器の子孫の昇進へも影響力を及ぼしていた。

その一方で、特に清初において王府は三藩の乱のさいの「忠誠物語」を清に対して積極的にアピールし、琉清関係の安定・強化と、自らの意図する対清関係の構築に利用した。また政権確立期(一六八〇年代)の清——特に康熙帝——もこの「物語」を歓迎し、朝貢国の君主としての自らの権威を補強するために活用する側面があった。つまりこの時期、琉球と清は「忠誠物語」を利用し合って相互に関係を深める動きを見せていた。逆にこの「忠誠物語」を支えるために不都合な要素——すなわち琉日関係——は二国の努力によって排除され、それはまた清日間の摩擦の回避にも繋がっていた。そして少なくとも琉球側の「努力」に関しては薩摩の加担と協力があった。そこには第一節で指摘したごとく清と幕府の支配秩序の、琉球における優劣の確定が密接に関わっていたと考えられる。

なお一八世紀に王府が編纂・改訂した正史では、「忠誠物語」自体が「事実」として記され、それが清初における清の一連の厚遇の最大の要因として描かれた。こうした記述は、策略自体を厚遇の要因と見なす国器の家譜とは相違しているが、そのどちらもが王府の公文書であったことを鑑みると、当時王府内には、「清に対する忠誠行為」そのものと、「清へ『忠誠』の体面を保つこと」をともに重視する重層的な判断基準が存在していたことが窺える。

さらに「忠誠物語」は清初に形成された「望ましい琉清関係」を維持する装置としても利用された。一八世紀前半に王府が発布した清官との想定問答集は、この「忠誠物語」を清への抗弁の一つとして挙げている。それは琉日関係の隠蔽などを意図する他の抗弁とともに官人層に学習され、琉清関係を――ひいては琉球を挟んだ清日関係を――安定的に保つ国家機能を王国の中に構築していったのである。

三　太平天国の乱と明清交替

三藩の乱から約二百年後の一八五一年、中国において「滅満興漢」を掲げる民衆反乱・太平天国の乱が勃発し、たちまち未曾有の規模に拡大した。その知らせは、翌々年に帰国した進貢使（一八五二年派遣）によって琉球へと伝えられた〔真栄平一九九七：一四五―一四六頁〕。王府では早速対応が協議され、①兵乱平定の祈願を行うかどうか、②皇帝への御機嫌伺いはどのようにすべきかの二点を久米村の諸大夫に吟味させることになった〔伊波一九二六a：三八二一―三八三頁〕[67]。

久米村における討議の様子は、伊波普猷が『久米村例寄帳』に基づいて紹介しており、琉球が太平天国の乱を明清交替再来の危機として捉えていたことを明らかにしている〔伊波一九二六a〕。ただし非常に簡略な伊波の論考にはいまだ再論の余地がある。『久米村例寄帳』は戦禍によって消失したが、[68] 幸いなことに伊波の論考に関連記事の大半が転写されているので、その引用史料に基づき本章で若干の考察を試みたい。

1　国吉親方以下三名の意見

伊波が指摘するように久米村では二三名の大夫[69]が審議をし、三通りの意見が出された。まず国吉親方《くによしウエーカタ》ら三名から出された意見の概要は以下の通りである。

① 琉球にとって天朝との御取合（外交）は肝要なので、臣子の道に基づいて〔天朝から〕御治定されなくてはならない。琉球は天地鴻大の恩沢を蒙り、その万分の一も報謝していないので、〔天朝に〕不安なことがあれば特に忠誠の対応をすべきである。

② 天下存亡の境節が迫れば加勢の勤めが本意であるが遥遠の小国では難しい。このため使者を派遣して皇帝の御機嫌伺いをすることで臣子の心志を表すべきである。

③ 〔一六七七年の〕靖南王の謀叛のさいには福州まで遣使し、一六八一年にはそのさいに進貢を継続したことを称える勅書を賜ったと〔冊封使の著した〕『琉球〔国〕志略』・『中山伝信録』に記され特別の名誉になっている。このため今回も遣使すべきではないか。

④ 近年は財政難なので咨文のみの送付でもよいかとも思ったが、外国が何か上奏するさいは特使を遣わし総督・巡撫へ転奏を願うべき旨が『礼部則例』に規定されている。

⑤　それに英人（那覇逗留中の宣教師）について二度も遣使をしているのに、天朝の大難のさいに咨文の送付のみでは「皇上御尊敬の向き」に適さないだろう。また小国の琉球が今まで唐へ言い訳できたのは忠誠一筋で進貢してきたからであるのに、今回諸外国が遣使し、琉球が「御無沙汰」あるいは「咨文のみ」では、他国に忠誠が劣ることになり、従来の主張に齟齬し、守礼の名折れ・永代の恥辱となる。

⑥　これまで中国への御礼の対応（御礼対）は遣使せず質素に済ませてきたが、今回は「天下存亡の渥」であり、これ程の大事はない。御礼対を策略しなくては、臣子の大節を欠き、天朝の心証を害し、以後の（琉球の）待遇が変更されるかもしれない。

⑦　これらの点により、早々に祈禱と遣使による御機嫌伺いをすべきである。

⑧　もし使者の到着時に「大平《ママ》王」が勝利し登極していたら、天下一統の慣《ならい》であるのでやむを得ず臣服せざるを得ない。その時は一六四六年《ママ》の（明清交替の動乱のさいの）例に準じて、河口通事（中国の通事）を連れて軍前に赴き帰順を申し出て、従来通りの藩国への冊封を請願すれば済むだろう。たとえ大平王が遣使の件を知っても、臣節を尽くすことは天下の大典に叶うので特に支障にはなるまい。もし心配なら「英人帰国御願一件」の咨文を作成して使者に携帯させ臨機応変に対処させればよいであろう。

⑨　したがって何度も述べているように、使者を派遣して皇帝の御機嫌伺いをすべきである。

⑩　附、硫黄は特に必要なものであろうので使者に六・七千斤ほど献上させてはどうか。

⑪　附、参考として三藩の乱のさいに清に送った咨文一通と当時のことを書いた万抜書一通を添付する。

すなわち国吉親方らの結論は「清へ御機嫌伺いの特使派遣」を推すものである。その特色としては、①君臣関係の論理に基づき琉球の朝貢国としての忠誠が全面的に主張されていること、②清の冊封使の記録に基づき三藩の乱のさいの「忠誠物語」が事実として論拠に挙げられていること、③しかし王朝交替のさいには「天下一統の慣」ゆえに明清交替の例に準じて太平側に帰順すべき旨を明言していることなどが挙げられよう。

2　和宇慶親方以下二名の意見

次に和宇慶《わうけ》親方ら二名から出された意見の概要は以下の通りである。

① 琉球は清の高恩を蒙り、近年は特に厚遇を受け、誠に「中外同愛」による恩は言い尽くせない。兵乱について上様（国王）が知ったからには〔清へ〕御無沙汰ということも〔国王の〕本意に叶わないだろう。

② 靖南王の謀叛のさいには遣使して御機嫌伺いをしたため、皇帝は喜悦し「忠順可嘉」の勅諭を下賜した。その後の接貢船や拝領物の加増・免税などの厚遇はもっぱらこの御機嫌伺いのためであると『中山世譜』に記されている。

③ 兵乱のため諸外国からも御機嫌伺いがあるだろう。琉球だけが「御無沙汰」ではこれまでの待遇が変更されるかもしれない。

④ さらに靖南王が硫黄を求めたさいに琉球は臣節を守って応じず、清に遣使して御機嫌伺いをしたと唐では記録されているのに、今どうして黙止できようか。密かに敵方へ帰服し硫黄を供給しているのかなどと疑われては難題である。

⑤ このため今回は是非とも特別に書状を作成し御機嫌伺いをすべきであろう。またそうすれば異国一件ほか何を請願しても手厚い待遇を得られるだろう。

⑥ 賊兵が書状を奪うかもしれないが、奪取されぬよう総督・巡撫から書状の配送者に厳命してもらえばよい。万

一奪取されても琉球の忠順ということで支障にはなるまい。

⑦　特使を派遣すべきかとも思ったが、万々一世替りした場合、例外の遣使では掛け引きが難しくなることもあろう。書状のみを送れば到着時に世替りしていても、焼き捨てて例年の書状を出せば支障がないであろう。

⑧　書状送付に関する唐の都合を『歴代宝案』などで調べたところ、一八一〇年に伴送官の加増を命ぜられ、三年後にこの件についての上様（国王）の感激を進貢時に直奏すべきか、総督・巡撫から転奏すべきか、唐の都合に合わせた処理を願う書状を作成して届けたところ、転奏とされた前例があった。今回はこの事例とは違うが、奏聞という点では同様であり、書状の提出に関しては唐の都合に合わせるべきであろう。

⑨　祈願に関しては先例がないが、兵乱で皇帝が憂慮しているため行うべきであろう。

ここでは特使派遣では世替りのさいに問題化する可能性が高いとして「御機嫌伺いの書状のみの提出」が主張されている。ただしその際の方法（直奏か転奏か）は「唐の指示次第」とされている。また、ここでも①琉球の朝貢国としての忠誠が強調され、②靖南王の謀叛時の遣使と御機嫌伺いがその後の厚遇を導いたこと――すなわち「忠誠物語」――が『中山世譜』を典拠に指摘されている点が特徴的である。

3　湖城親方以下一八人の意見

第三に湖城《こぐすく》親方ら一八名から出された「最大多数」意見の概要は以下の通りである。

①　これまで清の高恩を蒙ってきた琉球は、本意としては遣使して布政司に咨文を届けるべきであろう。しかしそのさいに賊が敗れ大清国の太平になればよいが、万一世替りしたら特使の理由を問われ国家の難題になるかもしれない。

② とはいえ皇帝への御機嫌伺いに書状のみを届けるのは軽過ぎて相応しくない。また「賊乱に国王が憂慮している」との書状が賊兵に奪われたら問題になるかもしれない。

③ 『〔大清〕会典』『〔礼部〕則例』などにはこのような兵乱中に外国による御機嫌伺いの事例は見当たらない。琉球も乾隆年間の台湾兵乱や近年のイギリス兵乱にさいして御機嫌伺いはしなかった。

④ 靖南王の乱では遣使したが、その時は幸いに靖南王が敗れて兵乱が沈静し、書状も靖南王・清への二通を持参し、前者を焼却し後者を提出して無事に済んだのである。

⑤ しかし今回は乱の収束の程合いが分からない。また小国の琉球は、昔から唐への礼は諸国並ではなく欠略もあったので、今回御機嫌伺いをしなくても支障はないだろう。

⑥ したがって難題になる可能性がある遣使も書状送付も止めた方がよいと思う。

⑦ 祈願は、先例はないが、兵乱で皇帝が憂慮しているので実施すべきかとも思う。

⑧ 附、詳しく調べたところ、靖南王謀叛のさいに遣使し清の安否を伺ったことのみで待遇が変わったわけではなかった。靖南王が琉球へ遣使して硫黄を求めたが、臣節を守り帰服せず硫黄も渡さなかったために好待遇になったのである。ただし遣使は皇帝の御機嫌伺いのためではなく、靖南王の謀叛で三年間も渡唐ができず、以前渡唐した船も帰国しなかったので、清の様子を探るために派遣されたのであると、『歴代宝案』と具志《ぐし》親雲上（蔡国器）の家譜にある。

この主張は「特使派遣も書状送付も実施すべきではない」というものである。ここでも朝貢国の忠誠の論理により「特使派遣による御機嫌伺い」の実施が正当とはされるものの、遣使は世替りのさいに問題化する可能性が高く、書状のみでは軽過ぎて相応しくないとして、結局どちらの策も否定されている。また三藩の乱のさいの遣使成功の偶然性が強調され、琉球は小国なので御機嫌伺いをせずとも問題にはならないという予測が主張されている点においても特徴的である。

さらに追補として三藩の乱のさいの遣使は、御機嫌伺いではなく中国の様子を窺うことが主な目的であったこと、その後の清による厚遇は御機嫌伺いよりもむしろ靖南王への不服従が評価されたことが述べられ、その典拠として『歴代宝案』と、蔡国器の家譜が挙げられていることにも注目したい。すなわち当時の久米村では約二世紀前の国器の策略が参照されていたのである。

4　首里王府の対応

さて久米村からの三意見を受け、王府では表十五人[70]により次のような審議がなされた。

① 琉球は三藩の乱以降の兵乱時には御機嫌伺いはしていない。また三藩の乱のさいの遣使は、唐の様子を探る必要もあったので今回とは事情が違う。

② 大唐との御取合は琉球にとって大切なことなので、これが永久に続くようにすることが最も重要なことである。

③ そのため今度は特に遣使せず、今秋の接貢船で御機嫌伺いをしたい旨の咨文を〔福建〕布政司まで送るのが宜しいのではないか。嘉慶年間の伴送官の加増のさいにも、国王の謝礼は唐の都合を伺った上で総督・巡撫からの転奏となった事例があるので、今回の措置も唐への疎礼とはならないであろう。

④ ただし兵乱の程合いは分からないので、万一転奏が困難な時には、取り止めるなど唐で臨機応変に処置すべき旨を〔渡唐役人に〕仰せ含めるのがよいだろう。

⑤ これらの点をよく吟味の上、決定していただきたい。

すなわち王府の出した結論は「書状による御機嫌伺いの可否を福建布政司に伺う」というものであり、久米村の第二案をほぼ踏襲したものであった。またそこで最も重視されているのは清への忠誠ではなく「中国との関係の持続」であった。

最終決定は三司官衆の合議、および国王の裁可によってなされたと考えられるが、彼らはほぼ前記同様の見解を下したようである。ただし一八五四年六月付で王府から薩摩に宛てられた書状では、一八五三年の接貢船に「安否伺之咨文」を託し、唐の都合次第で提出するよう命じたが、河口通事に相談したところ各省の総督・巡撫から安否を伺うことはなく好事でもないのでかえって不適切であるとされ、咨文提出は取り止めた旨が伝えられており(71)、結局御機嫌伺いは実施されなかったことが分かる。

一方、兵乱平定の祈願は久米村の大勢の支持通り実施された。『球陽』には、一八五三年に各官が「弁財天堂・弁岳《べんがだけ》・観音堂・関帝堂・天尊廟・竜王殿・天后宮」に派遣され逆賊平定の祈願を行った旨が記されている［球陽：一九五五号］。

5　まとめ

三藩の乱から約二百年後の太平天国の乱は、琉球では王朝交替の危機として受け止められ、三藩の乱のさいの王府の対応が大いに参照された。この時、対清業務を管轄する久米村の官人衆は王府の命を受けて対応策を検討したが、そのさいには正史『中山世譜』や冊封使の記録類に記された「忠誠物語」、および策略について記す蔡国器の家譜が参照された。この結果、論者の約二割は清への忠誠を前面に出した対応策を推し、残り八割は王国の保身を最も重視して事態を静観する策を推した。この回答のバリエーションは、第二節で指摘した清への忠誠行為と「忠誠」の体裁維持をともに重視するという王府の重層的なスタンスを如実に反映していると言えるだろう。

ただし清への忠誠をより重視した論者であっても、結局のところ琉球の国益と「〔何朝であれ〕中国」との関係継続をこそ最も重視しており、そのことは久米村の議論を受けて出された王府の見解の中でも強調されていることから、王府内には「最終的には王朝に拘泥せず『中国』との関係継続を最優先する」という揺るぎない共通認識があったことが指摘できる。

おわりに

以上、近世琉球における明清交替の歴史的意義を検討してきた。それにより指摘した点をまとめると次の通りである。

明清交替により幕府の対中認識は変容した。すなわち明とは異なり、幕府は清の存在を大きな脅威と見なすようになったのである。これにより琉球に併存する清日の支配秩序の序列が確定し、両秩序の衝突回避が構造的に可能になった。このことは結果的に琉球の国際的位置の安定化に結び付いたと考えられる。

三藩の乱のさいに清・三藩（＝大明方）へ二方面的な外交を行った琉球は、最終的に三藩を制圧した清に対して、二方面外交の事実を隠匿し、架空の「忠誠物語」――三藩には従わず清への忠誠を貫いた――を信じ込ませることに成功した。以後一六八〇年代末頃まで、王府と清はこの物語を積極的に利用し合いながら、双方にとって「望ましい」関係を構築し、互いの位置の安定化を図った。また琉清関係の強化を阻害する要素、すなわち「琉日関係」は琉清双方の努力と薩摩の加担によって清に対し隠蔽された。

なおこの時期の琉球に対する清の姿勢は、一七世紀半ばにおける琉球への盛んな招撫活動とともに、清の支配確立期における朝貢国に対する積極性の発露であると考えられる。したがって「明初の政府と比べて、清は朝貢や冊封関係を結ぶために周辺諸国に強力に働きかけることはなかった」〔岸本一九九八：三八頁〕といった通説にはより慎重な検討が必要であろう。

また琉球の国家規範においては、①「清に対する忠誠行為」と、②「清へ『忠誠』の体面を保つこと」が重層的に重視されていた。ただし太平天国の乱を明清交替の再来の危機と捉えた一九世紀中葉の王府内の議論からは、①・②がある程度は重視されながらも、最終的には「中国」との関係維持が最優先されていたことが窺える。

ところで最後に別の角度から、琉球における明清交替の歴史的意義についてもう一点だけ触れておきたい。琉球の代表的な政治家で三司官という要職にあった蔡温は、国運の前途を考え、王府中枢の役人層のために琉球の政治経済の在り方について説いた著書『独《ひとり》物語』（一七五〇年）の中で、「国が前もって備えるべき事項」として以下の点を挙げている。

唐の世替り（明清交替）と同様の兵乱が起こったら、進貢船を派遣できなくなるか、あるいは一四・五年の間、あるいは二・三〇年の間、渡唐が断絶する恐れがある。しかしそのような時にも、琉球さえよく精を入れて「本法」に基づく政治を行えば、国中の衣食・諸物は不足なく達すだろうし、また御国元（薩摩）への進上物は琉球産品のみで調達し、その理由を上申すればよいだろう。もし御政道が本法ではなく我々の気量《ママ》・才弁だけで治めていたら、国中が段々衰微し、財政も必ず逼迫するだろう。そのような時に渡唐が断絶したら、御国元への進上物は琉物すら用意できず、言語道断のことになるだろう。(72)

この記述から、琉球では、①中国における王朝交替が国家の危機として恒常的に意識されていたこと、②それは

「清との進貢貿易によって遂行される薩摩への奉公」を行い得なくなることへの危機感であったこと、③この危機は自らの国家運営次第で克服し得ると見なされていたことが窺える。このように王府中枢部においては、中国における王朝交替への危機意識によって、それに揺るがない自律的な国家運営への自覚が促される側面もあったのである。末筆ながらこのことを指摘して本章を終えたい。

注

(1) 鄭迵に関しては［東恩納一九七九a］を参照のこと。

(2) 脱清人とは、琉球王国の維持・存続を掲げて清に脱出し、琉球救援を清に請願した琉球藩民のことである。士族を中心に、琉球処分前夜（一八七〇年代後半）から活発化した反対運動の中で取られた非合法行為である。主な研究として［西里一九九二］などがある。

(3) 明清交替に関する主な研究として以下がある。［真境名・島倉一九五二］、［鹿児島県一九四〇］、［伊波一九二六a、同一九二六b］、［石原一九四五］、［比嘉一九五九］、［高瀬一九七八］、［島尻一九八〇］、［上原一九七五、同一九八一b、同一九八八］、［真栄平一九八四a、同一九八五、同一九八七］、［豊見山二〇〇四b］、［紙屋一九九〇b、同一九九〇d、同一九九〇f］、［喜舎場一九九三c］、［宮田一九九六a、同一九九六b］、［邊土名一九九八］、［川勝二〇〇〇］、［田名二〇〇〇a］、［呉一九九六］、［西里二〇〇二］、［渡辺二〇〇九a］。

(4) 本段落から次々段落までは、主に［石原一九四五、高瀬一九七八、島尻一九八〇］の成果に拠る。

(5) 征南大将軍・孛羅貝勒。博洛（ボロ）。ヌルハチの子・阿巴泰（アバタイ）の第三子。（『清史稿』巻二一七、列伝四）

(6) ［宮田一九九六b、西里二〇〇二］は琉球の対南明政権外交における生糸貿易許可の重要性を指摘している。

(7) 本段落の記述は、主に［石原一九四五、喜舎場一九九三c］の成果に拠る。

(8) 海防の強化に関しては［真栄平一九八五］に拠る。

(9) 本段落・次段落は主に［高瀬一九七八、島尻一九八〇、喜舎場一九九三c］の成果に拠る。

(10) この文書の付年号は一六五六年だが［紙屋一九九〇d：二一六頁］は、隆武帝が健在（一六四六年八月）でかつ島津光久が薩摩守（〜一六五一年二月）であった期間として付年号を一六四六年に修正すべきであると主張し、［豊見山二〇〇四b］もこれを踏襲している。ただし琉球は隆武政権の滅亡を知らず四九年二月に慶賀使を派遣していることを鑑みると、四六年とは断定できず、四六年から四九年の間とするべきだろう。なお本段落以下の四段落は、主に［紙屋一九九〇d、豊見山二〇〇四b、喜舎場一九九三c］の成果に拠るが、史料に関しては文意を再検討した上で、著者による解釈を付している。

(11) 上古より琉球之儀者大明へ通融不仕候へハ不叶事候、併薩摩守自分ニ而一着之返詞難申事、［旧記雑録・追録①：六二五号］

(12) ［紙屋一九九〇d：二一六頁］は本状の回答を、［旧記雑録・追録①：八〇号］（幕府老中連署奉書）とするが、この奉書は本状の問いに何一つ答えておらず、疑問である。

(13) 藩法研究会編『藩法集』Ⅷ（鹿児島藩・下）、創文社、一九六九年（以下『藩法集』と略記する）、一二二八号。

(14) 左様之儀は、兎角［藩主の意向を］不承由申上候ては、御油断ニ可罷成と存、俄ニ分別仕申上候様子ハ……、（『藩法集』、一二二八号）。

(15) 其故者琉球国之儀自古来唐と日本ニ相随罷居候、当時御当家ニ被成拝領候へとも日本国之内にて無之候間、如此沙汰ハ従此方御指図可難成候……、［旧記雑録・追録①：二八五号］

(16) 去年之口上ニ為相替意趣者可悪候、弥前々首尾ニ三司官相談を以能様ニ返事被申可然之通被仰出候、［旧記雑録・追録①：三四七号］

(17) ［島尻一九八〇］はその開始を一六二三年と推測する。

(18) 『藩法集』、一二二八号。

(19) 本段落は主に［高瀬一九七八］の成果に拠る。

(20) 以下の二段落は主に［豊見山二〇〇四b、紙屋一九九〇d］に拠る。

(21) 『藩法集』、一二二八号。

(22) 付年号は一六五六年であるが、内容から明らかに一六五五年である。

(23) 「琉球御掛衆愚按之覚」（鹿児島県歴史資料センター黎明館編『鹿児島県史料・旧記雑録拾遺伊地知季安著作史料集二』鹿児島県、一九九九年、六四八頁）、および『藩法集』、一二三一号。

(24) 『藩法集』、一二三一号。

(25)　江戸城の黒書院溜間に席を定められた大名。政務について老中へ意見を述べるなど幕府の政治顧問ともいうべき役割を果たした。
(26)　藩主（島津光久）の父・島津家久の養女を妻（前室・継室とも）としていた。
(27)　『藩法集』、一二三一号。
(28)　本段落・次段落における冊封使の動向に関しては［呉一九九六］を参照した。
(29)　「内務省文書」とその紹介」『史料編集室紀要』一二、一九八七年（以下、内務省文書と略記する）、六号。
(30)　この慶賀船派遣に関しては［真栄平一九八四a］が詳細に分析している。
(31)　この事件に関しては［上原一九八一a、豊見山二〇〇四b］のほか、［東恩納一九七九b、喜舎場一九七一、豊見山二〇〇四a］などがある。
(32)　3は［真栄平一九八五、豊見山二〇〇四b］に主に依拠しつつ、［島尻一九八〇］も参照している。
(33)　林春勝・林信篤編『華夷変態』上冊、東洋文庫、一九五八年（以下『華夷変態』と略記する）、一七〇頁（巻四）。
(34)　内務省文書、七二号。
(35)　「蔡氏家譜（七世蔡朝用）」［那覇市史⑥上：二九九―三〇〇頁］。
(36)　『華夷変態』、二七一―二七二頁（巻四）。
(37)　注（35）所掲史料、三〇〇頁。
(38)　因国器有此権謀、故至今貢典不絶、屢蒙聖恩、□本国奏請之事皆蒙准依。（注（35）所掲史料、三〇〇頁）
(39)　そもそも近代的な「権利」（right）――ないしは前近代的な「特権」（privilege）――の概念をここに適用することは不適切であるように思われる。
(40)　このことは第二部第一章の指摘を参照のこと。
(41)　耳目官毛見龍（識名親雲上安依）等、為進貢幷請封事、赴閩入京時、密聞、礼部奏聞、前日暹羅国航海道遠、官兵随去甚多、迎送労苦。因此停其遣官、而敕誥封王。今琉球国将給与敕誥数目、仍照前例、而其来使帯去与王可也、等由。奉旨依議。即見龍等、具呈請乞、欽差封王、礼部転題。聖祖曰、琉球国王、世篤忠貞、恪共藩職。且当耿精忠叛乱之際、屢献方物、進貢匪懈。宜以嘉奨。遂蒙俞允、特命欽差官、且加賜錦幣二十疋……。［球陽：五〇〇号］
(42)　爾琉球国世子尚貞、属在遐方、世遵声教、当逆賊叛乱海寇披猖之際、爾克篤忠貞、恪共藩職、屢献方物、丹悃弥昭。［歴代宝案

①：三―一五号］

(43) 当閩疆反側、海寇陸梁之際、篤守臣節、恭順弥昭、克殫忠誠、深可嘉尚。［歴代宝案①：三―一六号］

(44) 康熙十九年、尚質世子尚貞、遣使入貢。上以貞、恪共藩職、当耿精忠叛乱之際、屢献方物、恭順可嘉、賜勅褒諭、仍賜錦幣五十疋……。（汪楫撰『中山沿革志』下巻「尚貞」）

(45) 聞、海外日本諸国与琉球往来、今皆瞻仰徳化。如有通貢之事、允行与否、非臣等所敢擅便、恭請皇上指授、以便凜遵聖諭、臨時応対。（内閣『起居注』康熙二十一年八月二十五日）

(46) 夏子陽撰『使琉球録』序・使事紀。

(47) 上曰、若有通貢等事、爾等報部、聴部議可也。（注（45）所掲史料）

(48) 隠蔽政策の概要は第二部第四章を参照のこと。

(49) 相伝、琉球去日本不遠、時通有無、而国人甚諱之、若絶不知有是国者。惟云与七島人相往来。七島者口島・中島・諏訪瀬島・悪石島・臥蚆島・平島・宝島是也。……国人皆以土噶喇呼之。七島頭目、皆以右為名、曰甚右、曰清右、曰三良右、曰木工右、曰次良方、曰甚七右、曰貞右、通事曰重徳、書手版曰琉球属地。然其状獰劣、絶不類中山人。……或曰即倭也。（汪楫撰『使琉球雑録』巻二「疆域」）

(50) その典拠は「日帳抜書」（注（23）所掲「琉球御掛衆愚按之覚」六三九頁）である。

(51) なお紙屋敦之は、「〔冊封使は〕宝人が……倭人（日本人）であることを見抜いていた。だからといって、中国側が宝人という偽装を問題にした形跡はみられない」と述べているが、これは冊封使の「〔彼らを〕「倭人だ」と言う人もいる（或曰即倭也）」というきわめて微妙なぼかしのニュアンスを、断定表現と誤読したためであろう［紙屋二〇〇六：一五九―一六〇頁］。

(52) 隠蔽の存在は古くから指摘されていたが、これが清代以降に開始されたことを指摘したのは［紙屋一九九〇b］である。

(53) 一六八三年における隠蔽スタイルの確立については［紙屋一九九〇b］で指摘されている。

(54) 耳目官毛起龍・正議大夫蔡鐸等、奉表入京。先是、接貢船、于関上納税、費用甚多、且明朝以来、所遣貢船二隻、以百五十人為定、而海潤人少、往来不便。由是、具疏以乞免其税、并加増人数。礼部議奏、琉球納税、照荷蘭国例、該応蠲免。止貢船人数、応遵会典、何必更増。聖祖曰、琉球来享最久、且呉三桂・耿精忠謀叛之時、安南帰呉三桂、琉球則耿王遣使招之、終不肯服、而克篤忠誠、恪恭藩職、其恭順之誠、深可嘉尚。命下再経部議、貢船以二百人為定、并接貢船、被免納税。聖祖、又以旧制給賞緞疋、皆

係外庫所貯、命部換賜内庫緞幣、倶著為例。［球陽：五四五号］

（55）「蔡氏家譜（志多伯家）」［那覇市史⑥下：九三四頁］、および注（35）所掲史料、三〇一―三〇二頁。

（56）都を定めること。この場合は清の入関による明清交替を指すか。

（57）［歴代宝案①：六―一九号］および『清聖祖実録』康熙二十八年十月庚午。

（58）十五年丙辰、靖南王耿精忠、遣遊撃陳応昌、至国招之、王不肯従。［中山世譜：一二三頁］

（59）十六年丁巳、遣正議大夫蔡国器等、探問清朝安否、幷貢使消息、聖祖大悦、深嘉琉球忠順之誠。（後増船免税、幷加賞緞等事、皆以有此功故也）［中山世譜：一二三頁］

（60）問、琉球者小国ニ而、進貢物茂僅之物献上仕候得共、唐ゟハ段々難有被成下儀候、然ハ進貢忠儀之誠題目可入精候之処、買物相済不申内者北京江発足不仕、買物相済次第漸ク北京江打立候、右之次第を以相考候得者、進貢者礼法迄之勤ニメ、買物之働題目入念候段相見得候、何様之訳ニ而右通候哉、（「旅行心得之条々」［那覇市史⑫：五一―五二頁］）

（61）答、琉球者進貢忠義之誠を題目相勤来候、然共小国ニ而毎物不自由有之候段順治皇帝様被為附御気、於福州商売御免被仰出置候付而、最早琉球毎物思様相達、天朝之御高恩誠以難有奉存罷居候、依之買物之次第者福州之町人老少共平時見申事候、忠義之誠ハ平時見申物ニ而無之候、右之訳ハ康熙之始呉三桂於広東謀叛相企候時、安南国者呉三桂相随致謀叛候、琉球者靖南王於福建謀叛相企候時、遊撃陳応昌与申官人差遣被相招候得共、国王返事ニ琉球之儀順治皇帝様以来御高恩段々相蒙、進貢無懈怠相勤申事候間、天道ニ相背靖南王江相随候儀絶而不罷成由被申切候、此時遊撃再三被相勧候得共、国王請合之気色少茂無之様子見及、遊撃立腹ニ而被罷帰候、依之康熙皇帝様ゟ御褒美之勅書被成下置候、此儀進貢忠義之誠ニ而候得共、平時見得不申事候、且又買物之首尾方聞届北京江打立候儀ハ、政務之為ニ国用之品物買調、琉球静謐相治申事候得者、是も天朝之御徳化を相蒙件之次第ニ候、何そ平時商人之勤与ハ天地相替申候、右之訳を以乍憚御思慮被成度存候、（前注に同じ）

（62）琉球の家譜に関しては［田名二〇〇〇b］を参照している。

（63）「本国送硫黄遣回」と明記されている（注（35）所掲史料、二九九頁）。

（64）康熙十九年、遣耳目官毛見龍・正議大夫梁邦翰、進貢併請封。時、礼部議奏、琉球在海外、路途甚遠。若遣官則費銭糧□（甚ヵ）大。該応停止遣官、但以勅書付貢使帯去封王、等因。已経准依。於是毛見龍等、驚慌無地、投呈礼部、述世子愒惕（惕惕ヵ）、不敢寧之意、懇乞再議奏、如例遣官、礼部見其忠誠、遂以其情事啓奏。因此皇上勅部、ニ云、琉球国輸誠帰順、当耿王謀叛之時、能守臣節、雖耿王遣使招之終不肯服、其恭順之誠深可嘉尚、該応允其請遣官封王。又勅部加賞緞二十足、尚以為軽、至康熙三十三年、再加十足永為定例（以上詳見礼部咨文）。又至康熙二十七年、国王奏請接貢船免税、進貢船加人数以二百人、為定数、皆蒙准依。又其時欽賞綢緞、先賜外庫所貯、因緞不好、皇帝勅部、換賜内庫所貯好緞（詳見下応瑞紀録）。此等恩典、弥加無已者、皆因不服耿王一事、而実則全係国器権謀之所致也。恐至于後世事緒分散、無由稽考、故合註于此。（注（35）所掲史料、三〇〇頁）

（65）中国や日本に派遣される役職を指す。

（66）言上写

請具志親雲上相果候付跡地頭所幷知行高弐拾石　　嫡子　具志里之子親雲上

右先祖以来旅地下之御奉公段々相勤、就中三代高良親方事、靖南王謀叛之時、探問之大夫被仰付靖南王江慶賀之咨文計御遣被遊筋相究候処、高良存寄之趣申出大清御機嫌伺之咨文を茂持渡候処（後半欠）。（注（35）所掲史料、三一七頁）

（67）ただし伊波は吟味の年代を一八五四年とするが、祈願が一八五三年に行われているので［球陽：一九五五号］、吟味も一八五三年とすべきであろう。

（68）この史料は「琉球資料」という史料集に含まれていたものである。「琉球資料」に関しては［輝二〇〇四］に詳しい。

（69）中議大夫以上の位階の者を指すと考えられる。

（70）王府の評議機関のメンバーの総称。この上に三司官・摂政がおり、頂点に国王がいた。

（71）唐兵乱ニ付、去秋接貢船より安否伺之咨文差渡、於唐都合次第差出候様可仕段者、去年（一八五三年）八月付を以御届申上候通ニ而、於唐阿（河）口通事共江致吟味候処、賊乱之儀ニ付省々之総督・撫院より安否伺被申上候儀無之、此儀好事ニ而無之所より右通之次第、然ニ安否伺之咨文差出候而者却而都合向不宜段有之候付取止候由、［評定所文書⑧：一八三頁］

（72）唐世替程の兵乱差起り候はゞ、進貢船差遣候儀不罷成、或は拾四五年或は弐拾年参拾年も渡唐断絶仕儀案中に候、御当国さへ能々入精本法を以相治候はゞ、至其時も国中衣食並諸用事無不足相達、尤御国元への進上物は琉物計にて致通（調ヵ）達其御断申上可相済積に候、若御政道其本法にて無之、我々の気量才弁迄を以相治候はゞ、国中漸々及衰微、御蔵方も必至と致当迫候儀決定の事に候、右の時節渡唐及断絶候はゞ、御国元へ進上物の儀琉物調も不罷成、言語道断の仕合可致出来候、（「独物語」崎浜秀明編『蔡温全集』本邦書籍、一九八四年、七七－七八頁）

第二部　狭間の運営

第一章　中日の支配秩序と近世琉球

――「中国人・朝鮮人・異国人」漂着民の処置をめぐって――

はじめに

近世琉球の最大の特徴は、一四世紀から続く中国（明清）との君臣関係を維持しつつ、日本（幕藩制）の支配をも受け入れていたという点である。すなわち近世の琉球は中国・日本という二つの大国の支配秩序が重なり合う地域であった。一般に、同一地域における二つの支配秩序の併存には少なからぬ矛盾が生じるものだが、近世琉球においてはこの状態が比較的安定的に維持されていた。とはいえ、稀にその矛盾が表出し二秩序の「衝突の危機」かと思われるような事態が出現したこともあった。外国船が漂着したさいの処置、特にその送還に関して、琉球が中国・日本どちらの送還体制に包括されるのかという問題もその一つである。(1)

近世東アジアにおいて漂流民送還体制が国内的・国際的に成立していたことを、最初に指摘したのは荒野泰典である。荒野は、送還体制の成立には、①各国家権力が対外関係を掌握・統制し得る体制、および②送還ルートとなるような何らかの国際関係の設定の二つの条件が必要であるとし、東アジア全体に送還体制が確立したのは各国が相対的な安定期に入った一八世紀以降だと論じた［荒野一九八八］。(2)しかし荒野の論考は日本を中心とした送還体制に関するものであり、そのために当時東アジア国際秩序の中心に位置していた中国における漂流民の送還手続きに関する考察が欠落してしまっている。この点を指摘した春名徹は、清代中国において外国人漂流民を保護・送還する処置制度が形成されたことを明らかにした［春名一九九四、同一九九五a、同一九九五b］。そしてこれらの研究に応じる形で、東アジア各国における漂流民の保護・送還に関する研究は近年進展を見せている。

こうした研究から、近世東アジア諸国では原則的に各々の有する外交ルートを利用して漂着民を相互に送還していたことが明らかになった。その最も中心的な存在であった清代中国の場合、主に朝貢ルートを利用した漂着民送還が行われ（朝鮮など）、朝貢国ではなくとも何らかの外交ルートを有する国とはそのルートを使用した相互送還が行われていた（日本など）。さらに清との外交ルートを有する東南アジアなどの各地に漂着した日本人や朝鮮人は清へと転送されていた。すなわち直接国交のない国家間においても清を介して漂着民の相互送還が行われており、その意味では清は一種の漂着民中継センターとして機能していたのである。一方、日本には、長崎を中核とする独自の送還体制が敷かれており、日本各地に漂着した中国人や朝鮮人は原則的に長崎に回送され、長崎を出入口とする徳川幕府の外交ルートに従って本国に送還された。(4)また逆に日本人が清・朝鮮に漂着した場合も、同じルートで送還されていた。このように中国（清朝）と日本（徳川幕府）にはそれぞれの漂着民送還体制が存在しており、その中では送還を含む諸処置が、各々の支配秩序と密接な関わりを持って実施されていたのである。

では、琉球は中日どちらの送還体制に包摂されていたのだろうか。冒頭に記した通り、近世期の琉球は中国・日本どちらの指示にも従うべき立場であった。また中日以外の国とは原則的に国交を持たなかった近世期の琉球は、朝鮮人や異国人の送還に関して中日どちらかの送還体制への委託が必要であった。しかし中国の「朝貢ルートを利用した送還」と日本の「長崎回送」に同時に従うことは不可能である。

本章では、近世琉球における外国人漂着民(5)――その大半は「中国人・朝鮮人・異国人(6)」であった――の保護・送還に対して中日双方から出された指示、および最終的に「守るべき規範」として定着した中日の諸規制を明らかにし、その中で送還方法の相違（＝中日の支配秩序の「衝突」）がどのように解決されたのかを、近世以前の状況を踏まえた上で考察していく。これによって二秩序の安定的な併存を可能にした構造、すなわち近世琉球における「両属」的状況の定着の構造を具体的に検証したい。

一　琉球侵攻以前の漂着

本節では、島津氏の琉球侵攻（一六〇九年）以前の外国人漂着民の送還問題について考察したい。表5は、該期における中国人・朝鮮人の琉球への漂着に関して、現在確認できる事例をまとめたものである。(7) この時期の残存記録は近世に比べて遥かに少なく曖昧な記述も含まれるため、全貌は判然としない。しかしこの僅かな事例からも、一五世紀末を境に特に朝鮮人に関して送還ルートが変化したことが窺える。すなわち漂着民を朝鮮へ直接送還していた時期から、中国を経由して送還した時期への移行である。

1　一五世紀末までの事例について

まず一五世紀末まで、すなわち漂着民を朝鮮へ直接送還していた時期について考えたい。関周一の分析によれば、日本に漂着した朝鮮人の送還が本格化するのは、前期倭寇による被虜人の送還がほとんど行われなくなった世宗朝（一四一九～五〇年）末以降であり、一四五〇・六〇年代が送還のピークであるという［関一九九一：四頁］。送還者である日本各地域（漂着地）の領主たちの目的はあくまでも自らの利権獲得（回賜品・朝鮮通交権利の獲得ないしは拡大）

表5　漂着年表Ⅰ（～1609年）

No.	西暦	中国年	事例〔漂着地〕	帰　国	典　拠
中①	1394？	洪武27	中華船隻〔久米島〕	直接帰国	球陽50号
朝①	1397	洪武30	朝鮮被虜・遭風人9名/中山王察度が遣使送還.	朝鮮へ送還	朝鮮太祖実録(六年八月乙酉)
朝②	1450	景泰元	朝鮮人6名(2名死亡)〔臥蛇島〕→薩摩と折半して琉球人が2名を購入. 琉球王使道安(博多人)が送還.	朝鮮へ送還(1453)	朝鮮端宗実録(元年四月辛亥・五月丁卯)
朝③	1455前	景泰6前	朝鮮人/琉球王使道安が送還.	朝鮮へ送還(1455)	朝鮮世祖実録(元年八月戊辰)
朝④	1456	景泰7	朝鮮人10名〔久米島漂着〕/内2名を琉球王使僧徳源が送還.	朝鮮へ送還(1461)	歴代宝案②39-3・朝鮮世祖実録(七年五月己巳・六月丁丑・八年二月辛巳)
朝⑤	1457？	天順元	朝鮮人/5名を琉球王使道安, 3名を琉球王使吾羅沙也文(博多か対馬の者か), 2名を琉球王使者宗久持(日本人)が別々に送還.	朝鮮へ送還(1457-58)	歴代宝案②39-3・朝鮮世祖実録(三年七月乙亥・四年二月乙卯・三月戊戌)
朝⑥	1458？	天順2	朝鮮人1名/琉球王使友仲僧(日本人泉殿の代理. 共に博多か対馬の者か)が送還.	朝鮮へ送還	朝鮮世祖実録(四年三月丙申)
朝⑦	1461	天順5	朝鮮人8名〔宮古島〕/琉球王使普須古・蔡璟等が送還.	朝鮮へ送還	朝鮮世祖実録(七年十二月戊辰)
朝⑧	1477	成化13	朝鮮人〔与那国島〕/国王は中国経由での帰国を勧めるが, たまたま来琉していた博多商人(新伊四郎)の船に便乗帰国(→薩摩→博多→壱岐→対馬→朝鮮). 新伊四郎は朝鮮に対して琉球国王使を偽る.	(朝鮮へ送還, 1479)	朝鮮成宗実録(十年五月辛未・六月乙未)
朝⑨	1530前	嘉靖9前	朝鮮人(済州島人)	中国へ送還	朝鮮中宗実録(二十五年十月甲子)
朝⑩	1544前	嘉靖23	朝鮮人12名(済州島人)〔宮古島〕/偶々これを知った「少弐殿使」(偽使)が朝鮮へ送還を申し出るが, 朝鮮は琉球の斟酌に委ね, 琉球は中国経由で送還した.	中国へ進貢船で送還(1545)	歴代宝案②30-4・中山世譜・那覇市史⑥下・明世宗実録(巻302)・朝鮮中宗実録(三十九年三月乙卯/丁卯)
中②	1563	嘉靖42	中国人	中国へ進貢船で送還	中山世譜・明世宗実録(巻528)
朝⑪	1594	万暦22	朝鮮人	中国へ送還	不明 i

※　作成に当たって［橋本 1997］［小林・松原・六反田 1998］を参照した.

※　本表は表6へと続くものであるが, 明代の事例と清代の事例とを区別するために, 明代の事例番号を囲み数字で表記した.

i　［朝⑪］は李薫の研究（「朝鮮王朝時代後期漂民の送還を通してみた朝鮮・琉球関係」『歴代宝案研究』8, 1997年, 3頁）に引用されている楊秀芝の論文（「朝鮮・琉球関係研究――朝鮮前期を中心に――」韓国精神文化研究院韓国学大学院博士学位論文, 1993）170頁による. また李論文によれば, 楊論文123-126頁に「明では安全保障などの理由で周辺国間の交流の把握に関心を抱いていたため, 1530年代以後, 朝鮮と琉球両国漂民の北京経由送還を積極的に勧めていた」との指摘があるという.

であり［関一九九一：一一―一三頁］、その名目が初めは被虜人の、後に漂着民の送還となった［田中一九七五：二九二―二九三頁］。

琉球による朝鮮人漂着民の送還に関しても、関の論証した経緯にほぼ沿っていると見てよいだろう。琉球が朝鮮との間に正式な通交を開始したのは、琉球が倭寇による被虜人を朝鮮（高麗）へ送還した一三八九年で、その後一四一〇年までの間にたびたび被虜人が送還されている［田中一九七五：三〇一―三〇三頁］。漂着民の送還に関しても、表5から明らかなように、一四五〇・六〇年代に事例が多い。この時期は対馬・九州人が琉朝通交を中継した時期（一四二九～六八年）にほぼ相当している［田中一九七五：三〇七―三〇八頁］。この後、偽使の時期（一四七〇～九四年）を経て、一五〇〇年に琉球国王使が派遣されたのを最後に琉朝関係は途絶した［田中一九七五：三〇八―三〇九頁］。

関が指摘するように、これらの送還はもっぱら送還者の利権獲得の目的で行われており、全ての漂着民が送還されていたわけではなかった。琉球へ漂着した朝鮮人の事例からは、必ずしも全員が送還されなかったこと［朝④］、漂着民の売買や折半が行われていたこと［朝②］、琉球に存留する者がいたことが分かる。[8] また、船の修理や食料補給を行っての直接帰国は、一事例［中①］しか見当たらなかったが、後述する近世の状況から鑑みて、おそらく恒常的に行われていたと考えられる。さらに当時の琉球は海禁と朝貢を一体化した明の政策を活用して、東・東南アジアの中継貿易を担い、各地域の結節点として栄えていたため、国家間による近世的な送還制度は必ずしも必要とされていなかったと思われる。

2　一六世紀以降の事例について

しかし一六世紀に入ると朝鮮人漂着民は中国を経由して送還されるようになる。すでに一五世紀後半の事例［朝⑧］

で、漂着民に対して琉球国王が「日本人は性悪で安全を保障できない。あなたを江南に送還したい[9]」と勧めていることから、この頃中国経由の送還が想定されていたことが分かる。

また『朝鮮王朝実録』によれば一五三〇年以前に琉球に漂着した済州人が中国から転送された例［朝⑨］があるという。この事例は、一五三〇年に朝鮮に漂着した琉球人の送還について商議がなされた時に引き合いに出され、礼曹[10]は「またこの漂着民も中国に送れば、万全に本国に生還できるのである[11]」と述べており、中国経由の送還の妥当性が琉朝双方で認知されていたことが窺える。

一五四四年頃の事例［朝⑩］では、少弐殿の使者を詐称する春江西堂[12]が日本から朝鮮へやって来て、琉球へ漂着した朝鮮人の送還を引き受けたいと申し出た。この件を巡る朝鮮側の役人たちの議論でも「我が国の人が琉球に漂着したら、琉球は遣使して送還するか、中国から転送するかであり、いまだかつて日本から出来した者はいないのだ[13]」などとする意見が繰り返されている。結局、中国から転送するか「少弐殿」に送らせるかは琉球の斟酌に委ねられ、琉球は進貢船で中国へ送還した。

前述したように一五〇〇年以来、琉球と朝鮮との通交は途絶していた。この理由は定かではないが、一六世紀前半の後期倭寇の隆盛や、明朝の海禁政策の動揺によって一六世紀中葉に台頭してきた中国・欧州・日本などの諸勢力が琉球の中継貿易の地位を奪ったことなどの諸要因が考えられる。こうした中で琉球の通交圏は著しく狭まり、必然的に漂着民の送還ルートも、朝貢ルートへと一本化されていったのであろう。

一方で、朝貢ルートを利用した琉明間の漂着民の送還に関して、『明実録』には、一五六三年に朝貢した琉球使節が中国人漂着民を送還したため皇帝がそれを喜び褒賞したこと、その時に琉球国王が琉球人が漂着したさいの保護送還を求め裁可されたことが記されている[14]。この記載からは、明に漂着した琉球人に国家的保障が与えられたことしか分からないが、その保障は琉球へ漂着した中国人の送還の実施を前提になされたことを考えると、この時期に「国家間の相互保障による朝貢ルートを利用した送還」が行われていたことが窺える。

先述したように、清代に入ると中国では主に朝貢ルートを利用した外国人漂着民の相互送還が制度化されていった［春名一九九五a］。明代では関連する明確な制度的規定は見当たらないが［渡辺一九九九：二〇頁］、前述してきた状況から、一六世紀以降一七世紀初にかけて、清の送還制度に相当するような慣行が、すでに一定の信頼をもって行われつつあったと考えられる。

二　日本による規制

一六〇九年の琉球侵攻後、琉球は徳川幕府の送還方法（長崎回送）に従うようになり、朝貢ルートを利用しての漂着民の送還は行われなくなった。再びこの送還ルートが復活するのは、朝鮮人漂着民を接貢船(15)で中国に送還した一六九七年のことである。本節では幕藩制への編入によって、琉球に漂着した中国人・朝鮮人・異国人への処置が日本からどのような規制を受けたのかを考察する。したがってここでは一六〇九年から中国への直接送還が開始される一六九七年以前までの時期を扱う。

1　中国人・朝鮮人漂着民の概況

一六〇九年から九七年（朝鮮人が直接送還される前まで）における琉球への中国人・朝鮮人漂着に関して、現在確認できる事例をまとめたものが表6である。この表から、直接帰国と久米村への入籍を除いて、中国人は薩摩へ回送さ

表6　漂着年表II（1609〜1697年）

No.	西暦	中国年	事例〔漂着地〕	帰　国	典　拠
中③	1617	万暦45	福建省漳州府商船一隻（船主陳華）〔慶良間島〕	久米村へ入籍（1617）	［小渡1993：21頁］，那覇市史⑥下
中④	1629	崇禎2	浙江省台州府人（楊明州・張五官）〔石垣島〕	久米村へ入籍（1648）	［小渡1993：21頁］
中⑤	1638	崇禎11	福州へ商売に大明国南京船一艘44人〔宮古島〕	直接帰国	旧記雑録・後編⑥，『八重山島年来記』
異①	1639	崇禎12	出所不明之異国人2名〔八重山島波照間村〕不審物は所持せず．呂宋船と推定．	薩摩→長崎	中山世譜附巻，旧記雑録・後編⑥
中1	1651	順治8	福建省漳州府船〔西表島〕	薩摩→長崎	中山世譜附巻
中2	〃	〃	福建省漳州府船36名（船戸王天祐）〔西表島〕	薩摩→長崎	〃
中3	1655	順治12	中国人31名（男26・女5）〔西表島〕	薩摩→長崎	〃
朝1	1661	順治18	朝鮮人（全羅道漁船）男女18名	薩摩→長崎→対馬	朝鮮顕宗実録（三年七月己亥）
朝2	1662	康熙元	朝鮮人（全羅道商人）32名（4名渇死）〔大島〕	薩摩→長崎→対馬	朝鮮顕宗実録（四年七月庚午）
中4	1665	康熙4	広東商船一艘〔名護〕中国人が帆柱の購入を希望したので直ちに売った．	直接帰国	中山世譜附巻
朝3	1669	康熙8	朝鮮人（全羅道船）21名（男15・女6）〔永良部島〕	薩摩→長崎→対馬	朝鮮顕宗実録（十年十月癸亥）
異1	1680	康熙19	異国人2名（全員病死）〔異国船により伊江島に置き去られる〕捕獲後，獄中で病死．		中山世譜附巻
中5	1687	康熙26	南京商船一隻88名（船戸鍾瑞甫）〔大島→徳之島→勝連〕	直接帰国	中山世譜附巻，旧記雑録・追録①
異2	1688	康熙27	出自不明の異国人6名（薩摩で4名死亡）〔宮古島〕	薩摩→長崎（遺体も塩漬けにして長崎へ）	〃
中6	1692	康熙31	浙江省寧波府船7（5？）名〔宮古島〕	直接帰国	旧記雑録・追録①
中7	1695	康熙34	来朝之福州船110名（1名病死）〔沖永良部島〕	薩摩→長崎	旧記雑録・追録①
異3	1697	康熙36	出自不明の異国人10名（殺害）〔八重山〕斬りつけてきたため殺害．薩摩・江戸へ報告→咎無．		旧記雑録・追録②，『八重山島年来記』

※　『八重山島年来記』は［石垣市史叢書⑬］に収録されている．

※　異国人漂着に関しては［豊見山1993，同2000］を参照した．

れ長崎経由で、朝鮮人は薩摩・長崎へ回送され対馬経由で送還されていることが分かる。そしてそれ以前に行われていた、朝貢ルートを利用しての中国への直接送還ないしは中国経由の送還が全く行われなくなっている。

こうした送還ルートの変化には、島津氏の琉球侵攻および幕藩制への編入が影響している。琉球における対外関係の規制に関しては、まず薩摩藩による規制があり、ついで一六三三年頃から幕藩制的規制が加わったとされている［梅木一九八四：二五頁］。この時期の規制はすでに梅木哲人が、琉球への幕藩制的「鎖国」の出現という観点から、詳細に分析を行っているが［梅木一九八四］、梅木はキリシタン禁制を中心に論じているためその他の規制についての考察が不十分であり、また事例との摺り合わせも十分とは言えない。また漂流・漂着という観点からは豊見山和行が日本の規制をまとめているが網羅的なものではなく、またやはり事例との照合が十分ではない［豊見山二〇〇一］。そこでこれらの点を考慮しつつ、再度ここで漂着に関わる規制を中国船に関わるものを中心に考察する。

2　一六〇九年から一六三一年における薩摩藩の規制

琉球侵攻後、一六一一年九月に薩摩藩は一五箇条の掟［旧記雑録・後編④：八六〇号］を出して、以後の琉球統治の基本を示し、その中で琉球の対外関係についての全面的規制を打ち出した［梅木一九八四：二六頁］。また琉球の版図であった奄美諸島（道之島）は王国領から除外され、以後徐々に薩摩による直轄領（蔵入地）化が進められて、一六二四年には琉球からの分轄支配が完成した［紙屋一九九〇a：三一―三二頁］。

漂着に関しては一六一三年六月朔日付の規定［旧記雑録・後編④：一〇一六号］が最初のものであり、不意に自国・他国からの船が流来したら、世話をし早々に出船させるよう指示している。[16] また同年の薩摩藩主・島津家久袖判の覚[17]には、幕府公認の商船が中国・南蛮から長崎を目指す際に琉球へ漂着したらなるべく早く日本へ送り、破船した場合は荷が散逸しないよう注意すべきことを指示した規定がある。この時期の規定は必ずしも外国船を対象としたものではないが、漂着船に対する特別な警戒は窺えず、いずれも丁寧な扱いを指示したものである［梅木一九八四：二七頁］。概括すると、一般船は「世話をした上での早々の直接帰国」、日本行きの公認商船のみ「日本への送還」ということになり、国籍別・宗旨別の処置や破船の場合の具体的な送還ルートは指示されていないことが特徴的であると言えよう。ただし実際の漂着事例は［中③・④］しか見当たらず、しかもこの事例では漂着民が久米村に入籍(18)してしまうため、薩摩の規定がどのような影響力を持ったのかは不明である。

3　一六三三年から一六九六年における幕藩制的規制

幕府によるキリシタン禁令が強化されたのは一六一六年であり（元和二年令）、同時にポルトガル船・イギリス船の貿易が平戸・長崎に制限されたが、中国船はどこへ着岸しても船主の希望によって商売させてよいことになっていた［旧記雑録・後編④：一三八八号］。この元和二年令を先駆として、いわゆる「鎖国」を成立させたのが、一六三三年から一六三九年にかけて出された五次にわたる条令であり(19)、その内容は「日本人の海外往来の禁止・キリシタン禁令・外国船貿易の統制」であった［岩生一九七四：三三五頁］。この中でオランダ船以外（主に中国船）の来航は長崎に限定された。オランダ勢力に駆逐されたイギリスは一六二三年にすでに日本を去っており、ポルトガル船の渡来禁止（一六三九年）、オランダ船の長崎出島への移動（一六四一年）を経て、事実上オランダ船と中国船のみが幕府の強力な統制の下、長崎で交易を行うようになっていったのである。

キリシタン禁制

こうした幕府の統制の中で、琉球における漂着船の統制にも、まずキリシタン禁令の網が掛かってくる。一六三三年に薩摩藩がキリシタン禁制との関連で南蛮人のことをはじめて問題にし［梅木一九八四：三二頁］、一六三六年には薩摩藩の指図で宗門改が実施された。この流れの中で一六三七年八月一五日付の定によって、南蛮船の来航は禁止された［梅木一九八四：三二―三三頁］。(20)

キリシタン禁制に関しては中国船も無関係ではなかった。一六三九年一一月朔日付の覚（A）によれば、前年九月一七日に宮古島に漂着した「南京から福州へ商買に向かう途中に遭難した」と供述する中国船［中⑤］について、首里王府は①台湾（高砂）の中国人ならば捕らえて（漂着地の役人から王府へ）すぐ報告させること、②問題がないと判断できれば船具等を与えて宮古島から出船させること、③問題のない中国船を漂着地から直接出船させるのは先例の通りの処置であること、を薩摩藩に報じている。これに対して薩摩側は、キリシタンの疑いのある者がいた場合はすぐ召し上げるように指示した。ここでは中国人の宗旨が問題とされ、「キリシタン＝捕獲、非キリシタン＝直接帰国」と処置が区別されている。台湾の中国人が特に警戒された理由は、ルソンを拠点とするスペイン勢力が台湾船を利用して琉球へ潜入することを防止しようとした前例に起因すると考えられている［豊見山二〇〇〇：一〇五―一〇六頁］。(21)(22)

一六四四年九月朔日付の覚（B）では、異国船に対する処置がまとめられている。これにより、①オランダ・南蛮・中国の船の絵図を琉球へ送るのでその写しを各島へ送付すること、②オランダ船には薪水などの必要物は全て与えること、③毎年九月二〇日に長崎を出航するオランダ船がもし各島へ来たら前述同様に処置すること、④南蛮船ならば本船を不用意に攻撃せず、給水などで艀船（ボート）が着岸したさいに忍び寄って艀船を奪取すること、⑤琉球の島々で船着場がある場所には番人を設置すべきであり、また南蛮人の上陸は落度であり一大事であること、⑥近頃は南蛮(23)

人が中国人に扮して中国船で渡海したり、中国人の中にキリシタンがいたりするので、中国船が来たら荷物を詳細に検査し、もし落度があれば検査人を処罰すること、⑦南蛮船や不審な中国船が来たら詳細な記録書を早船で薩摩へ届けること、および難破した異国船の積荷が漂着したら詳細な日記を薩摩へ報告し、キリシタン道具や手軽な品は薩摩へ届けること、の計七条が薩摩から琉球に命じられ、ここにキリシタン禁制による漂着船の処置の区別が明確になった。この覚（B）にあるように、琉球への外国船はまず「オランダ船・南蛮船・中国船」に三分類されたが、その内実は宗旨による区別であった。すなわちキリシタン(24)（南蛮船・一部の中国船）か、非キリシタン（オランダ船・中国船）かで、捕獲か救助かに対応が分けられたのである。

では中国人の宗旨の判断や、彼らが非キリシタンであることの証明はどのようになされていたのだろうか。薩摩から監視役として琉球に派遣される在番奉行の心得を定めた一六五七年九月一一日付の掟（C）(25)には、中国船の着岸時にはキリシタン宗の道具の有無を検査するよう指示されている。だがこの所持品検査は、やはり在番奉行の心得を定めた一六八八年三月の覚（D）(26)で改訂され、①掟（C）で指示された中国船の所持品検査は近年禁止されたので、船中の人数だけを調べ中国人から書付（証文）を取り置き、そのさい「南蛮人・南蛮道具・毒薬」を船に乗せていない旨を書き加えるよう中国人へ申し聞かせること、また参照のため以前薩摩へ漂着した中国人が提出した書付の写しを琉球へ送付すること、および、②従来通りキリスト教の取締には念を入れ、キリスト教が清で流布しているために密航する者があるかもしれないので島や海辺には特に注意させ、またとりわけ進貢船の往来時に船に飛び乗る者が出ないように気を付けるべきこと、が指示された。すなわち覚（D）では、キリシタンの所持品検査を停止し、「南蛮人・南蛮道具・毒薬」を所持していない旨を書付にして提出させることに改められたのである。(27)なぜ所持品検査が取り止められたのかは定かではないが、抜荷（密貿易）への警戒から中国人との接触を極力制限しようとする幕府側の意図が反映されていた可能性を指摘できよう。また所持品検査が停止されたからといって、中国人とキリシタンの関わりに対する警戒が解かれたわけではないことは②の内容から明らかである。[28] なお、この両項と同じものが一六八九年閏一月一六日付の覚（E）[29] にも含まれている。

漂着民との売買行為・物品の授受

積荷の売買行為に関して、先に触れた一六三九年の覚（A）では、「漂着南京船の積荷の中に日本の役に立つ物があれば購入して〔沖縄〕本島に持ってくるよう命じたので、届いたら日本へ持って行かせる」と報告した琉球に対し、薩摩藩が役立つ物は召し上げるようにと指示している。[30] この事例［中⑤］では、積荷の購入（薩摩の指示によると「没収」の可能性もある）が禁止されていない。薩摩藩ではすでに一六三四年に同藩への中国船の着岸が禁止されたさいに、領内での貿易は全て停止されることになっていたが［梅木一九八四：三一頁］、この事例でも明らかなように琉球に関しては特に売買行為を禁じていない。

さらに一六五七年の掟（C）では、①中国船着岸のさいに彼らの要請した物を土地の者が調達したら代銀で引替え、銀が無くて代替品で引替えたならばその趣旨の書付を受け取ること、諸事において非法な扱いは受けなかったという内容の書付を取り、その旨を薩摩へ報告すること、および米の代銀は、日本行きの船は琉球の売値（時価）に準じ、中国への帰帆船はその三割増しにして売却すべきであること、②長崎往還の中国船が破損したら、代船を出し、荷物を入念に検査し、中国人から荷物の出入はないという内容の書付を取り、[31] 荷物と一緒に薩摩へ届けること、③中国船が少々破損し修理する場合は、材木や必要な道具などを土地の者から調達して〔中国人から〕相応の代物を徴収し、舵・帆柱の類は売却すべきであること、という三箇条が命じられている。

この掟の特徴は、救済処置の代価を中国人漂着民に要求しているという点である。[32] 特に米に関しては、貿易前の船と貿易後の船とで売値に差を付け、相手の状況を鑑みた上で利潤を上げようとしている。また実際に、この時期には漂着民に帆柱を売却した事例［中4］も見られる。つまりこの時期までは密貿易（抜荷）が警戒されてはいるものの、漂着民との売買行為は完全には禁じられていなかったのである。

漂着船との売買行為や積荷の受取りに著しく制限が加えられたことを窺わせるのが、一六八七年一一月、沖縄本島中部へ碇を降ろした南京船の事例［中5］である［旧記雑録・追録①：二一六三号］。[33] この船は商売のために派遣されたと主張したが、琉球側は往古から商売の中国船は来ないことや銀のないことを主張して何も買い取らなかった。ただし船の修理や物品の要請には応じ、乗客の中国人の要請物代として薬種を少々受け取り、船主の要請物代と船の修理料は、現在は銀子がないため来年訪中する琉球進貢使へ支払うと船主が断言したので、その通り書付を書かせ、船は三月に出船したのであった。そしてこの処置の経緯は琉球から薩摩へ報告され、さらに薩摩から長崎へ伝えられたのである。

実はこの船は琉球到着前に奄美大島・徳之島へも来ており、徳之島代官の尋問によって「長崎百二十六番帰唐船である」と白状していた。このため薩摩藩からすでに長崎・江戸へ届け、江戸にいた薩摩藩主（島津綱貴）が幕府老中（大久保忠朝）へ報告して、この船が琉球へ来た場合は商売をしないよう命じておくように、との指示を得ていた。

琉球から事後報告を受けた薩摩は、代銀として薬種を受け取ったことに遺憾の意を表し、「中国人の貨物を受け取ることは、特に御大禁のことなので、藩主様も心配されていたが、琉球は薩摩とは違うので、この節も長崎のお手を患わせなかったのだ。この上ながら御大禁のことであるので、以後はこのようなことを慎むように」[34]と、今後は中国人から貨物を受け取ることを禁じた。さらに漂着から出船まで修理のためとは言え、漂着民を長期滞在させたことを咎め、土地の者達に油断が生じることを懸念して、一日も早く出船させることが肝要であるとした。また未納の代銀に関しては、来年の進貢使が必ずこの船主から銀子を受け取るよう指示したのであった。

この事例では中国人の貨物の受け取りを厳禁されており、それ以前の示達の類とは趣を異にする。この変化の理由は、この時に薩摩によってなされた次の指図が示唆している。それは「来年（一六八九年）から長崎入港の中国船が七〇艘に制限されるため琉球へ寄航し違反する船があるだろう。そうすれば特に対応を迫られるであろう。中国船へは対応を悪くし難いだろうが、それは清の役所の指図で〔長崎に〕派遣された船なので、〔琉球に〕漂着した船は帰国しても琉球の噂もできないので、このことをよく内々に談じておき、その時が来たら遅滞ないように心得なさい[35]」というものである。

一六八三年に台湾の鄭氏が降伏すると、翌年に清は海禁を解いた。この影響で長崎入港の中国船が激増し産銅が不足したため、日本は一六八八年から次々と貿易制限令を発布し、中国船の入港隻数などを制限したのである。漂着中国船との売買行為・物品授受に関する取締の強化は、こうした貿易制限の影響であろう。またここで薩摩が、清と琉球の君臣関係や清の状況を慮った上で、琉球に指図している点にも留意すべきである。

長崎回送

前掲の表6から明らかなように、琉球侵攻以来、直接帰国と久米村への入籍を除いて、中国人は薩摩から長崎へ、朝鮮人は薩摩・長崎を経て対馬へ回送されていた。日本における漂着船の長崎回送は、「鎖国」令の一環として一六三五年前後に義務付けられたとされている〔中村質一九七一：六七―六八頁、同二〇〇〇：八六―八七頁[36]〕。だが帰帆船は必ずしも長崎回送を要せず、また少なくとも一六六〇年代初期までは回送に関する画一的なマニュアルはなかったようである［中村質二〇〇〇：八七頁、一〇五頁］。

琉球に漂着した中国船に関しては一六三八年の事例［中⑤］で長崎回送云々を特に問題視することなく直接帰国が行われている。なお「如先例」[37]とあることから直接帰国が以前から行われていたと分かり、これはここまで見てきた経緯と矛盾しない。[38]しかし明確な指示は見当たらないものの、この時期に一六三九年漂着の「出所不明之異国船」［異①］は長崎に送られているので、中国船以外では長崎回送が実施されていたことが分かる。漂着中国船が初めて長崎に回送されたのは一六五一年の事例［中1］であり、朝鮮船は一六六一年の事例［朝1］である。以後は長崎回送が繰り返し行われていることから、琉球では一七世紀半ばにこのルートが一応定着したと見て良いだろう。

回送の方法に関しては、薩摩藩が琉球在番奉行の川上久寛へ出した一六九三年三月二日付の覚［旧記雑録・追録①：二三八六号］で、①以前は人質の中国人を薩摩船に乗せ、日本人操舵者などを中国船に乗せていたが、今後は停止し警固船と挽舟だけで長崎へ回送せよと長崎奉行から指示されたので、琉球でも長崎回送時に琉球人が中国船に乗らないようにすべきこと、②船中の人数調査や中国人に書付（証文）などを命じる時、やむなく中国船に乗る場合は在番付役衆二人（薩摩役人）と大和横目（琉球役人）二人に乗船させるべきであること、との指示がなされている。この変更も密貿易（抜荷）への警戒に起因するものであろう。

異国人への対応

この時期、中国人や朝鮮人は保護・送還されていたが、数少ない残存史料から「異国人」への処置には保護とは言い切れない側面があったことが窺える。事例［異1］では「彼らを繋いでおいたら、獄中で二人は遂に病死した」[39]という状況であったし、事例［異3］では「言語文字は通じず逆に敵対してきたので、やむなく一〇人とも討ち果た

表7　「中国人・朝鮮人・異国人」漂着民に対する幕藩制的規制

西暦	キリシタン禁制	売買行為・物品の授受	長崎回送
1635			この頃日本で，長崎回送が義務化.
1639	覚(A)キリシタンの疑いのある船は捕獲，他は直接帰国.	覚(A)大和の役に立つ積荷は召し上げ.	琉球漂着の異国人，長崎回送の始め.
1644	覚(B)同上，および中国船の所持品検査.		
1651			琉球漂着の中国船，長崎回送の始め.
1657	掟(C)中国船の所持品検査.	掟(C)必要品は代銀・代物で引替.	
1661			琉球漂着の朝鮮船，長崎回送の始め.
1687		展界令(1684)→商売の禁止[中5].	
1688	覚(D)中国船所持品検査は停止→代わりに証文を取る.清のキリシタンの渡海に警戒.		長崎奉行は出自不明の異国人を回避したがる[異2]→極力直接帰国.
1689	覚(E)同上.		

した(40)」のであった。事例［異2］では長崎奉行が「言葉が通じずどこの国の者かも分からない人を長崎へ受け取っても、何の埒も明かず早晩なく召し置くのは厄介なので、もし薩摩の船中で皆死去したら幸いである(41)」と述べており、この時期の長崎奉行は出自不明の異国人の処置を回避したがっていたことが分かる［豊見山一九九三：八一―八二頁］。このため薩摩は「南蛮人・キリシタン以外の異国人の長崎回送は宜しくないとお考えの様子と承った(42)」と、なるべく異国人へ関与せず早々に漂着地から出帆するように仕向ける方策を指示したのであった［豊見山一九九三：八二頁］。

ここで本節で述べてきた日本側の規制を総括すると次のようになる。一六〇九年の琉球侵攻後、琉球には薩摩藩による諸規制が加えられたが、漂着外国船に関しては、一般に「世話をした上での早々の直接帰国」が旨とされているだけであった。しかし一六三三年頃からの幕府による「鎖国」強化策が琉球に波及すると、それが漂着外国船への処置にも影響していく。表7は漂着した中国人・朝鮮人・異国人に対する幕藩制的規制をまとめたものである。この表に明らかなように、漂着民にはまずキリシタン禁制の、ついで貿易禁制の網が被せられたのであった。漂着民の長崎回送も「鎖国」令の一環として義務付けられたが、その主目的はキリシタン禁制と貿易禁制だった。したがって漂着船に問題がない場合には従来の慣行通り直接出航させており、また長崎奉行はキリシタン以外の異国人の処置を回避したがっていた。

三　清による漂着民の保護・送還令

幕府が琉球における外国人漂着民の処置へ次々と規制を加えていく一方で、中国では明から清への王朝交替（一六四四年）が起こり、琉球は清を中心とした新たな冊封・朝貢関係の中に再編された。[43] これにより一時期錯綜した琉中関係は「琉清関係」として落ち着いたのである。

さて清は東南沿岸を拠点として抵抗する鄭氏勢力の財源を断つため海禁政策を強化していたが、一六八三年に鄭氏が降伏したため翌一六八四年に海禁を解除した。この結果、海上貿易船の増加とそれに伴う海難の増加が予測されたため、康熙帝の旨が沿海の各国王に送られ、中国人漂着民の保護・送還が命じられた。この皇帝命令が琉球に及ぼした影響に関してはすでに先学によって繰り返し論じられてきたが、再度本節で検討していく。

1　清の指示と琉球の対応

康熙帝の旨を伝える琉球国王・尚貞宛の礼部の咨文（一六八四年八月二一日付）［歴代宝案①：六―一三号］は、①海禁解除により増加する中国商船の海難が予測されるので彼らが漂着したら保護・送還すべきこと、②送還者には清で褒美を与え宴を開いてから帰国させること、③漂着地の保護者にはその国の王が褒美を与えるべきであること、などを指示してきた。そこで琉球は一六八六年一一月四日付の尚貞による上奏文［歴代宝案①：一五—八号］で返答し、清の命令を受諾し、漂着民の保護送還を国中に文書で命ずることを約した。

2　幕府・薩摩の対応

琉球が受諾した清の指示の内、「琉球による漂着民送還」は、少なくとも島津氏の琉球侵攻以来なされていないことであった。前述したように幕藩制下では、直接帰国か長崎回送以外は事実上許されていなかったからである。こうした清・琉球の動きに対し、幕府・薩摩はどのように反応したのであろうか。

豊見山和行がすでに指摘したように、この一件の報告が薩摩へなされたのは、清への返答の七年後であった［豊見山二〇〇四b：八一—八三頁］。一六九四年一一月二六日付の在番奉行宛の薩摩藩家老連署による覚写［旧記雑録・追録①：二四六二号］からは、①清の中国人漂着民保護・送還令について去年・今年に琉球から報告されたこと、②中国人漂着民の饗応は幕府から禁止されており琉球は万事日本の指示を守るべきなので飢えを満たすだけの処置にすべきであること、③そうすれば清の指示にも背かないこと、④進貢船による漂着民送還については幕府の指図を得てから指示するのでそれまでは旧来通りにすべきこと、⑤一〇年前の清からの咨文の写はすぐに提出したのにその対応について去年ようやく申し出たのは重大事であること、⑥さらに咨文への返答を報告せず、薩摩藩での処置同様にすべきと命じていたのに、清の命令を国中へ布達し「翌丑年《マヽ》（一六八五年）」に清へ返答したと今年報告してきたことは咎められるべきであること、⑦しかし何分昔のことで役人も数次交代したので今回は容赦し、以後注意すべきであること、以上の内容が読みとれる。

ここで注目すべきは②・③の内容である。すなわち薩摩は、琉球は幕府にも清にも背くわけにはいかないことを認識しているのである［豊見山二〇〇一：四七―四八頁］。こうした清と琉球の君臣関係を慮る姿勢は、それ以前の薩摩藩の対応にも見ることができる（二節3「漂着民との売買行為・物品の授受」）。また薩摩藩は琉球側の報告の遅れを非難しながらも最終的には何の咎めもなく容赦した点にも着目すべきであろう。

送還に関しては、一六九六年、幕府老中から薩摩藩主へ命が下り、これまで中国船が琉球に漂着したさいには直接帰国か長崎回送であったが、このたび琉球国王が、破船した中国人漂着民と出所不明の異国船は進貢船で清に送還し、南蛮船およびキリシタン宗の疑いのある漂着民のみ長崎へ回送したいと薩摩藩へ請願したことに関して、琉球国王の願い通りに許可し、以前同様に商売は厳禁させることなどが指示されたのであった［旧記雑録・追録①：二六二四号］。この幕府の対応には琉球の行動への非難は特に見られない。一六九七年、琉球は摩文仁《まぶに》親雲上《ペーチン》（向朝暢）を薩摩に派遣し、漂着民を中国へ直送するようになったことを謝した［中山世譜附巻：三二頁］。

そして琉球は一六九七年に朝鮮人漂着民を接貢船で中国に送還することで「長崎回送」から「中国への直接送還」へと送還方法の変更を実施し、以来、琉球処分による王国の終焉までこの方法を維持したのである。ただし漂着船に対するキリシタン禁制と貿易禁制には何ら変更はないままであった。

3 琉球の対応をめぐって

琉球における漂着船の送還方法の変化に関しては、これまでも多くの研究で取り上げられてきた。しかし主に和文史料に依拠した研究では一六八四年に清から送られた咨文との関連が見落とされ［渡口一九七五：四三六頁、梅木一九八四：三七―四〇頁］、またこの咨文の重要性に着目した研究では逆に幕藩制との関連について論究がないか不十分である［宮田一九九六ｃ：三六九頁、平一九八〇：一〇五―一〇七頁］。こうした中で琉清日の史料を複眼的に用いた豊見山和行の研究［豊見山二〇〇四b］は、清の命令に対する琉球の受諾が薩摩藩の判断を仰ぐことなく独自に決定され、最終的に幕藩制（薩摩藩・幕府）が追認したことを明確に立証した画期的なものであり、本節1・2も基本的に豊見山の論証に拠っている。ここでは、こうした先行研究の成果を含め、「送還方法の変更」の背景を再検討していきたい。

清の命令に対する琉球の受諾を、豊見山は当時対清外交の重職にあった蔡鐸(44)の家譜に記された次のような事情によるものであったと指摘している［豊見山二〇〇四b：八三―八四頁］。

今海禁は大いに解かれ皇帝が藩土の往来を許した。もしここで〔中国人を〕日本に回送したら道中の来歴はきっと〔清の〕官人に明らかにされ、〔琉球が〕二国に仕えることを責められるだろう(45)。

すなわち長崎回送には、琉球の日本への従属が清に露見する危険性があるというのである。紙屋敦之が立証したように、清に対する琉日関係の隠蔽は、一七世紀半頃に開始された政策であるが［紙屋一九九〇b］、豊見山は、本事件において琉球が、この隠蔽政策を利用して「展海《ママ》令への対応にも適応し、自国に有利な方向へと導き、その結果として幕藩制国家の送還体制から離脱することに成功した」とする。そしてこの一連の出来事を、狭義には清の展界令を、広義には清との冊封・朝貢関係を梃子として、琉球が幕藩制の送還体制から離脱することに成功したと捉え、これを幕藩制に対する琉球の「主体性」の発揮であると意義付けた［豊見山二〇〇四b：八三―八四頁］(46)。また後に豊見山は、中国人漂着民の送還を命じた清の指示に対し、琉球が一六九七年に朝鮮人を送還して清への直接送還を開始したことは、中国人漂着民送還システムに朝鮮人を割り込ませた送還方法の創出を示すものであるとして、その主体性論を補完している［豊見山二〇〇一：四八頁］。

豊見山の成果を経て、上原兼善は「送還体制が改変されていったのには、幕藩制国家の鎖国体制よりも清朝との冊封体制を国家編成の秩序として選択しようとする琉球国側の主張があずかって力があったといえるであろう」［上原一九九一：二八頁］と論じ、琉球の「主体性」をより意志的なものとして理解している。上原は以前から、一七世紀後半以降の進貢貿易運営における琉球の主体性回復の動きを指摘しており［上原一九八一a：一〇三—一〇八頁、同一九八一b：三六七—三七〇頁］、送還方法の変更もこの動きの一環として捉えている［上原一九九一：三〇—三二頁］。

　豊見山・上原の論に共通する特徴は、本事件を根拠に幕藩制に対する琉球の「主体性」の存在を主張しているという点にある。そのため強制的に組み入れられた幕藩制ではなく、以前から自発的に従っていた冊封・朝貢体制を「主体的に」選択したいという琉球の意志が存在したという前提のもとで、その（主に幕藩制に対する抵抗の）意志の問題として本件を捉える傾向にある。

　しかしこれらの論ではいずれも次の点が看過されてしまっている。それは少なくとも一六五五年以降、幕府は琉球における清の支配秩序の優位性を認めていたという点である。

　一七世紀初頭において対明交渉に挫折した幕府は、明（および明を中心とした国際的な支配秩序）から自立し、自らを中心とした「国際」秩序である「日本型華夷観念」を成立させ、国内で成立した権威（幕府）があたかも「国際」的承認を得ているかのように演出し始めた［トビ一九九〇、同一九九九］。幕府の構築した秩序が観念であるとされるのは、広く国内外に認められているという意味において実効性を有していた中国を中心とする国際的な支配秩序に対して、幕府のそれは日本国内のみで通用した観念的構築物だったからである［トビ一九九九：一〇—一一頁］。

　この虚構の国際秩序にとって清の成立は大きな脅威であり、そのため幕府は自らの体面（威光）が傷付けられないよう清との直接交渉を回避してきた［朝尾一九七〇：八六頁、紙屋一九九〇e：九四—九六頁］。とりわけ第一部第三章で指摘したように、一六五五年に幕府が「日本の瑕」よりも韃王の指示を優先すべき旨を決定したことは、琉球における清日の支配秩序の序列構造が確定したことを意味している。

一七世紀半頃、薩摩藩は「清に対する琉日関係の隠蔽」を琉球へ指示したが、これも清の脅威を背景に琉球支配を原因とした清との直接対決を避けようとする幕府の意向を薩摩側が反映させたためだとされる〔紙屋一九九〇b：二五六―二六二頁〕。また首里王府も隠蔽に同意し、その自発的強化に努めていた〔喜舎場一九九三a：二五九―二六〇頁、二七〇頁〕。この隠蔽政策によって、中国の国際秩序の中では、琉日関係は（少なくとも建前上は）「存在しない」ことになった。こうした状況下で、琉球は、長崎回送を実施し得たのは、清の海禁政策が存在していたためであるとすら認識していた。豊見山論文では省略された前掲史料前半部には次のようにある。

旧例では、中国人が琉球に漂着したら、自ら帰らせることはしないで、日本に転送して送還していた。そして琉日の往還が露見しなかったのは、当時は海禁中で、〔中国人は〕密かに出洋し、敢えて人に告げなかったからである。(47)

すなわち、長崎回送は海禁政策により可能となったのであり、海禁の解除によって不意の漂着船は「琉日関係の露見の危機」へと変容したため、(48)全ての中国人漂着民に対して隠蔽を画策する必要が生じ、長崎回送が不可能になったと言うのである。

また先学の議論は、「長崎回送→直接送還」という変更に琉球の独自性や創造性を見出そうとするが、そこでは追究されなかった琉球侵攻以前の送還状況をも鑑みるべきである。そこにはすでに朝貢ルートを利用した中国人漂着民の直接送還のみならず、朝鮮人漂着民も中国経由で送還する慣行が存在しており、それらをあわせると「直接送還→長崎回送→直接送還」という流れが看取できる。すなわち長崎回送こそ変則的に割り込んできた措置であって、「長崎回送→直接送還」の変更は、琉球の独自性や創造性の問題ではなく、むしろ中国の国際秩序の「常態」への「復帰」

と捉えることができるだろう。

さらに、長崎回送の回避は「幕藩制国家の構築した送還体制から離脱した」あるいは「幕藩制よりも冊封体制を国家編成の秩序として選択した」ことと同義ではない。先述したように幕藩制による漂着船への規制はキリシタン禁制と貿易禁制こそを旨としており、それは以後も緩められることはなかった点をこそ重視すべきである。(49)

そうじて言えば、清日の支配秩序は琉球がどちらかを「主体的」あるいは「意志的」に選択し得るようなパラレルな関係にはなかったのである。それら二者はむしろ琉球というマジックミラーを挟んで表裏の位置関係にあった。「表側」の中国を中心とした国際社会においては中国の支配秩序のみが実体を有しており、琉中関係のみが存在していた。しかし清から見えない琉球の「裏側」には、清の優位性を認識して自発的に姿を隠した日本の支配秩序（トビの言う日本型華夷観念）と、それに抱え込まれた琉日関係が存在していた。この構造下では清日の支配秩序の「衝突」は、鏡の裏側、すなわち琉日関係のみに発生し得る問題であり、それゆえ、琉日のみで解決すべき問題であった。そして琉日は、表の世界を決して侵さない範囲内で、水面下において可能な限りの支配・被支配関係を実現させる「常態」の形成へとともに向かうことで、この問題を解決せざるを得なかったのである。そしてこうした「常態」の形成こそが、研究史上「両属」と呼ばれてきた状況が（少なくとも表面上は）安定的に維持されるようになった根本的な要因の一つであろうと思われる。

四　清日による規制の定着

本節では送還ルートの変更後、「中国人・朝鮮人・異国人」漂着民への処置に関する清日からの規制（あるいは規範）

が定着していく過程を考察する。

1　道之島（奄美諸島）について

前述したように、一六一一年に道之島は琉球領から除外され、一六二四年に琉球からの分轄支配が完成されていたが、琉日関係の隠蔽のため、清に対しては「道之島は琉球の領土である」という建前が貫かれていた。したがって琉球における漂着民への処置の変化は、道之島にも及んだ。一六九六年一一月一五日付で薩摩藩は大島代官に示達を下し、道之島へ中国船が漂着した場合は従来長崎へ回送していたが、琉球における送還方法の変更により、「琉球」である道之島も以後は直接帰国（破船しない場合）か琉球回送（破船した場合）という対処をするようにと指示している(50)。

2　薩摩藩の御条目

送還方法の変更を幕府が認可すると、薩摩藩はさっそく変更事項を盛り込んだ新たな規定を琉球へ布達した。これが一六九六年九月二六日の御条目であるが〔豊見山二〇〇〇：一一一頁〕、原文は現在のところ発見されていない。この御条目の改訂版として出されたものが一七〇四年の覚（宝永の御条目）である。この覚も長らく未発見であり他の史料への引用などから大略が知られるのみであったが、二〇〇〇年に豊見山和行が二つの写本を発見し全文の紹介を行った(51)〔豊見山二〇〇〇：一一四―一一七頁〕。これは一七〇四年九月一八日付で出されたもので、全一五条からなり、第一条から第五条までが主に「中国人・朝鮮人・異国人」に関する規定、第六条から第一五条までが主に南蛮船・オランダ船に関する規定である。第一～五条の内容のみを略記すると、①キリシタンの疑いがあれば長崎へ回送し、キリシタンでないならば、破船しない場合は直接帰帆させ、破船の場合は琉球から進貢船で清に送還すること、②道之島も琉球同然にすること、③漂着民は囲いの内に拘束して番人を付け、外出や土地の者との接触を禁じること、④食事や薪は相応に与え饗応がましいことはしないこと、⑤商売・処置費用の受納は禁止だが、清への送還時に官人が費用を払わせようとした場合は臨機応変に対処すること、⑥人数・荷物の過多により進貢船で送還できない場合は船を新造して送還すると内々に心得ておくこと、⑦漂着の首尾は江戸・長崎へ報告するので報告内容を薩摩へ知らせること、となる。この御条目が改定されるのは一八五一年であり(52)、漂着船に対する薩摩からの規定の中では、最も長く保持された原則的な規定であると言えよう(53)。

3　御条目以後の幕府・薩摩の示達

宝永の御条目以降も漂着船との「商売」については密貿易の取締に絡んで禁制が強化された。一七一五年、先述した長崎における中国船貿易の制限令の一環として、幕府は正徳新例を発布した。ここにおいて船数や輸出銅額は従来の半分以下に削減され、信牌制の導入によってこれを持たない船の交易は禁じられた(54)。そのため無信牌の積戻船が積荷を処分するため北部九州沿岸を「漂流」し密貿易（沖買）が激化した［劉一九九七：三二〇頁］(55)。その取締の一環として、一七一八年一一月に幕府から触状［旧記雑録・追録③：一〇四二号］が出され、①海上で中国船を見かけたら間を隔てて通過し同じ所に碇泊しないようにし、中国船漂流のさいにこれに違反する船があれば取り調べ疑わしい場合は逮捕すること、②ただし偶然参りかけた様子ならば港へ引き入れ船中の荷物を検査してから通過させること、が命じられた。この触状は薩摩から琉球駐在の在番奉行に「国中に命じるように」として伝えられた。さらにこの時、土地の者が中国船の近くに船を寄せ、唐物の抜買・書籍の購入・不確かな唐物の類の要求を行うことが厳禁された［旧記雑録・追録③：一〇四二号］。なおこの幕府令は一七二四年にも薩摩から琉球へ再示達されている(56)。この規制以降、漂着船に関する幕府・薩摩の目立った示達は見当たらない。

4　清の関連規定

先述したように清は一六八四年に自国漂着民の保護・送還を命じたが、これは清の国制総覧とも言うべき〔滋賀一九七四：三〇五頁〕『大清会典』（乾隆）において、初めて「もし内地商民の船が漂流して外洋に至り、その国がよく救助し養って、船を直し帰国させるか、貢船に載せて送還した場合は、勅令によってその国の国王に褒奨し、その陪臣には分に応じて褒美を与える」という「典」として定められた。同様の「典」は清代最後の光緒『大清会典』にも見られ、(57)(58)漂着した清の商人を救助・保護し、船隻を修理の上直接帰国させるか、貢船を利用して送還することが、一六八四年以降一貫した清の指示であったことが分かる。これ以外の琉球に対する清の指示としては、漂着船の護照発給を命じた一七四一年七月二三日付の署福建布政使司の咨文〔歴代宝案④：二四―二六号〕があるが、他に清が具体的な処置内容を指示してくることはほとんどなかった。

おわりに

本章では近世以前（一六〇九年以前）の状況を踏まえた上で、近世琉球では「中国人・朝鮮人・異国人」漂着民の処置に関して、日本・清からどのような指示がなされ、最終的にどのような規制が定着したのかを考察してきた。

本章の内容を端的に述べると次のようになる（図3参照）。少なくとも中国（明）・朝鮮・琉球においては、一六世紀初頃から朝貢ルートの利用による明を中心とした漂着民送還の慣行が定着していた。しかし一六〇九年の琉球侵攻

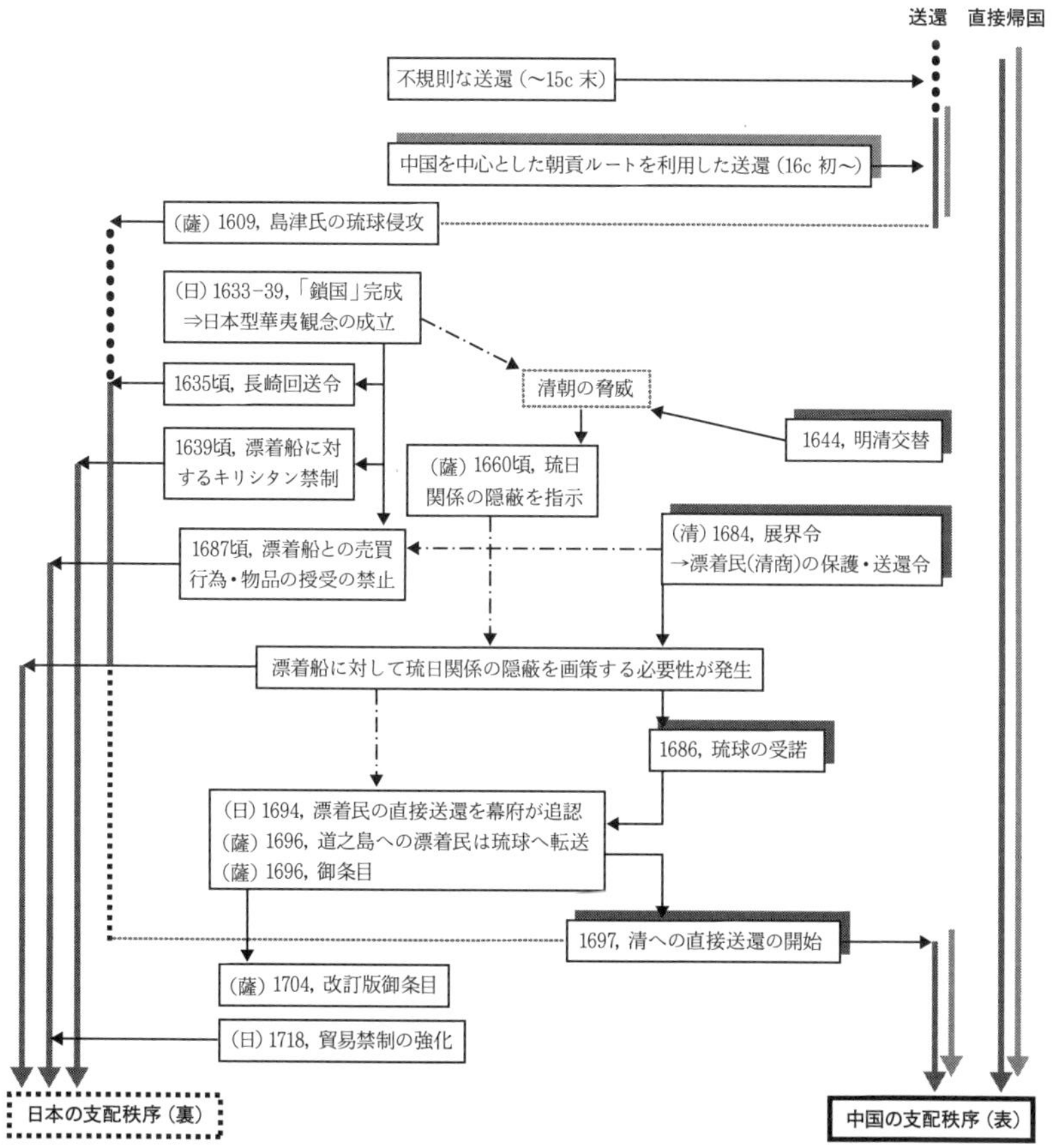

図3　近世琉球における「中国人・朝鮮人・異国人」漂着民の処置と中日の支配秩序　（※影付部分は「中国の支配秩序」内における出来事である.）

によって幕藩制に包摂された琉球へは、一六三三年頃からの幕府の「鎖国」政策が波及し、外国船漂着に対してもキリシタン禁制と貿易禁制が加えられ徐々に強化された。またこれらの禁制の一環として、自船で帰国できない漂着民は長崎へ回送するようになった。一方で琉球は、明に代わって政権を掌握した清に従い、一七世紀半頃その新たな支配秩序の中に再編された。幕府は清を脅威として直接交渉を回避していたため、その意向を斟酌した薩摩藩は「清に対する琉日関係の隠蔽」を琉球に命じた。これを受けて琉球も積極的に隠蔽を強化した。ただし清の海禁政策のために、これを犯して出洋した中国人は帰国後その旨を公言できないことから、琉球に漂着した中国人に対して隠蔽を画策する必要はなかった。しかし一六八四年に海禁が解除され、あわせて清から中国人漂着民の保護・送還令が出されると、中国人漂着民に対して琉日関係を隠蔽する必要性が生じ、露見の危険性が高い長崎回送は不可能となった。琉球は自己の判断で直ちに清の命令を受諾し、朝貢ルートを利用した直接送還へと送還方法を変更することにした。この方法は中国の支配秩序における慣行として明代より行われていたものである。薩摩・幕府も後にこれを追認したが、その最も重要な規制であったキリシタン禁制と貿易禁制には何ら変更はなかった。

幕藩制の承認を得ずに清からの命令を受諾した琉球の行動を、先学は琉球が意志的に清の秩序を選択した結果であるとし、幕藩制に対する琉球の「主体性」の発揮であると意義付けた。しかし本章では、清日の支配秩序の優劣関係を背景に、琉球では二秩序が棲み分けており、日本の支配秩序は清のそれを侵さない範囲内でしか可動力を持ち得ないという共通認識のもと水面下で琉日関係が展開されたことを指摘し、送還方法の変更はこうした構造そのものに起因すると理解した。またこの構造をともに維持する関係を琉日が形成したことこそ、「両属」状況の安定が実現した最大の要因であると指摘した。

清日の支配秩序が漂着民の処置に関する具体的な規制となって琉球に指示され、その棲み分けがほぼ定着したのは一七世紀末から一八世紀初であり、それぞれの特徴を端的に言えば、清の規制は遵守すべき根本原則のみを示す規範的なもの、日本の規制は直接的かつ具体的に禁止項目を指示していく禁制的なものであった[59]。そして近世琉球（初期・末期を除く）では、漂着民の大半を占めた「中国人・朝鮮人・異国人」に対し、定着した清日の規制が少なくとも表面的には遵守されていた。

なお著者は琉球の「(政治的)主体性」の存在を否定しているわけでは決してない。ただしこれまで(主に幕藩制への抵抗の)意志の問題として捉えられがちであった「主体性」に対して、著者自身の関心は琉球の国家的性質や機能としてのそれ——本書では原則として「自律性」の語を用いる——を構造的に把握することにある。この自律性の内実や可動範囲、およびその自律性を発生せしめた諸要因を分析し、東アジア国際関係の中における琉球の国家的位置付けをより明確にしていくことを次章以降の課題として本章を終えたい。

注

(1) 本書における中日の「支配秩序」とは、この二国から琉球に下達される下知・指示・統制・規範などを総称する説明概念である。なおこの概念は、琉球に関わる範囲内において中国や日本をそれぞれ中心とする広域秩序——従来の研究で「中国型世界秩序」あるいは「日本型華夷観念」といった語で表現されてきた——をも指して用いることにする。詳細は序章第二節3を参照されたい。

(2) 荒野はこれを「海禁政策による対外関係の国家的独占」としている[荒野一九八八:一四八頁]。

(3) 送還の対象となり得たのは漂着した人々であるという観点から著者は一貫して「漂着民」の語を用いる。

(4) 中国人漂着民は長崎→中国、朝鮮人漂着民は長崎→対馬→朝鮮というルートである。

(5) 近世琉球では漂着民を①中国人・朝鮮人・異国人、②阿蘭陀人、③南蛮人、④日本他領人(日本人)の四つに大別して、それぞれ異なる処置を定めていた。

(6) 史料上では出所不知異国人・異国人などと記される。明確な定義は見当たらないが、東南アジアなどの清の朝貢国からの漂着民を包括して指すために用いられた語のようである。

(7) 管見の限りでは史料上に異国人の事例は見当たらなかった。

(8) 朝鮮人六十余、漂到琉球皆物故。只有年老五人生存。其女子皆与国人交嫁、家産富饒。老人略暁朝鮮語。(『朝鮮端宗実録』元年五月丁卯)

(9) 日本人性悪、不可保、欲遣你江南。(『朝鮮成宗実録』十年六月乙未)

(10) 明の礼部に相当するような、朝鮮王朝の外交・科挙等のことを掌る官庁。

(11) 亦令此漂流人入送于中原、則可以万全生還于本国矣。（『朝鮮中宗実録』二十五年十月甲子）

(12) この時期の「少弐殿使」（偽使）に関しては［米谷一九九七：八頁］に詳しい。

(13) 我国人漂到琉球国、其国或遣使発還、或由中国転送、未嘗有自日本出来者。（『朝鮮中宗実録』三十九年三月丁卯）

(14) 琉球国中山王尚元、遣使入貢。因送還国（中ヵ）国漂流人口、上嘉其忠順、降勅褒諭、賜以鏹弊（幣ヵ）、并賞其陪臣由必都・鄭憲等。尚元因奏、本国人亦有流入中国者、乞命守臣恤而遣之、礼部請、以其疏檄示瀕海諸路。報可。（『明世宗実録』嘉靖四十二年十二月癸亥。琉球の正史『中山世譜』にも同様の記載が見られる。）

(15) 北京での任務を終えて福州に戻る朝貢使節（進貢船で渡清）を帰国させるために派遣される船。

(16) 豊見山和行は「恐らく薩摩藩（自国）と同藩以外の日本船（他国）を指しているものと考えられる」とする［豊見山二〇〇一：四二頁］。

(17) 東京大学史料編纂所編『大日本古文書』島津家文書之三、東京大学、一九六六年、三五一―三五二頁、一五二九号。

(18) 漂着中国人の編入による人材確保は、華人集落である久米村に対して、対中国貿易振興の立場から王府が行った振興政策の一環である［田名一九八九：二一二頁］。

(19) ただしこの鎖国令の内、第一～四次は長崎奉行宛に出され、そこから必要箇所が個別に諸大名に伝達されたので、一般の大名に全貌が布達されていたわけではなかった［山本一九九五］。

(20) ポルトガル・スペイン船。

(21) A「島津久慶外五名連署返答書」［旧記雑録・後編⑥：七三号］。

(22) 八重山における漂着民処置マニュアル「進貢・接貢船、唐人通船、朝鮮人乗船、日本他領人乗船、各漂着幷破船之時、八重山島在番役々勤職帳」（一八一六年）にも「高砂出之唐船ニ者切支丹宗龍居由候」とある［石垣市史叢書④：九頁］。なおマニラからの宣教師の琉球潜入の問題は真栄平房昭が詳細に検討している［真栄平一九八八］。

(23) B「川上久国・潁娃久政連署覚書」［旧記雑録・後編⑥：四二一号］。

(24) 主に旧教徒を指す。

(25) C「島津久通外六名連署掟書」［旧記雑録・追録①：七四八号］。

(26) D「島津久竹外四名連署条書」［旧記雑録・追録①：二一一一号］。

(27) 毒薬に関してはキリシタン云々とは無関係であると思われる。また漂着中国人の書付（証文）に関しては第二部第三章に詳論した。

(28) 中国におけるキリスト教の流布を背景に唐人キリシタンへの警戒が深まっていたことは真栄平房昭が詳解している［真栄平一九八九］。

(29) E「島津久竹外六名連署条書」［旧記雑録・追録①：二一七一号］。

(30) ただし「強制的買い上げ」か「没収」かは明確に指示していない。

(31) 破船を理由とした抜荷（密貿易）を防止するための措置であろうとされる［豊見山二〇〇一：四六頁］。

(32) 近世琉球に最終的に定着したのは、無償救助方式（救助費用は王府が負担）であり、豊見山和行は中国における同様の制度の影響を受けた可能性があることを指摘している［豊見山二〇〇一：五四―五五頁］。

(33) 以下断りがない限り、本事例の典拠はこれに準ずる。

(34) 唐人貨物此方へ取候儀ハ、別而御大禁之事候ニ付、太守様ニも御念遣ニ被思召上候得共、琉球ハ当地とは各別之儀候故、此節之儀も於長崎無御口能候、乍此上御大禁之儀候条、尚後ハケ様之儀可有遠慮候、

(35) 来年ゟハ長崎へも唐船七拾艘之外ハ御追帰被成筈之由候へハ、其元へ船を寄せ違乱申儀可有之候、左候ハヽ、別而挨拶ニ行迫可被申事候、唐船へハ挨拶悪敷難致之由候得共、夫ハ大清奉行所之差図ニ而差渡候船之儀ニ候、右体之漂着船ハ致帰唐候而も、其元之儀噂も仕間敷儀ニ候、此段能々内談仕置、到其節遅滞無之様ニ被相心得尤ニ候、

(36) ただし長崎回送の開始を一六四〇（寛永十七）年とする説もある［池内一九九八年：三八―三九頁］。

(37) 覚（A）［旧記雑録・後編⑥：七三号］。

(38) 豊見山和行は直接帰国の先例が「薩摩藩支配以後のものか、それとも同藩支配以前のものかは判然としない」［豊見山二〇〇一：四三頁］と述べているが、本章で論じてきたように「支配以前」からの慣行であると思われる。

(39) 繋之於獄中二人終病死。（「毛氏家譜（伊野波家）」［那覇市史⑦：七四二頁］）

(40) 言語文字不通、還テ致敵対候ニ付、無是非拾人共討果、「八重山島年来記」［石垣市史叢書⑬：四二頁］

(41) 言語不通何国之者共不相知者を長崎へ被請取置、何之埒も不明無早晩被召置儀御厄害ニ候、若此方於船中皆共死去仕候へハ幸之由……、［旧記雑録・追録①：二一六三号］

(42)　南蛮邪宗門之外異国人長崎へ送届候儀不宜思召候様子ニ承得候、［旧記雑録・追録①：二二六三号］

(43)　一六四九年、順治帝の招撫使が派遣され琉球は服属を誓った。一六五四年、冊封使の派遣が決定され、六三年に渡琉した。詳細は第一部第三章を参照のこと。

(44)　久米村惣役。

(45)　今海禁大開、天下勅許通藩、若茲送日本遣帰、則一路之来歴、定為啓官、而奉事二国之責、将至有焉。（「蔡氏家譜（志多伯家）」［那覇市史⑥下：九三四頁］）

(46)　ただし「このことは幕藩制支配の原理が琉球におよばなかったことを意味するものではない」と注意を促す。豊見山は「琉球は単なる島津氏の傀儡」とする従来の研究を批判し、幕藩制支配に大きく制限されていたことを強調するあまり、〔幕藩制支配の及ばない〕冊封朝貢体制を梃子とする幕藩制国家内に解消されない側面（琉球の「主体性」）が無視されてはならないと主張している［豊見山二〇〇四b：八七頁］。

(47)　按旧例、中国人民飄流于本国、弗獲自帰者、送至日本、遣還故土、在案。然而琉球与日本之往還、未曾上聞者、時当禁海之際、私為出洋、而不敢言人然也。（「葵氏家譜（志多伯家）」［那覇市史⑥下：九三四頁］）

(48)　荒野泰典も指摘しているが隠蔽を示す明確な典拠を挙げていない［荒野一九八八：一三六頁］。

(49)　貿易禁制に対する琉球の対応は第二部第二章において考察する。

(50)　『大島要文集』鹿児島県立図書館奄美分館、一九七一年、二二頁。

(51)　これとは別に著者も東京国立博物館所蔵の町田家文書の中に写本が含まれていることに気付いた（東京国立博物館編『東京国立博物館図版目録　琉球資料篇』中央公論美術出版、二〇〇三年、八三―八四頁）。

(52)　「御状案書（咸豊元年）」［評定所文書⑩：一一二頁］。

(53)　なお御条目の内容を反映して琉球に形成された漂着民の処置体制は［渡辺二〇〇二］に詳解した。

(54)　信牌は交易を許す公験（幕府が公認する貿易の照票）である［山脇一九六四：一四五頁］。

(55)　加えて中国における南洋海禁の実施（一七一七年）により南洋貿易に従事していた商人が無信牌で日本に来る事例が増えていた［劉一九九七：三三一頁］。

(56)　「御条書写」［評定所文書①：一四七―一四八頁］。

(57) 若内地商民船被風飄至外洋者、其国能拯救資贍、治舟送帰、或附載貢舟以還、皆降勅褒奨該国王、賜其陪臣有差。(乾隆『大清会典』巻五六、礼部・主客清吏司・朝貢)

(58) 光緒『大清会典』巻三九、礼部・主客清吏司・朝貢。

(59) 江戸時代、大名は一代限りの知行関係から、法度を基礎としたより広い統治服従関係へと包摂されていく。ただ法度が近代の法と違うのは、強大な幕府の知行体系の力によって実効をもたらされた点で、それゆえ、人々にとっては、法というよりは〔力で押しつけられた〕「禁制」として受け止められていくのである〔朝尾一九七五：一二六―一二七頁〕。

第二章　近世琉球における漂着民の船隻・積荷の処置の実態

——中国と日本の狭間で——

はじめに

第二部第一章では琉球への外国人漂着民の送還方法を巡る中国（清朝）・日本の支配秩序の矛盾が、二秩序の琉球における——広義には東アジア世界における——絶対的な優劣関係を背景に構造的に解消されていたことを示した。またあわせて幕府の対外統制策の大原則であったキリシタン禁制と外国船との貿易禁制（以下、貿易禁制と略記する）は、琉球における外国人漂着民の処置にも及び、近世を通じて維持されたこと、およびこの二つの日本の禁制に関して清から具体的な指示はなされなかったことも指摘した。ただし清からの指示がなかったからと言って、これらの禁制に関して清日の支配秩序が常に矛盾なく調和していたとは限らない。本章では、特に貿易禁制に焦点を当てて、首里王府が清日の支配秩序の微細な矛盾にどのように対処していたのかを具体的に考察してみたい。

一　漂着民の船隻・積荷の処置に関する中日の支配秩序

第二部第一章で示したように幕府の貿易禁制の原則は、琉球へ漂着した外国人——その大半は中国人・朝鮮人・出所不明の異国人(1)であった――へも及んでおり、これらの漂着民との商売行為は全て禁止されていた(2)。この指示を受けた首里王府は、使用不可能となった漂着船の焼き捨て（=「焼化」）――すなわち買い取り禁止――や、漂着船の積荷の売買禁止などを自国の禁制として定め国内に布達していた(3)。

ところが清代の中国では漂着民に対する公的な撫恤処置の一環として積荷・船隻の「換金」が制度化されていた〔渡辺一九九九、同二〇〇〇〕。中国人漂着民の保護・送還とは異なり、積荷や船隻の換金について清が公的に琉球へ指示を与えたことはなかったが、清の「換金」制度の存在により琉清間の冊封・朝貢関係を知る中国人漂着民が、自国同様の処置を琉球側に求めてくる可能性があった。だがその場合、少なくとも建前的には「日本と関係がない」はずの琉球が、日本の貿易禁制を理由に換金要求を断っては筋が通らない。

このように日本の規制（≠琉球の国法）と中国の規範（=漂着民の「常識」）がほぼ相反するものであった船隻・積荷の処置には、いつ問題が生じるともしれない矛盾が内包されていたのである。

二　「商売厳禁」を支える構造

琉球には、日本からの規制を受けて自国の法となった「漂着船との商売厳禁」の方針を維持するための、あるいは少なくとも日本に対してこの方針を「遵守している」と見せかけるための、政治的な構造が存在していた。

たとえば、琉球の官話（公用中国語）テキストである『白姓官話』は、中国人漂着民と琉球の通訳官との問答形式の対話集であるが、ここには漂着民からの積荷の売却要求を断る次のような「対話」が掲載されている。

〔漂着民の白世芸〕　この豆は、我々が帰郷するための旅費として、全てを頼りにしているものです。今はかびが生えてしまったものもありますが、まだ良いものも幾らかあります。向こうへ置いたまま日数が長くたってしまうと、中で熱が生じて全てだめになってしまうでしょう。〔次のことを〕通訳官から役人（老爺）に相談して下さるようお願いします。どんな価格でも、ここで売っていただけるのなら、我々は感謝に堪えません。

〔琉球の通訳官〕我が国の王法では、貴国から漂着した船と商売をすることを厳しく禁じていて、誰もそれを敢えては犯しません。ですからその豆を売ることは絶対に出来ないことなのです。(4)

この『白姓官話』は、当時琉球で最も流布していた官話教本の一つで、かつ最上級のテキストであったとされている〔村上一九七一：九四頁〕。そして琉球の最高学府であった国学（一七九八年創設）の定期試験における第一の要目は「官話」であった。つまり琉球では漂着民からの積荷の売却要求を「王法」の規定を掲げて断るための「中国語の台詞」が、王国の支配階級である士族層(5)によって官話学習という形で習得されていたのである。

また三平《みひら》等兼題という模擬試験（上位者には官吏登用試験である科試を受験する資格が与えられた）の問題とその成績上位者の解答（兼添削）を集めた「三平等兼題文言集」(6)には、「〔中国において〕『琉球に中国人が漂着した時、彼らが積荷を売却したいと申し出たら、代銀か品物で買い取り、漂着人が困らない様に取り計らえ』と福建布政司から命じられたことについて、〔中国に駐在中の琉球役人が〕その用意ができないと請願し、願いの通りに済んだという事」(7)を薩摩藩に報告するさいの論旨を尋ねる問題が含まれている。(8)つまり、中国人漂着民の積荷に関して、中国側（具体的には福建布政司）から琉球の処置を清の制度同様に改めるよう命じられた場合を想定して前記の問題が出されていたのである。

文言集には一番の成績を取った三人の解答が掲載されている。この内、汀志良次《テイシラジ》村の嫡子真栄城筑登之《チクドウン》という者の解答書（添削済）は下記の通りである。

……漂着人の荷物買い取りは〔薩摩藩から出された〕異国方御条書で禁じられているので、清に滞在中の〔琉球の〕存留通事が申し立てた趣旨は「琉球は元来金子が生産されず国内で流通しているのは鳩目銭という非常に細薄なものです。他国人との交通も出来ず、進貢・接貢船の費用（銀）も『宝島商人（日本のことを隠蔽するため「宝島」という架空の領域名で称した）』に頼って求めていますが、宝島もずっと不景気で工面が難しく、要求は容易には満たされず、ようやく定例の銀高だけを用意しており、余計な銀は一切なく、かつ品物も黒砂糖・焼酎・その他全て軽品で、小国なので本来出来が少ない上、銀子・品物を求めるため宝島商人に渡すので至って貧しいのです。ただし毎年中国に渡る吏員たちは年々昆布・寒天・フカヒレなどの品々を持ち渡っていますが、これも国産は僅かばかりで多くは宝島を頼って買い取り、ようやく中国に持っていける分だけを調達するというのが現状なので、漂着民の荷物は代銀でも代物でも買い取る用意はできませんので何卒お許し下さい」と願って、その通りに済みました。[10]

この文章から、少なくとも「薩摩向け」には「漂着民の積荷の換金は薩摩の指示によって禁止されているので、清官から換金を指示された場合には『小国の貧しさ』を理由に断っている」という体裁を維持するよう、官吏予備軍に教え込まれていたことが分かる。すなわち少なくともこの問題に関して清日の指示が相反した場合には、「日本の規制に従っているという体面を日本（薩摩）向けに保持すること」が士族層に徹底して浸透させられていたことが窺えるのである。なお換金拒否の理由として「日本の貿易禁制」ではなく「小国の貧しさ」を挙げるのは、当然のことながら清に対する琉日関係の隠蔽のためである。

一方、この解答に見られる「貧しさ」を口実とした換金拒否を、実際に清に対して行うことも王府内では想定されていたようである。以下のごとくである。

琉球は、年々銀子を過分に持ち渡り、福州で品物を買い取ることを官人達はよく知っているので、銀子がないという言い訳で漂着中国人の荷物を買い取らないでいては、決して落着せず鬱憤を差し挟み、帰帆して官人方へ何か讒言で訴えるかもしれず、万一渡唐船（貢船）の荷物を詳しく調べ大分の銀高が露見すれば、中国との御取合（交際・外交）に不都合になり、往々にして進貢の御支障にもなるだろうと考える。(11)

この記事には前後の事情に関する記載がないため、換金に関する執筆者の最終的な結論は判然としないが、換金拒否の口実として貧しさ（＝「銀子がない」）が仮想されていたこと、しかしその口実の限界性が危惧されていたことなどを窺い知ることはできよう。

以上のことから、琉球では漂着民との貿易（積荷の換金・換物）に関して次のような重層的な国内状況が存在したことが指摘できる。

① 日本の貿易禁制は琉球において国法化されており、その方針を支えるための漂着民への対応策が官話学習という形で、王府の構成員（とその予備軍）である士族層によって恒常的かつ広範に習得されていた。

② 一方で、同様に薩摩藩に対して「清官から漂着船の積荷の換金（＝清の国制）を命ぜられたら『小国の貧しさ』を理由に断る」――すなわち薩摩藩からの指示（広義には日本の貿易禁制）に従っている――という姿勢を維持することも士族層に学習されていた。

③ 実際に清に対して「貧しさ」を理由に漂着民の積荷換金を断ることが想定されていたものの、その口実の限界性も危惧されていた。

すなわち「日本の貿易禁制（≒自国の国法）を守る（①）」、および「少なくとも薩摩に対して『遵守』の体裁を維持する（②）」ための政治的構造が存在したものの、清に対する①の限界性も意識されていた（③）のである。

三 「商売厳禁」の限界と王府

では前記③で危惧されていた限界性や、その他の貿易禁制に関わる問題に琉球はどのように対処していたのであろうか。結論を先に言えば、王府はしばしば日本の規制（≒琉球の国法）に自ら「違反」することで、問題の解決を図っていたのである。以下、この点について四つの具体例A〜Dを挙げながら考察してみたい。

1 事例A

Aは、琉球で船隻を換金した中国人漂着民の事例（一七四九年）である。この換金の事実は、中国側へは咨文という形式の書簡によって事実通りの報告が行われたが、後日薩摩藩へ提出されたこの咨文の写しは、琉球側によって改竄され換金の事実は削除されてしまっている。すなわち中国へは漂着民の船隻・船具は「土地の者に売り与え、その代金銀三五〇両と所持品を、船戸の彭世恒に手渡し受け取らせた」と報告されているのに対し、薩摩へは「〔船隻・船具は〕当地に委ね置き、その所持品のみを、船戸の彭世恒に手渡し受け取らせた」と伝えられているのである。

これらの史料の出典である『歴代宝案』は、琉球の外交文書および文案の集成として近世期に二部編纂され王城（首里）と対清外交の実務を担った久米村（那覇）の人々に保管されていた。双方とも現存せず、現在利用できるのは久米村本の写本のみであるが、この本にはしばしば「参照用」のメモ書きが付されている。史料1は、この久米村本に該当記事がどのように載せられているかを示したものである。

〔史料1〕　清への咨文（太字）、改竄部分（細字）、参照用のメモ（後半の和文）

「委置本地、只将其所帯物件、逓与船戸彭世恒領収」

……**因将該船併桅篷掟縄等項、売与土民、其価銀参百伍拾両、併所帯貨物等件、逓与船戸彭世恒領収**……

右咨文唐江差上、其稿御国許江差上候処、漂着唐人船売買之儀御禁止候間、於御当地右船買取置候儀不可然由、年頭御親方申越有之、此旨被仰渡候ニ付、御国許江者朱書之通相直シ御届相済申候、後日為見合如斯ニ候也、

附、執照之儀茂同断ニ相直シ御届有之候事、

〔歴代宝案④：三〇―一六号、歴代宝案（台）：二五五八頁〕

重要なのは末尾に付された和文のメモで、その内容は次のようなものである。

この咨文は清へ差し上げ、その原稿を薩摩へ送ったところ、漂着中国人の船を売買することは禁止されているので、琉球でこの船を買い取ったことはそのまま書いてはいけないと、〔薩摩に派遣されている琉球の〕年頭使者の(12)御親方が伝えてきた。この旨を仰せ渡されたので、薩摩へは朱書の通り（つまり「カッコ内」のように）修整し御届を済ませた。今後の参照のためこのように〔記述〕した。

付記。執照(13)も同断に修整し御届けした。

このようなメモや朱書きの訂正案が残されていたことによって、次のことが分かる。①琉球は「日本の貿易禁制」

に違反して漂着船隻を換金し、その「事実」を薩摩藩に対して隠蔽していた。②しかしそれは清の秩序に反することではなかったため清へは事実通りの報告をした。③清へ送った書簡（咨文）における該当記事は、薩摩藩への報告ルートの途中で薩摩駐在の琉球役人から最終的なチェックを受け改竄・隠蔽された。④後日そのことを伝えられた対清外交文書の作成機関（久米村）は、同じ轍を踏まないため参照用に保管されている書簡にメモや訂正案を書き入れた。[14]

なお漂着民側の意図はともあれ、琉球側がここで経済的利潤と漂着船とを結び付けていた可能性は高くない。なぜなら船隻換金の事例が史料に現れるのは管見の限りでこの一例のみと少なく、原則的には船隻の「焼化」が連綿と行われていたからである。[15] したがって王府による船隻の換金は、きわめて例外的な――たとえば第二節の末尾で指摘した「限界性」に遭遇したさいの――措置であったと考えられる。

またやや本題から逸れるが『歴代宝案』という史料の可能性にここで一言触れておきたい。周知の通り『歴代宝案』は古琉球・近世琉球の外交の根本史料として重視され様々な研究に使用されてきたが、現在我々が見ることのできる版（久米村本）は「作成者の参照用」のものであったという点にはこれまでほとんど着目がなされてこなかった。しかし前掲の事例Aのように、この性質に着目することで明らかになる点もある。今後このような視角からも、再度『歴代宝案』の性質を見直していく必要があるだろう。

2　事　例　B

Bは、船隻処分用の「恵銀」給付問題が発生した中国人漂着民の事例（一八四四年）である。小舟で漂着した三名の中国人に対し、琉球側は小舟ゆえ危険であると「琉球船による送還」を勧めたが、漂着民は一貫して自船で帰ることを主張し続けた。このため直接対応に当たっていた担当官から王府に対して次のような提案がなされた。

遥かに遠い難海を、小船に三人で乗って帰帆すると申し出たのは、何にせよ貢船で帰国すれば、本船は焼化を命ぜられることを惜しみ、前述のような帰帆の願い出がなされたのでしょうか。（中略）その時は相当の御恵銀などを与えれば、進貢船に乗って帰帆するかもしれないと存じます。[16]

そこで総責任部局である鎖之側《さすのそば》（外交・文教を掌る役所）は現場からの提案を受け入れる旨を決定した。この決定はまず国王に、ついで那覇に駐在している監視役の薩摩役人（在番奉行）に報告し認可を得なくてはならない。[17]この時の「国王への報告」と「薩摩役人への報告」が史料2である。これらを比較すると、国王へは「相応之恵銀相与可申旨……（相応の恵銀を与えるとの旨を……）」〔評定所文書①：五九八―五九九頁〕と恵銀について事実通りの言及がなされているのに対し、薩摩役人への報告〔評定所文書①：五九九頁〕の中では恵銀に関する記述だけが脱落していることが分かる。

つまり王府は、漂着民に金銭（恵銀）を払う行為に関しては全く問題にせず、その行為に関する情報を薩摩側に対して隠蔽しただけであったのである。当然のことながら、その隠蔽は日本の貿易禁制に配慮しているためであると推測できる。

〔史料2〕

①　国王への報告（上聞）

口上言上

此節漂着唐人共儀、僅之人数、船茂別而小振有之、遠海乗渡候儀念遣存候付、当秋進貢船便致帰帆候様、尤、本船留置候者迷惑も可相及候間、**相応之恵銀相与可申旨**、訳而相談為致候処、進貢船ゟ福州迄被送越候ハヽ、猶又在所者遠方之事ニ而、中途長々日数を込、諸失却太分相掛、至極及迷惑事候、自船之儀、小振ニ者候得共、当時節、海上平和有之事候付、順風見合致出帆候ハヽ、三人ニ而海上働方も無支、早々本国江可罷帰候間、本船ゟ帰帆仕度旨申出有之、船功之者共江も吟味申渡候処、当時節日和見合致出帆候ハヽ、随分無難乗届可申段申出候間、船修甫（補）申渡、網具・唐針等相渡、弥、本船ゟ帰帆させ候様被仰付度、御書院当浦崎里之子親雲上御取次、達上聞、相済候事、

（太字は著者による）

② 薩摩役人への報告

此節漂着唐人共儀、人数三人ニ而、船も別而小振有之、遠海乗渡候儀無覚束候付、当秋進貢船便致帰帆候様為致相談候処、進貢船ゟ福州江送越候ハヽ、猶又在所者福州ゟ遠方之事ニ而、中途長々日数相懸、至極及迷惑事候、自船小振ニ者候得共、当時節、海上平和有之事候間、順風見合致出帆候ハヽ、乗組三人ニ而海上働方も無支相達、早々本国江可罷帰候間、本船ゟ帰帆可仕段申出候付、船修甫（補）申渡、縄具等相渡、弥、本船より帰帆為致度御座候、此段御相談可申上旨、摂政・三司官申付候、以上、

六月十二日　　池城親雲上

3　事例C

Cは、船隻が焼失してしまった中国人漂着民から「焼化」の「偽」証文を取った事例（一八三六年）である。(18) この時の船は「にわかに出火し風が強くて消火できず全て焼失してしまった（俄ニ出火出来、風立強難取消、皆共及焼失候）」

ために「どのような難癖を付けられるかと非常に心配なことであった（何様難渋可申懸儀茂難計事ニ而、至極為及心配事候）」が、漂着民の処置のため異国大夫・異国通事に各々任じられた久米村の牧志《まきし》里之子親雲上《サトヌシペーチン》[19]と松本親雲上[20]は「色々骨を折って中国人を具合よく収め、船は国法の通り焼化したという趣旨の証拠書などを出させ、諸事をうまく処理した（段々骨折を以唐人方都合向克取合、船之儀者国法通焼収為申筋證拠書等差出させ、諸事取計宜為有之……）」のであった。彼ら二人は「このような大変な異変の時に差し当たりうまく処理して難渋なく治めたひとかどの働きは殊勝の至りと思し召された（右様不軽変時差当、取計宜有之所より無難渋相治、一稜之働殊勝之至被思召候）」として、王府から褒賞され、かつその功績を自らの家譜に掲載することを公許されたのである。

つまり琉球王府では実際に船隻を焼化したかどうかではなく、場合に応じた処置をして、なおかつ「国法（つまり日本からの規制によって自国の規定となった貿易禁制）」に従っているという体裁を整えることが重視されていたことが窺える。

4　事例D

Dは漂着中国船の積荷を王府が買い取った事例（一八二五年）である。久米村士族[21]の毛有増（奥間里之子親雲上[22]）の家譜には「難民[23]の貨物を公買するために、命を受けて、総官役[24]と兼ねて公買を行う係となり、よく職務を務めて褒書を賜った[25]」という記事と、以下のような褒書が載せられている。

その方（有増）は、漂着中国人の持ち渡った豆・ナツメ・釘・金物を内密に買い取る係を命ぜられたところ、伊差川通事親雲上とともに精を出して働き、中国人を納得させ値段を少し安くさせ、かつ荷物の件で船主一人と残り全部の中国人が不和になり遂に喧嘩の兆候が見えて同居が難しいと船主が申し出たので、朝鮮屋敷[26]へ引き移し、どのように落着させるべきかと非常に〔国王に〕御心配をお掛けする事であったが、船主に色々申し入れ、前述の豆代から船中の者へも心付けをやって双方を和睦させたことを上申したところ、殊勝なことと思し召されて、そのように申し渡すよう御指図があった。(27)

毛有増の功績に関しては、彼の息子（毛良弼）の「履歴」(28)にも前掲の褒書とともに次のような記載がある。

漂着中国人が持ち渡った豆・ナツメ・釘・金物を内密に買い取る係を命ぜられ、中国人に相談したところ、法外な高値を言い掛けられたが、色々と精を尽くして相談し番銀一五〇〇枚の価格で買い取り、ただし代銭は清に送還後に渡すことを約束し私連判の証文を渡し、かつ荷物の件について船主一人と残りの全ての中国人が不和になったので、〔船主を〕朝鮮屋敷へ引き移して置いたところ、これも和睦させたので次の通り御褒美を命ぜられた。(30)

これらの記事から次のことが分かる。①毛有増は王府の命を受けて漂着中国人の貨物を購入した。②購入は「内密に」実施された。③琉球側が値切り交渉を行った。④代銀は送還後、清で精算した。⑤この購入が原因で漂着民の間に生じた不和を、代銀から心付けを出させて解決した。⑥これらの処置の責任者（毛有増）が王府から褒賞された。⑦そのことが息子の履歴（功績）にも掲載された。

またこの売買行為は、清宛の外交文書の中に一切の言及がないことから、清向きの体裁の中でも隠匿されていたことが窺える。だが琉球国内では特に隠された形跡はない。漂着民の積荷を王府が購入した事例は、管見の限りこの一例だけであり、またその事実を国内で隠した形跡がない――他にも同様の事例があれば史料上に記載されるであろう――ことを鑑みると、本措置は恐らく「例外的」なものであったと思われる。

5　ま　と　め

以上に見てきたように、首里王府は日本の貿易禁制（≠自国の国法）にしばしば自らの手で「違反」していた。それは現状に折り合いを付けるため、あるいは明確な王府の利潤追求のために実施され、その中で王府は清日双方の支配秩序への「従順」の体裁を保ちつつ両者の微細な矛盾を調整していた。これらの「違反」は日本側（主に薩摩）に対して徹底的に隠匿されていたが、国内――少なくとも王府内――においては特にタブー視されておらず、むしろそれらの行為によって問題が解決に至った場合には担当官は度々王府による褒賞の対象にさえなり、その功績は家譜への記載を公許されていた。(31)

おわりに

以上、本章で論じた内容をまとめると次のようになる。

① 「外国人漂着民の船隻・積荷の処置」に関して、首里王府は日本の貿易禁制を自国の国法として定めていた。

② 通常（あるいは問題が発生しない限り）においては、王府内では日本の貿易禁制（≠自国の国法）が遵守されていた。

③ しかし王府は中国人漂着民に対する「貿易禁制の貫徹」の限界性を意識していた。

④ そこで何らかの理由により貿易禁制の遵守が困難な場合、あるいは漂着民との売買行為が自国の利潤に繋がる場合など――すなわち王府から見て禁制への「違反」がより整合性を持つ場合――には、王府は組織的に禁制に

「違反」していた。

⑤　王府は「外国人漂着民の船隻・積荷の処置」に関する清日の支配秩序の相違を理解しており、それぞれに対して「従順」の体裁を保ちつつ、両者の微細な矛盾を調整していた。その一環として薩摩に対して「貿易禁制の違反」は徹底的に隠匿された。

⑥　王府内には、士族層が②・④・⑤のノウハウを学習という形で習得し、その実践を士族個人の功績と結び付けて推奨するような政治的構造が存在していた。

すなわち、清（中国）・日本の支配秩序のゾーン的境界であった近世期の琉球では、二秩序の構造的差違をもってしても避け切れない微細な矛盾が、王府自身の国家運営の中で組織的に調整されていたのである。それは清のみならず薩摩すらも関知し得ない王府の自律的な営みであり、二秩序のライン的境界を自国に最も有利なように管理する国家機能であったとも言えるだろう。

なお次章では、貿易禁制と双璧をなす幕府のキリシタン禁制を取り上げ、琉球における外国人漂着民——主に中国人漂着民——の処置の中で、琉球がこの禁制にどのように対応していたのかを考察することにしたい。

注

（1）　明確な定義は見当たらないが、東南アジア等の清の朝貢国からの漂着民を包括して指すために用いられたようである。

（2）　このことは、たとえば異国船漂着に関する原則的な規定となった一七〇四（康熙四十三・宝永元）年の覚（薩摩藩から琉球王国へ）にも明確に規定されている［豊見山二〇〇〇］。

（3）　たとえば、漂着船に対する処置マニュアル「進貢・接貢船、唐人通船、朝鮮人乗船、日本他領人乗船、各漂着幷破船之時、八重山島在番役々勤職帳（一八一六年）」［石垣市史叢書④］が挙げられる。

（4）　「這幾担豆子、我們回家的盤纏全靠着他、如今雖有些霉的、也還有些好的、恐怕放在那裡、日子久了、裡頭発起熱来都是没幹的了、求通事替老爺相議、不論甚麼価銭、這裡替我売去、弟們感恩不尽」「我們這裡的王法、貴国有飄来的船、都不替他買売、着実厳緊誰敢故犯、這個豆子要売断然使不得的」（瀬戸口律子『白姓官話全訳』明治書院、一九九四年、二一〇頁）

（5）琉球の身分制は原則的に士（士族）と農（百姓）である。

（6）「三平等兼題」は首里三平等の平等学校所（全三校）で毎月行われていた。なお、この模試と史料に関しては［田名一九九六］を参照した。

（7）琉球江唐（人脱ヵ）漂着之節、積荷致売払度申立候ハヽ、代銀又者品物ニ而も買取、漂着人迷惑不罷成様可取計旨、布政司ゟ被申渡候付、不相調段願立其通為相済由、［那覇市史⑪：二一一頁］

（8）「三平等兼題文言集（琉球資料一四二）」［那覇市史⑪：二一一－二一三頁］。

（9）宝永元年の覚のこと。注（2）参照。

（10）……漂着人荷物買取方不罷成段者御条書を以被仰渡置趣有之候付、在唐之存留申立之趣ハ、琉球之儀素ゟ金子生産無之国中取遣ハ鳩目銭与申至而細（細ヵ）薄ニ有之、他国人江之交通不罷成、進貢接貢料銀も宝島商人を便相求候処、彼表も連々不自由罷成才覚方六ヶ敷有之由ニ而尤（求ヵ）方容易ニ不相達、術（漸ヵ）定例之銀高迄を相調余計銀迚者一切無之、且又品物之儀も黒砂糖焼酎其外惣而軽品々ニ而候処、全体小国ニ而夫々出来少有之候上、銀子品物求用ニ宝島商人江相渡申事ニ而至而不自由有之、尤毎歳渡唐之面々ハ年々昆布かんてんふかのひり類之品々持渡申事候得共、是以国産者僅計ニ而多分右島人を便買取漸渡唐持用迄を相達差足候振合ニ而、旁以漂着人積荷物代銀又者品物ニ而も買取候儀不相調候間、何卒許客（容ヵ）有之度願立、其通為相済由、［那覇市史⑪：二一一頁］

（11）琉球之儀、年々銀子過分持渡於福州品物買取候段、官人共克存知之事候得は、銀子無之訳を以漂着唐人荷物不買取候ては、決て不致落着鬱憤を差挟、帰帆之上官人方へ何歟と讒訴儀も難計、自然渡唐船荷物委く被相改大分之銀高相顕候はゝ、唐御取合不都合相成往々進貢之御故障にも成立可申と奉存候事、（「古老集記（類の二）」小野武夫編『近世地方経済史料』一〇、近世地方経済史料刊行会、一九三二年、三六九－三七〇頁）

（12）この時の年頭使は毛氏座喜味親方盛秀であった［中山世譜附巻：五四頁］。年頭使とは薩摩藩主に年頭の挨拶をする使者で、そのまま一八ヶ月間、在番親方として鹿児島琉球館に詰めた［深瀬一九九八：八一頁］。

（13）［歴代宝案④：三〇一－一七号、歴代宝案（台）：二五五八頁］。

(14) 王府（摂政・三司官）→『在番親方（鹿児島琉球官へ出向）→琉球仮屋守（一七八四年に琉球館聞役と改称）』→（勝手方用人）→琉球掛（勝手方家老）→薩摩藩家老衆（家老座）という政治的取次ルートの事。『 』内は鹿児島琉球館、傍線部が首里王府あるいはその人材）。深瀬公一郎氏の御教示と［深瀬一九九八：八四頁］による。

(15) 後述の「恵銀」を巡る琉球側の姿勢も参照のこと。

(16) 一、遥遠之難海、小船ゟ三人乗ニ而帰帆申出候儀、兎角貢船ゟ致帰国候ハヽ、本船焼捨被仰付候を惜、右様帰帆之願茂可有之哉、……其節者相当之御恵銀等被成下候得者、進貢船ゟ乗合可致帰帆哉与奉存候、［評定所文書①：五九七頁］

(17) この手続きに関しては［渡辺二〇〇二：一九頁］を参照のこと。

(18) 「魏氏家譜（楚南家）」［那覇市史⑥上：四〇—四一頁］、「林氏家譜（平安座家）」［那覇市史⑥下：八六六頁］。

(19) （唐名）魏学源。

(20) （唐名）林世爵。

(21) 久米村に居付（戸籍）を持つ士族。

(22) 後の垣花親方。

(23) 福建省商船（乗員三八人）。

(24) 漂着民を清へ送還する護送船の役職の一つ。

(25) 因公買難民貨物、奉憲令、帯総官役、為其係役、能弁事務、頒賜褒書、（「毛氏家譜（垣花家）」［那覇市史⑥下：九四六頁］）

(26) 一八二四年に漂着し、本事例の中国人漂着民とともに護送船で清に送還された朝鮮人漂着民を収容していた泊村の仮小屋のことを指していると思われる。

(27) 其方事、漂着唐人持渡候豆棗釘カナモノ、内々買取方係被申付候処、伊差川通事親雲上相合精々相働、唐人共落着サセ直段心安取入、且荷物一件ニ付船主壱人惣唐人中与不和ニ相成終ニ喧嘩之模様相見得、同居難成由船主申出趣有之、朝鮮屋敷江引移如何首尾引結可申哉与甚為及御心配事候処、船主方段々申入右豆代銭ヨリ船中之者江も心付、双方和睦致サセ候段遂披露候処、殊勝之儀被思召候、此段可申渡旨御差図ニ而候、以上、「毛氏家譜（垣花家）」［那覇市史⑥下：九四六頁］および［渡辺二〇〇八b：六六—六七頁］

(28) 垣花家所蔵史料による［渡辺二〇〇八b］。なお垣花稔氏より垣花家所蔵史料の写し一式を賜り、研究利用のご許可をいただいた。記して深謝申し上げる。

(29)　履歴書の書き手（毛良弼）のこと。

(30)　漂着唐人持渡候豆棗釘カナモノ、内々御買入方係被申付、唐人方江相談仕候処、殊之外高代申掛候処、段々尽精談代番銀千五百枚ニ而買取、尤代銭モ渡唐之上相渡候致約束、私連判之証文相渡、且荷物一件ニ付、舩主壱人惣唐人中ト不和相成、朝鮮屋敷江引移被置候処、是又和睦致サセ候ニ付、左之通御褒美被仰置候、［渡辺二〇〇八b：六六頁］

(31)　家譜は該当家の他に、王府に一部保管されていたが、これを薩摩側（琉球在番奉行など）が検閲することはまずなかったと考えられる（田名真之氏のご教示による）。

第三章　近世琉球と「日本の国境」

——唐人証文の分析——

はじめに

一七七一年一二月、琉球王国の西表島に一隻の中国船が漂着した。筆談などにより、この船は福建省の商船（船主・李振春ら二三名）で海難に遭って漂着したことが分かったので、琉球側ではこの船を修理し漂着民に食糧を与え、翌月帰国させた。（1）さてこの時の漂着民に関して、八重山で代々頭《かしら》職を勤めた宮良《みやら》家には次のような内容の文書（琉球大学附属図書館宮良殿内文庫蔵、図4）が残されている。

〔大意〕　船主・李振春が報告する。私達は一七七〇年一一月二四日に、福建省閩県の航海許可証を受け、翌年五月一三日に南台橋下で杉木を積み、二四日に閩安鎮にて登録・出港して山東省に向かい、六月二四日に到着した。豆を購入して一二月二日に帰郷しようとしたが、翌日暴風に遇い船上の帆柱・帆綱などが損壊して航行できなくなった。二三日に貴国八重山に漂着し船上に居住している。キリスト教宣教師を同船させたり、砒素・斑猫《ハンミョウ》（有毒の甲虫の一種（2））・毒薬を所持したり、中国人の衣服を着て中国人になりすますなどの禁令違反はしていない。また武器も持っていない。もしこのようなことがあったら国法の裁きを甘受する。この報告に偽りはない。（後続のリスト〈後述〉は省略する。（3））

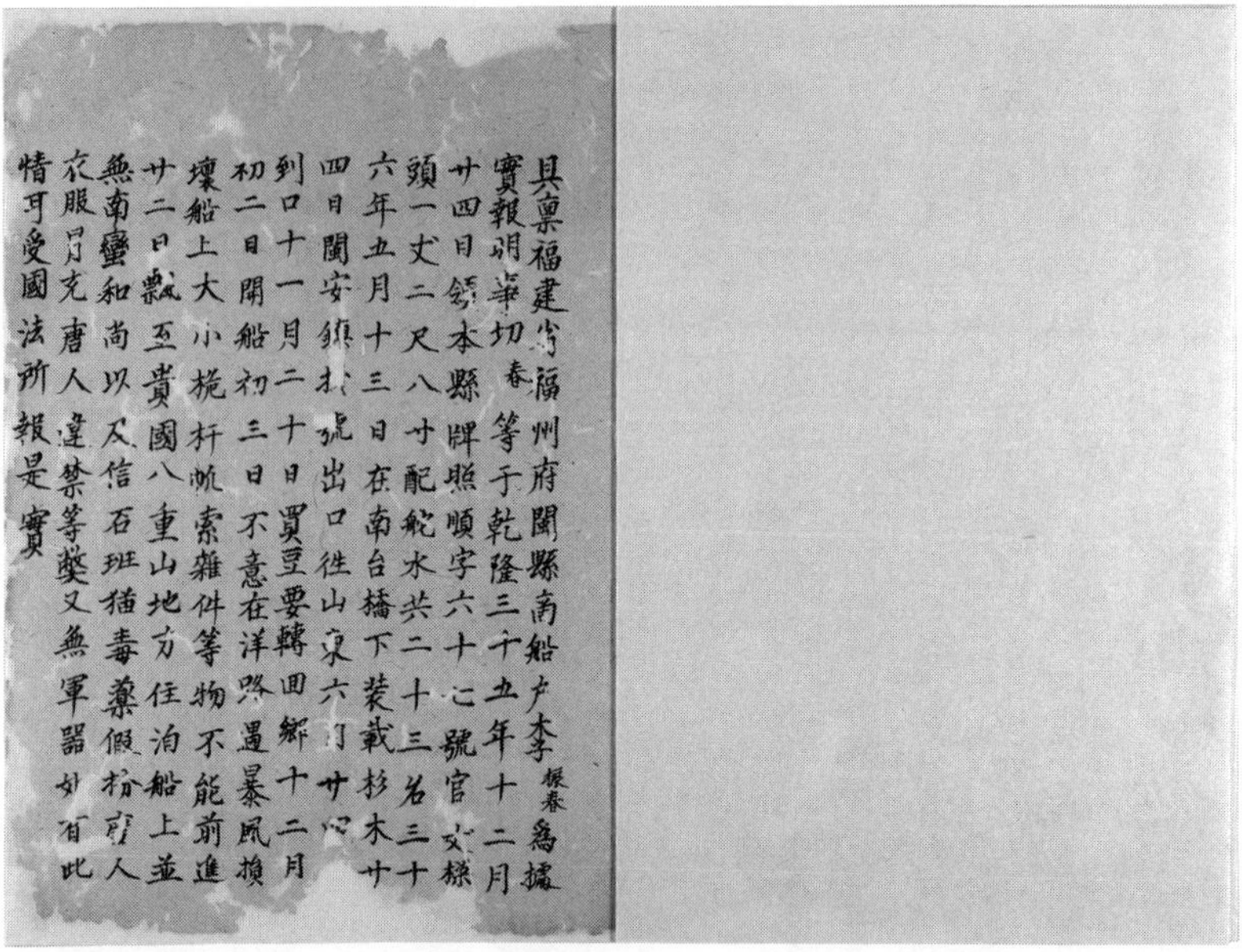

具稟福建省福州府閩縣商船戶李振春爲據
實報明事切春等于乾隆三十五年十二月
廿四日領本縣牌照順字六十七號官丈樑
頭一丈二尺八寸配舵水共二十三名三十
六年五月十三日在南台橋下裝載杉木廿
四日閩安鎭掛號出口往山東六月廿八
到口十一月二十日買豆要轉回鄕十二月
初二日開船初三日不意在洋路遇暴風損
壞船上大小桅杆帆索雜件等物不能前進
廿二日飄至貴國八重山地方住泊船上並
無南蠻和尚以及信石班猫毒藥假扮官人
衣服冒充唐人違禁等弊又無軍器如有此
情可受國法所報是實

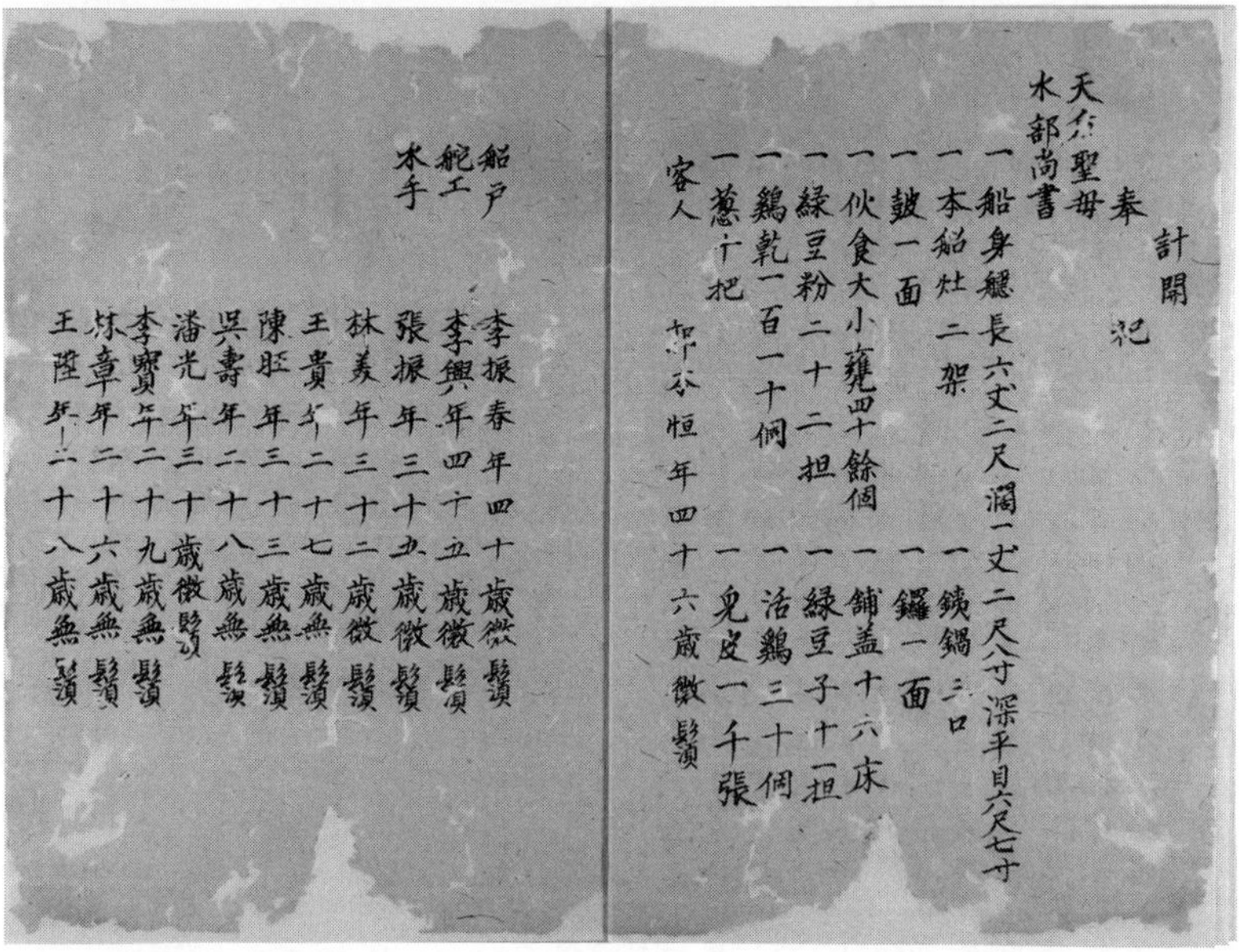

計開

天后聖母
水部尚書　奉祀

一船身總長六丈二尺濶一丈二尺八寸深平日六尺七寸
一本船灶二架　一銕鍋三口
一鼓一面　一鑼一面
一伙食大小甕四十餘個　一鋪蓋十六床
一綠豆粉二十二担　一綠豆子十一担
一鷄乾一百一十個　一活鷄三十個
一蔥十把　一兎皮一千張
客人　郭永恒年四十六歲微鬚

船戶　李振春年四十歲微鬚
舵工　李興年四十五歲微鬚
　　　張振年三十九歲微鬚
水手　林美年三十二歲微鬚
　　　王貴年二十七歲無鬚
　　　陳旺年三十三歲無鬚
　　　吳壽年二十八歲無鬚
　　　潘光年三十歲微鬚
　　　李寶年二十九歲無鬚
　　　林章年二十六歲無鬚
　　　王陞年二十八歲無鬚

（資料提供：琉球大学附属図書館）

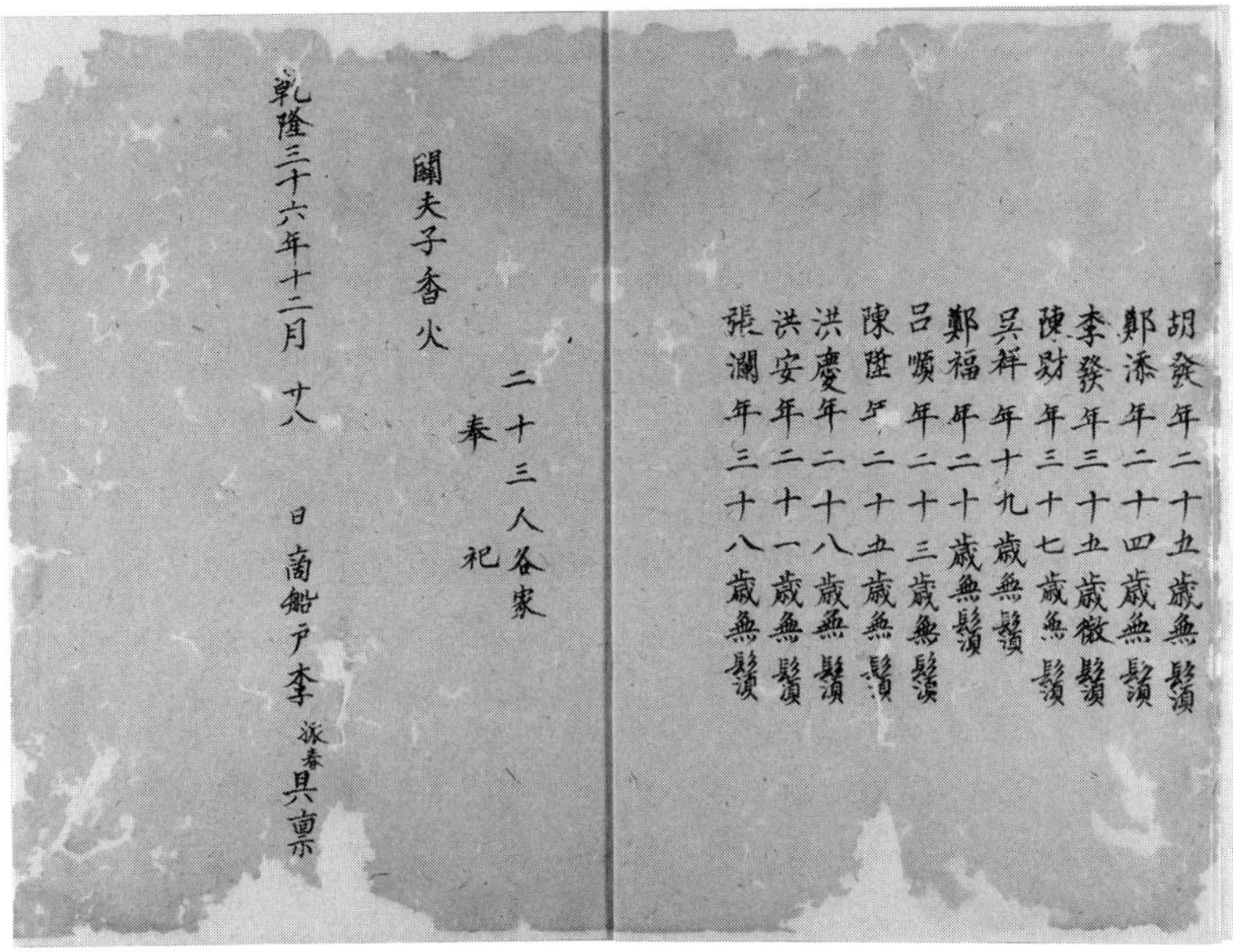

胡発年二十五歳無髭鬚
鄭添年二十四歳無髭鬚
李發年三十五歳微髭鬚
陳財年三十七歳無髭鬚
呉祥年十九歳無髭鬚
鄭福年二十歳無髭鬚
呂順年二十三歳無髭鬚
陳陞年二十五歳無髭鬚
洪慶年二十八歳無髭鬚
洪安年二十一歳無髭鬚
張瀾年三十八歳無髭鬚

二十三人各家
奉祀
關夫子香火
乾隆三十六年十二月廿八日
商船户李派春具禀

図4　唐人証文（表8-No. 2）

表8　唐人証文（写し）一覧

No.	西暦	典　　拠	漂着地
1	1742	評定所文書①：282-285頁	奄美大島
2	1771	宮良殿内文庫(142号)	八重山
3	1785	宮良殿内文庫(140号)	八重山
4	〃	宮良殿内文庫(138号・172号)＊二通同文	八重山
5	1786	宮良殿内文庫(144号)	八重山
6	1802	宮良殿内文庫(135号)	八重山
7	1844	評定所文書①：611頁	沖縄本島
8[i]	1866	評定所文書⑮：425-426頁	八重山

i　証文8は，多数の中国人労働者（苦力）を乗せて広東からカルフォルニアに向かう「英国之船」が八重山近海で難破した事件における苦力たちの「証文」である．

またこの文書に続いて和文で「これは西表祖納《そない》津へ漂着した中国人の証文（＝唐人証文）の写しである（右西表祖納津江漂着唐人証文写如斯御座候）」と記されており、これが「唐人証文」という文書の写しであることが分かる。

さらに近世期に琉球に漂着した中国人に関する諸史料を調べたところ、これと同様の構造を持つ別の証文の写し数点を見出すことができた（表8参照）。どれも前半に漂着民の出自や漂着の次第が述べられ、後半に一種の誓約がなされ、末尾に「計開」として「信仰神・所持品・乗員名」のリストが付されている。後半部の誓約の内容は、①キリスト教に関するものと、②所持品に関するものに大別できる。①については宣教師（＝南蛮和尚）を連れていないこと、証文によってはキリシタン（＝南蛮廟に進むの人）も連れていないことが言明されている。また中国人に扮装した人を連れていないことも述べられているが、これは中国人に扮装した南蛮人（ポルトガル・スペインなど旧教国の人々）を指すようである（後述）。②については毒薬（砒素・斑猫など）・武器の不所持が明示される。もし武器を所持している場合には「（これは）厦門《アモイ》の担当官に配布されれた」などとその武器を所持する正当な理由が記される。そして最終的に「①・②に違反した場合は国法の裁きを甘受する（＝甘受国法）」という誓約がなされている。これらの証文は、日付や固有名詞以外の部分は判で押したようによく似ており、なんらかの書式を参照して書かれたものだと推定できる。

一体これらの唐人証文は何のために、どのような仕組みの中で記されたのだろうか。また琉球に漂着した中国人とキリスト教とはどのような関係があったのだろうか。そもそもこれらの証文は本当に中国人が書いたのであろうか。本章では唐人証文を手懸かりにこうした問題を考察し、中国人たちが越えた琉球の「国境」とはいかなるものであったのかを具体的に検証していきたい。またあわせて、中日の支配秩序が併存していた近世琉球における幕府の中国人漂着民に対するキリシタン禁制の「受容」の一実態をも明らかにしたい。

一 中国人漂着民とキリシタン禁制

1 中国人漂着民に対するキリシタン禁制

第二部第一章で論じたように、キリシタン禁制は、外国船との貿易禁制とともに幕府の対外統制策の二大骨子と言うべきものであった。琉球へは幕府のいわゆる「鎖国」政策の進展に伴って波及し一六三〇年代に強化された［梅木一九八四］。具体的には一六三六年に宗門改が開始され、翌年には南蛮船の琉球来航が禁止された。

さらに琉球へ漂着した中国人にもキリシタン禁制の網が被せられるようになる。たとえば一六三九年、前年宮古島に漂着した中国人に関して、琉球は彼らが台湾（高砂）の中国人であったら捕獲することを薩摩藩に伝え、薩摩藩もキリシタンの疑いのある者がいた場合はすぐに召し上げるように命じている［旧記雑録・後編⑥：七三号］。台湾の中国人が特に警戒されたのは、ルソンを拠点とするスペイン勢力が台湾船を利用して琉球へ潜入することを防止しようとした前例があったためであろう［真栄平一九八八a、豊見山二〇〇〇］。また一六四四年九月には「近頃は南蛮人が中国人に扮して中国船で渡海したり、中国人の中にキリシタンがいたりするので、中国船が来たら荷物を詳細に検査するように」と薩摩藩から琉球へ命じられている［旧記雑録・後編⑥：四二二号］。これは、同年に長崎で相次いだ中国人のキリスト教徒（唐人キリシタン）の摘発事件の影響で、彼らに対する警戒が強まったために命じられたと考えられている［真栄平一九八九］。

このように中国人漂着民に対するキリシタン禁制は、薩摩藩を経由して琉球に命じられた。そして首里王府はこれを自国の規定として国内に布達していった。たとえば一九世紀初に王府の命令で作成された八重山の漂着船対応マニュアル『進貢・接貢船、唐人通船、朝鮮人乗船、日本他領人乗船、各漂着幷破船之時、八重山島在番役々勤職帳』（以下『勤職帳』と略記する）の「中国船・朝鮮船が漂着した時の勤め」の項には「台湾から出た中国船にはキリシタンがいるという。普通の中国船でもキリシタンが乗り合わせていることもあるので、宗旨は特に注意して糾明すべきである」と定められている［石垣市史叢書④：九頁］。またこの項の但し書きとして、「キリシタンが所持している道具のリストや人相書きなどを参照して、よく糾明しなさい」とあり、漂着民がキリシタンかどうかは、あらかじめ配布されていた人相書きや所持品リストに照らして見分けられていたことが分かる。この人相書きは現存していないが、所持品リストは同マニュアル内に併記されており、そこには「十（十字架）」のほか、「男性がはた物に掛かっているもの（キリスト十字架像）」「女人の犬の子を抱いたもの（子羊を抱いたマリア・天使などの像か）」などが列挙されている。

2　中国人漂着民の信仰状況

では実際、近世琉球に漂着した中国人の信仰状況はどのようなものであったのだろうか。これに関しては漂着民の自供や所持品に関する記録の中に、「船に祀られた神像名」などがしばしば記されることから、ある程度確認することができる（表9参照）。

表9　琉球漂着中国人の信仰状況

西暦	宗　旨	備考	典　拠
1742	三官・観音	信仰	証文1
1745	媽祖棍一根・菩薩七尊	所持	歴代宝案④：27-10号
1749	天后娘娘・軍将三位	〃	歴代宝案⑤：31-29号
〃	天后娘娘六位	〃	歴代宝案④：30-10号
〃	天后娘娘三位	〃	歴代宝案④：30-17号
〃	菩薩四位	〃	歴代宝案⑤：31-17号
〃	天后娘娘一座・聖公爺一尊	〃	〃
〃	九聖菩薩一幅	〃	〃
1753	天后娘娘・千里眼将・順風耳将(各一位)	〃	歴代宝案⑤：34-10号
1766	天后娘娘一位	〃	歴代宝案⑥：50-25号
1769	天后娘娘・千里眼将・順風耳将(各一位)	〃	歴代宝案⑥：54-8号
1771	天后聖母・水部尚書・関夫子	信仰	証文2
1779	天后娘娘・千里眼将・順風耳将(各一位)	所持	歴代宝案⑥：65-7号
1785	天后娘娘・千里眼将・順風耳将(各一位)，女婢二位	〃	歴代宝案⑥：72-11号
〃	天后娘娘・観音菩薩・千里眼将・順風耳将(各一位)	〃	歴代宝案⑥：72-10号
〃	目連尊者・天后聖母・観音大士	信仰	証文3
〃	観音大士	〃	証文4
〃	天后娘娘・千里眼将・順風耳将(各一位)	所持	歴代宝案⑥：72-10号
1786	関聖帝君・三官大帝・千里眼将・順風耳将・宮娥・彩女(各一位)	〃	歴代宝案⑥：73-10号
〃	普陀観音菩薩・天后聖母君	信仰	証文5
1802	観音仏祖・天后聖母/聖母神像全座	所持	証文6，歴代宝案⑧：94-29号
1809	天上聖母(＊漂流中，菩薩に祈る)	〃	歴代宝案⑨：107-8号
1816	観音菩薩	〃	歴代宝案⑨：122-7号
1822	天上聖母神像全座	〃	歴代宝案(台)5746頁
1824	天上聖母神像全座	〃	歴代宝案(台)5851頁
〃	天上聖母神像全座	〃	〃
1825	天上聖母神像全座	〃	歴代宝案(台)5864頁
1826	関聖帝君・周倉・順風耳・千里眼(各一位)	〃	歴代宝案(台)5993頁
〃	関聖帝君(関帝・周倉)・天上聖母(順風耳・総官公・千里眼)(各一位)	〃	歴代宝案(台)5997頁
1830	天恩公公・天后娘娘(各一座)	〃	歴代宝案⑪：153-7号
1836	天上聖母一座・順風爺二座	〃	歴代宝案⑫：164-1号
1841	天上聖母・順風耳・千里眼・総管爺(各一座)	〃	歴代宝案⑫：173-8号
1854	舵女一根	〃	歴代宝案(台)8244頁
1861	聖母(像)(＊但し海中に失う)	〃	歴代宝案(台)8512頁
1862	菩薩廟一座，天后聖母娘娘	〃	歴代宝案(台)8594頁

※「天上聖母神像全座」とあるのは媽祖・千里眼・順風耳の三点セットを指すと思われる．

管見の限りでは、中国人漂着民の信仰対象は観音菩薩（観音）、ならびに航海守護神の媽祖（天后娘娘・天上聖母・聖母）とその侍者として左右に祀られる千里眼・順風耳が圧倒的に多く、その他に武神・財神であり災難を予知する神でもある関聖帝（関帝・関羽）や天・地・水の神である三官も目立つ。これらは概して仏教・道教系の神々であり、キリスト教との関連は全く見出せなかった。すなわち近世琉球に漂着した中国人の中には、キリシタンと疑われるような者はほとんど存在しなかった可能性が高いと言えるだろう。

3　中国人漂着民の宗旨証明

しかしキリシタン禁制が日本から命じられたものである以上、琉球にとって最も重要な問題は、漂着民がキリシタンではないという事実よりも、むしろ漂着民はキリシタンではないと日本に対して証明することであったはずである。ではこの証明は、日本（少なくとも薩摩藩）に対して一体どのようになされたのであろうか。

この問題を考えるために、まず一六八八年三月に薩摩藩家老から琉球の在番奉行（那覇にある薩摩藩の出先機関の長で薩摩藩士が交代で派遣された）に宛てて出された覚［旧記雑録・追録①：二二一一号］を見てみたい。そこには、①一六五七年九月一一日付の覚［旧記雑録・追録①：七四八号］で中国船の着岸時におけるキリシタン道具検査を命じたが、近年中国人の積荷検査は禁止されたこと、②船中の人数だけを調べ中国人から書付を取り置くこと、③南蛮人・南蛮道具・毒薬は決して船中に載せて来なかったと書付の内に書き加えるように中国人へ申し聞かせること、④参照のために薩摩へ漂着した中国人が提出した書付を写して送ること、が記されている。すなわちこの覚で、琉球に漂着した中国船のキリシタン道具検査を停止する代わりに、「南蛮人・南蛮道具・毒薬の不所持」を明記した何らかの書付を中国人に提出させることが命じられたのである。

ではこの書付には他に何が記されていたのだろうか。一六九四年九月二六日付で薩摩藩家老から在番奉行に出された文書には、一六九二年に宮古島へ漂着した中国人の書付（＝唐人書付）の送付が遅滞した件に関して、「この書付は重要な物（＝肝心之物）なので、真っ先に漂着地の宮古島から那覇の在番奉行へ提出すべきであるのに、そうしなかったことは不行き届きである。以後異国船が漂着した時は人数幾人・何国の者・どのような訳で漂着したのかについて詳しい書付を取り、すぐに薩摩へ送るべきである」と記されている〔旧記雑録・追録①：二四五二号〕。つまり書付には「人数・国籍・漂着の経緯」も記されており、薩摩藩はこの書付を「肝心之物」と見なして、その迅速な提出を義務付けていたのである。

以上から唐人書付とは、琉球へ漂着した中国人に「人数・国籍・漂着の経緯」、および「南蛮人・南蛮道具・毒薬を所持していないこと」を書かせ、薩摩藩に提出する文書ということになる。そしてこれらの記載事項は、冒頭に挙げた唐人証文の内容とほぼ一致しているのである。したがって琉球の諸史料中に「写し」として散見される唐人証文が、一六八八年に薩摩藩から見本（薩摩藩において提出された唐人書付の写し）の送付を伴って作成・提出を命じられた唐人書付であったと考えてまず間違いないであろう。またこの唐人証文（＝唐人書付）こそが、漂着民がキリシタンではないことを琉球が薩摩藩に対して示すための物的証拠の役割を果していたと考えられる。

4　琉球における「唐人証文」制度

次に琉球において唐人証文がどのように作成・提出されていたのかを考えてみたい。

先に触れた『勤職帳』には唐人証文に関して次のような規定があり、琉球では中国人漂着民だけに見本（書式）を提示して証文を作成させていたことが分かる。

中国船が漂着した時は、どのような事情でどこから来たのか、人数は幾人で、積荷は何であるのか、別紙証文の仕様の見本を見せ、同じものを二通作成させて王府へ提出しなさい。朝鮮人・出所不明の異国人の証文は不要だが、文字を書く者がいたら、漂着の事情を書かせ、同じものを二通作成させて〔首里王府に〕提出しなさい。(4)

実際の作成状況を見ると、本章冒頭に全文を掲げた証文（表8の2）の事例では、漂着の三日後に、中国語を知る仮若文子《ワカティクグ》（下級吏員）の真栄田《まえだ》にや（後に八重山の初代異国通事役となった人物）を通訳として、八重山在番（王府派遣の駐在官）らが漂着民に尋問し、まず漂着の事情を記した書面を受け取った後、下記のように証文を書かせている。

中国人の宗旨や、大清国は太平かどうか、乗員に別状がないか、病人はいないかを尋ねさせたところ、変わったことはないと答え、疑わしい宗旨ではなく、武器も所持しておらず、人数・荷物も書面にある通りで、不審な点はないとの旨の、詳しい証文を取り置いた。(5)

この証文は、漂着船の出航の後、「船形絵図一枚・漂着場と（漂着民の）囲場《かこいば》図一枚」とともに、八重山在番から王府の鎖之側《さすのそば》（外交・文教を掌る役所）へ提出されている〔石垣市史叢書⑫：一〇二頁〕。その後、これらの証文は、王府から薩摩藩へ提出されたと考えられる。一八四四年の証文（表8の7）では次のごとくである。

中国人漂着民から提出された証文と、彼らに渡した渡航証明書は、訓点を記して国王の上覧に備えた。〔那覇の〕在番奉行所へは訓点を付けないで、日帳主取（鎖之側の次官）の伊是名親雲上《いぜなペーチン》が届けたところ、訓点を記入して提出するよう命じられたので、訓点を記入させ、同一八日に鎖之側〔の長官〕の池城《いけぐすく》親雲上が持って行き、提出した。薩摩藩へも念のため二通用意させて提出することにする。(6)

この記述から窺えるように、王府が薩摩藩へ証文を提出する政治的取次ルートは「王府→那覇の在番奉行→薩摩藩」、および「王府→在番親方《ウエーカタ》（鹿児島の琉球館に詰めている王府派遣の琉球役人の長）→薩摩藩」の二通りであったと考えられる。

ところで唐人証文は本当に漂着民が「書いていた」のであろうか。実はこの証文を提出した漂着民は、「本国台湾」とようやく一言通じた以外は、文字が分からず言語も通じない人々であった。(7)したがって彼らの証文は、琉球側が作成し、「中国人が差し出した」として薩摩藩へ届けたものである可能性が高いと考えられる。おそらく琉球では、中国人漂着民が証文を実際に書く(諸誓約を行う)ことよりも、むしろ唐人証文を薩摩藩へ提出することの方がより重視されていたのであろう。それは唐人証文が、日本のキリシタン禁制の一環として薩摩藩から命じられて作成されたものであったからに他ならないであろう。

二　幕藩制と唐人証文

次に唐人証文の起源を探り、その幕藩制との関わりを考察してみたい。

1　薩摩藩における唐人書付

前述の一六八八年の覚(第一節3)からは、薩摩藩では琉球に先んじて中国人漂着民に書付を提出させており、その写しがサンプルとして琉球に送付されたことが知られる。そこで薩摩藩にも唐人書付あるいはその書式に相当するものが残っていないか調べてみたところ、「諭単《ゆたん》」なる文書に辿り着いた。諭単とは、薩摩藩で中国人(および朝鮮人)漂着民の尋問のさいに用いられた漢文の書式のことである。薩摩藩の「異国方御条書」(一七二四年)では、中国船(および朝鮮船)の漂着時に速やかに「諭単之書付」によって漂着の次第を尋問するよう定められており、(8)このため藩内の沿岸部（異国船遠見番所・津口番所など）には諭単が配布されていたと見られる〔徳永一九九七、同一九九八〕。現存している唯一の諭単（長島町歴史民俗資料館寄託史料、図5）は以下のごとくである。

諭単

あなた方の船はどこの国において、どこに行こうとして、本国を何月何日に出港し、何日に海上で遭難し、目的地に行くことが出来なくなり、やむを得ずこの国に到達したのか。船主から商客・水夫に至るまで、全乗員の人数、各々の年齢と姓名、信仰している仏神、積んでいる荷物・武器を書付に記載しなさい。キリシタンと斑猫・砒素・諸毒薬の類は、元来我が国では大禁である。もしこのような者（およびこれらを所持する者）がいたら罪は免れられない。敢えて国法を犯さず、報告することに偽りはないと、速やかに表明するように。人名リストは常例に従って書くこと。(9)

年号月日

薩摩国

長嶋頭目(10)

船主

収覧

この他に東京大学史料編纂所蔵島津家文書「諸事雑綴」にも諭単三通の写しが含まれている。この内二通は「薩摩国出水頭目」名義で、前記の長島諭単と同文である。一方には「脇本御番所ニテ写置也、屋久島諭単ハ打捨ル」、他方には「脇本津口番所詰之節写置」と端書きがあり、出水《いずみ》脇本の津口番所において同じ諭単を書写したものであると推定できる。三通目は「大隅屋久島頭目」名義で、長島諭単と文字・文章はやや異なるが大意は同様である。恐らく

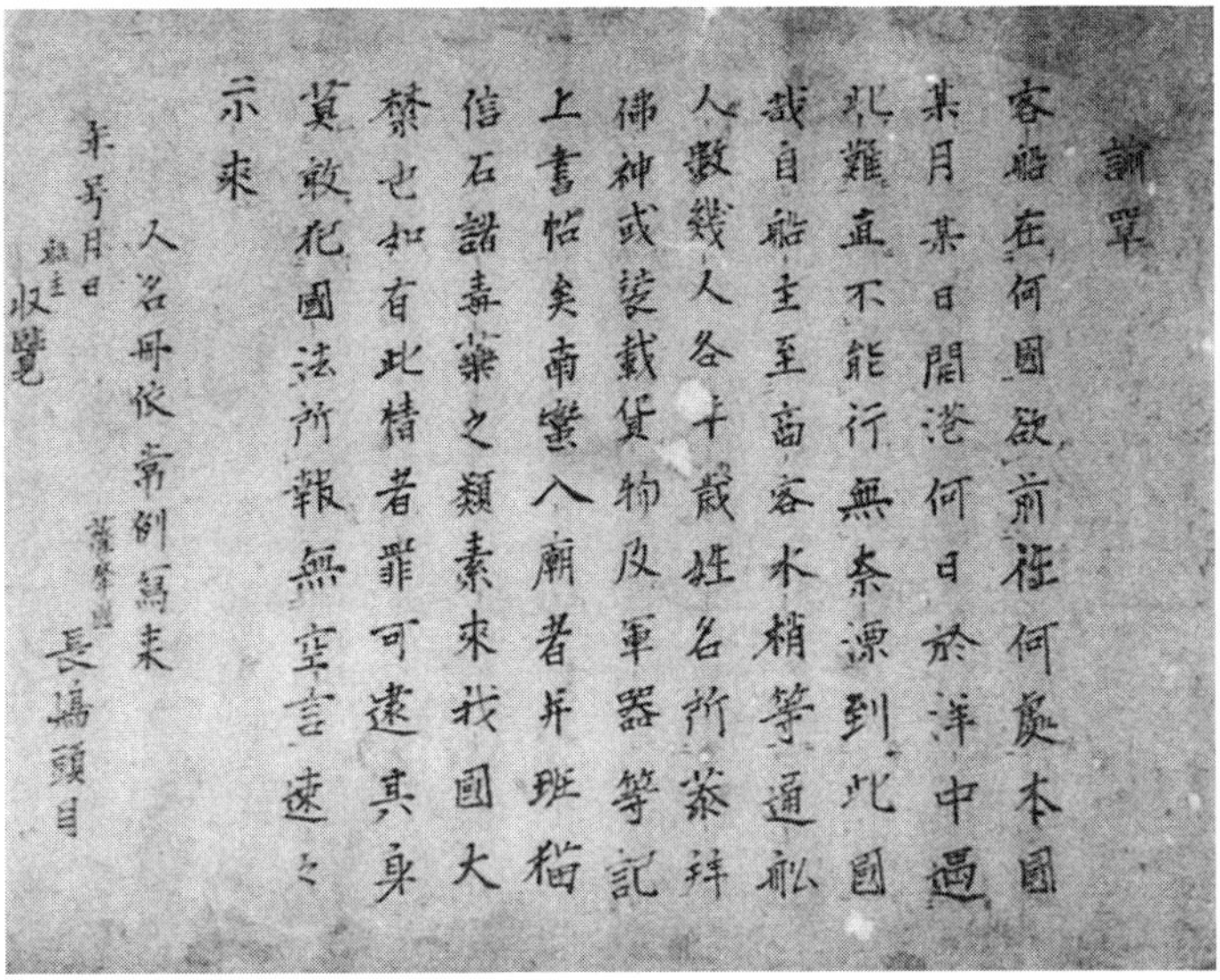

諭單
客船在何國啟前往何處本國
某月某日開港何日於洋中遇
[illegible]難直不能行無奈漂到此國
哉自船主至商客水梢等通舩
人數幾人各千歲姓名所恭拜
佛神或裝載貨物及軍器等記
上書帖夷南蠻入廟者并班猫
信石諸毒藥之類素來我國大
禁也如有此情者罪可逮其身
莫赦犯國法所報無空言速々
示來
人名毋依常例寫来
年號月日
船主
收覽
薩摩國
長嶋頭目

図5　諭単（長島町歴史民俗資料館所蔵，徳永和喜氏撮影）

は一・二通目（出水諭単）が写されたために廃棄された屋久島諭単であろう。

また「異国方御条書」（一七二四年）では、諭単による尋問の後、中国人漂着民に対し、「船籍、乗船人数、目的地、出船日、漂着日時・場所、キリシタンやその書信および毒薬の不積載」を一紙にしたため、同じものを二通作成するよう命じ、船主の印判を押して提出させ、異国方（藩庁の機関）へ提出するよう定められており、[11] この書面が薩摩藩における唐人書付であったと考えられる。そしてその内容・構造が諭単ときわめて一致することから、薩摩藩においては諭単が唐人書付の書式となっていた可能性が高いことが指摘できる。そのことは薩摩藩の唐人書付を見本として作成された琉球の唐人証文が、細部に至るまで――それこそ砒素・斑猫といった毒薬の種類に至るまで――諭単と著しく似通っていることからも傍証できるだろう。なお薩摩藩は、提出された唐人書付の趣旨によって、長崎奉行所へ中国人漂着の報告を行っていた。[12]

では薩摩藩において唐人書付の提出が義務付けられたのは

いつのことであろうか。私見によれば、一六六四年三月朔日付で出された「異国方条書」がその契機であったと考えられる。そこには長崎往還の中国船が通りかかって碇泊したり呼んだり招いたりしてきた場合には二、三名を質に取った上で長崎に転送するよう指示され、さらに次のように記されている［旧記雑録・追録①：一〇四二号］。

これ以前は荷物の詳細な検査が命じられていたが、近年、荷物には構わず人数だけを調べ、中乗（警固兼水先案内役の意か）・船頭の書物を取るように命じられた。

ただし、書物の趣旨は「積荷・人数・名前・年齢を付し、何国を何月何日に出船し航海中どのようなことで漂着した」とすべきである。(13)

すなわち積荷検査を止める代わりに、積荷・乗員の詳細や漂着の事情を記した書面を徴収するようになったのである。積荷検査の停止理由は定かではないが、前記規定の対象は長崎往還の貿易船であり、抜荷（密貿易）への警戒から中国人と日本人との接触を制限しようとする意図が込められていた可能性が指摘できるだろう。(14)また一六五七年に薩摩藩から琉球へ「中国船のキリシタン道具検査」が命じられているので（第一節3）、薩摩藩における積荷検査の停止は少なくともそれ以降、かつ一六六四年以前であると考えられる。またこの「異国方条書」に定められた唐人書付（書物）の内容は、キリシタンの不乗船や毒薬の不所持に関する誓約部分がないようであるが、すでに述べたように一七二四年に出された「異国方御条書」に定められた唐人書付と琉球の唐人証文は内容上ほぼ合致している。したがって薩摩藩は一六六四年に中国船に対する書付提出を義務付けた後、書付の内容に若干の改変を加えたものと考えられる。

ところで琉球においては中国人漂着民だけに提出が要求されていた証文であったが、薩摩藩の「異国方御条書」（一七二四年）は、朝鮮人漂着民に対しても、諭単による尋問の後、「船籍・人数・姓名・年齢・宗旨・漂着の次第」

を書付にして提出させるよう定めている。そのためか、一七七九年に奄美大島の宇検に漂着した朝鮮人（李再晟ら一二名）が提出した書付の写しが残されている。(15) 当時、清に対して琉日関係は隠蔽されており、奄美諸島は清（およびその朝貢国である朝鮮）に対して「琉球領」という建前をとっていた。このため実質的には薩摩領でありながら、中国や朝鮮の漂着民には「琉球」として対処することになっており、実際この朝鮮人も鹿児島ではなく沖縄本島へ転送されている。しかし琉球では作成の必要がなかった朝鮮人の書付（証文）が奄美大島では作成されていることから、この地では朝鮮人漂着民の処置に関して琉球だけではなく薩摩藩の処置方針も混在していたことが窺える。

2 幕藩制と唐人書付

一方、薩摩藩の唐人書付に類するものは他藩でも作成されていたようである。一六四一年に長州藩長門に漂着した中国船の上申書には次のようにある［中村質一九七一：七二頁］。

その船の中にキリシタンは乗せておらず、また船中の者は呂宋《ルソン》・鶏籠・南蛮などキリシタンが多くいる国へは一度も行ったことがなく、この度日本へ渡海する海上でも、悪逆をして海賊行為（ばはん）などを働く志は毛頭なく、もしそのような志があれば、どのような罪科も受けるべきである。(16)

この史料原文は和文、すなわち和訳されたものだが、長州藩の年次未詳の「漢字の尋問書」二通の内の一通とほぼ同文であるという［中村質二〇〇〇］。また一六八五年に長州藩大津郡瀬戸崎へ漂着した中国人が提出した筆談書には、航海目的・積荷などの記載に続いて「宣教師やキリシタンは乗せておらず、もし隠して乗船させていたら、乗員は重罪を甘受する（不敢装載南蛮和尚進天主教之人、如有隠秘、通船人等甘受重罪）」との記述が見える［吉積一九九〇：一九五頁］。これらの上申書や筆談書は、キリシタンとの関係を否定し、キリシタン禁制などに背いた場合に罪科・重罪を受ける旨の誓約を行っている点で、薩摩藩の唐人書付（および琉球の唐人証文）との類似性が認められる。しかし毒薬に関する記述が見えないなど相違点もある。一方、日向高鍋藩には中国船漂着時の体系的な対応マニュアル（一六八七年に長崎における用達商人が作成したもの）があり、漂着民に事情を問うための「漢字の書付」（その回答の書簡と口上を長崎へ届け指示を待つことになっていた）が収録されているが［中村質二〇〇〇］、そこにはキリシタンの有無に関する言及や「甘受国法・甘受重罪」等の誓約は一切見られない。したがって中国人漂着民に国法（主にキリシタン禁制）の遵守を誓約する書付の提出を求める藩は他にも存在したものの、薩摩藩（および琉球）と全く同様の唐人書付（唐人証文）制度が幕藩制下に均一に広がっていた訳ではないようである。

次に長崎へ来航する中国商船への日本側の対応の中に、薩摩藩（および琉球）の唐人書付（唐人証文）制度と共通する要素があるかどうかを検討してみたい。

「唐船入津より長崎在留中覚」（一六六八年）によると、中国商船が長崎に入港した時には、船中において中国人に法度（禁制）を読み聞かせ、一人ずつ踏絵をさせ、人数・積荷などの検査を行っていたという[17]。この時読み聞かせた法度は「吉利支丹宗門御制法之礼」で、その内容は、日本においてキリスト教は禁制であることを明示し、宣教師（南蛮和尚）・キリシタン（南蛮廟に進むの人）・唐人の言語を学び唐人服に身をやつした南蛮人を乗せて来ることや、日本のキリシタンと密通することを禁じるものであった[18]。この他、幕法である偽薬・毒薬の売買や諸色の占買占売の禁令なども徹底されていたようである［中村質一九八二］。また一七一五年の正徳新例を伝える老中下知状には「（中国商船の入港時に）長崎奉行所の役人・通事を派遣して、唐人たちに、長崎逗留中は法に背かない旨の証文を提出させること、宗門の法度を読み聞かせることなどは、どれも今まで通りに行うべきである」と記されており[19]、これ以前から「国法の遵守を誓約する証文」を中国人に提出させていたことが窺える。

さらに「唐船帰帆の覚書」(一六六八年)によると、中国商船の出港時には、船内や積荷の検査が行われるほか、船頭・役者に「手形」を提出させていたという[20]。この手形は、呂宋などキリシタンのいる国に赴かないこと、出港後はいずれの浦にも着船しないこと、再来時にはキリシタンを乗せて来ないこと、日本人を乗せて来ないこと、武具や武者絵を持ち出さないこと、丁銀・灰吹銀を持ち出さないこと、海上において海賊行為をしないことなどが述べられた上で、もし違反すれば再来時にどのような処罰をも受けることを誓約する形式であった[21]。

では「中国人に国法の遵守を誓わせる証文」および「中国商船の出港時に提出させる手形」とは具体的にどのようなものであったのだろうか。『通航一覧』(二一一巻)には、一六七一年一月一日に入港した台湾商船(船主・胡球官ら五六名)の船主から入港時に提出された姓名(および年齢・宗旨)・積荷・武器の目録、および出船時に提出された証書が収録されており、それぞれ前記の証文・手形に相当すると思われる。以下のごとくである。

唐船入津之節、唐人船頭より差出目録

(貨物・武器・姓名の部分は省略)船上には全部で五六名がおり、その中にキリシタン宣教師・キリシタン・日本人は乗せておらず、呂宋・鶏籠のキリスト教会〔のある所〕へ赴いて貿易した後に〔長崎へ〕来たのではなく、五島・薩摩には寄港しておらず、海洋で法を犯してもいない。もしこのようなことがあったら王上(君主・首領)の治罪に委ねる。船中の人員がみな自ら進んで証文に記した〔これらの〕ことは事実である[22]。

唐船帰帆之節、船頭より書上候帳面

(前略)ただし乗船の日、船中に日本人や長崎在住唐人は乗せておらず、所持を許された小判金・元通銭・銀器の他には、丁銀や武器を密かに持たず、呂宋・鶏籠などキリスト教の地域には貿易に赴かず、海洋では法を犯さず、再来する時には宣教師・キリシタン・違法貨物・偽薬材・呂宋鹿皮、および砒素・斑猫・芫菁(青斑猫)などの毒薬を積載せず、日本以外には寄港せず、唐人を島々へ上陸させず、船は直接長崎に入港し、王上に主家（宿町か）を選定してもらう。もし法に背くことがあれば乗船者は自ら進んで罪に甘んじる。船主の家の花押によって証とする。ここに述べることは事実である。（後略）[23]

これらの文書に関し『通航一覧』には「この事は唐船の入港ごとにあるべきことであるが、今僅かに見る所のみを挙げる」との注が付されており、長崎では恒常的にこうした誓約文書が提出されていたことが窺える。さらに注目すべきはこれらの文書（特に後者の手形の文面）が、薩摩藩の唐人書付（琉球の唐人証文）と相似し、かつその内容をほぼカバーしているということであろう。したがって薩摩藩の唐人書付が、幕藩制下の長崎における中国商船の管理システムの影響を色濃く受けていることはほぼ間違いないであろう。ただし管見の限りでは、中国人漂着民に唐人書付を提出させることに関して、長崎奉行などから薩摩藩に対して具体的な指示があったことを示す史料は見当たらない。長崎における中国商船への対応——国法遵守（キリシタン・毒薬の不積載など）およびそれに違反した場合の重罪甘受を誓約する書面の提出——がどのような形で薩摩藩（あるいは他藩）に伝わり、中国人漂着民への対応として整備されたのかは、今後明らかにされるべき課題と言えよう。

おわりに

一六〇九年の島津氏の琉球侵攻により幕藩制の支配領域に包摂された琉球には、幕府の対外統制策であるキリシタン禁制の波が及び、琉球へ漂着した中国人もこの禁制の対象となった。首里王府は、漂着民の宗旨の尋問を国内に義務付け、また一六八八年からは薩摩藩の命により、中国人漂着民に、①「人数・姓名・宗旨・船籍・積荷・漂着の事情」、②「キリスト教の宣教師・キリシタン・中国人に扮装した南蛮人の不乗船」、③「武器・毒薬の不積載」などを明記し、②・③に違反した場合は「国法」を甘受する旨を誓約した証文（唐人証文）を提出させるようになった。この証文は最終的に王府から薩摩藩へ提出され、漂着民がキリシタン禁制などの「国法」に背かない人々であることを示す物証となった。なお同様の書付の徴収は、一六六四年にすでに薩摩藩で開始されており、それは長崎における中国商船の出入境時の処置と深く連動していたと考えられる。すなわち「唐人証文」制度は、幕藩制への編入によって薩摩藩経由で琉球に担わされた日本の国境としての入境管理機能であったと言ってよいだろう。

一方で、一四世紀から続く中国との君臣関係も維持していた琉球は中華世界の周縁でもあったため、琉日関係をひた隠しにした上で、天朝（清）からの客人として中国人漂着民を受け入れなくてはならなかった[24]。しかし「唐人証文」の制度によって、琉球へ漂着した中国人は知らずして暗に日本の入境審査に掛けられ、キリシタン禁制を含めた日本の「国法」――それは「琉球の国法」の一部として導入されていた――に対する遵守の誓約を行わされていたのである。琉球は幕末に至るまで連綿と漂着民からこの証文を取り続けたが、証文に関して少なくとも公式に清へ報告することはなかった。

ただし琉球では言語が通じず漢字も分からない漂着民からも証文が「提出」されるなどの実態があり、琉球が忠実な「日本の国境」であったかどうかは疑わしい部分もある。おそらく事実はどうあれ、首里王府は日本（少なくとも薩摩藩）に対して「忠実な日本の国境」の顔を維持し続けることを最も重視していたのであろう。このような姿勢は幕府の貿易禁制への琉球の対応の中にも確認できるものである（第二部第二章参照）。

なお琉球（および薩摩藩）の唐人証文（唐人書付）制度は、日本全国に画一的に存在していたわけではなかった。つまり幕藩制下における「日本の国境」は決して均質ではなかったのである。本章では唐人証文を題材に、琉球の国境における「日本の国境」としての性質の一側面を検証したが、今後は、各藩・各地域の「境界（的機能）」を個別に検証し、さらにそれらの総体としての「日本の国境」の性質を考えていく必要があるだろう。その中では、なぜ当時の日本では中国商船の乗員や中国人漂着民から国法遵守を誓約する旨の証文を書かせていたのか、ということもより検討されるべきである。管見の限りでは中国（清）に漂着した琉球人にこのような誓約の書面の提出が求められたことはなく、この制度（あるいは慣行）自体に日本（あるいは幕藩制）の境界の特質が鋭く立ち現れているように思われるからである。

注

（1）「大波寄揚候次第」［石垣市史叢書⑫：九八頁］。

（2）いわゆる「ハンミョウ」（ハンミョウ科）ではなく、マメハンミョウなどツチハンミョウ科に属する甲虫を指す。有毒成分カンタリジン（致死量約三〇瓱）が成虫一匹の乾重の一五〜二五％も分離できるため、成虫の粉末数匹分を飲用すれば消化器官がただれ、さらに腎臓に吸収されて致死するという［梅谷・安富一九六九］。

（3）具稟。福建省福州府閩県商船戸李振春、為拠実報明事。切、春等、于乾隆三十五年十二月廿四日、領本県牌照順字六十七号、官丈樑頭一丈二尺八寸、配舵水共二十三名、三十六年五月十三日、在南台橋下、装載杉木、廿四日閩安鎮□（掛ヵ）号出口、往山東、六月廿四日到口、十一月二十日買豆、要転回郷、十二月初二日開船、初三日不意在洋路遇暴風、損壊船上大小桅杆帆索雑件等物、不能前進、廿三日飄至貴国八重山地方、住泊船上、並無南蛮和尚、以□（及ヵ）信石班猫毒薬、仮扮唐人衣服冒充唐人違禁等弊、又無軍器。如有此情、甘（可に見えるが甘の異体字であろう）受国法、所報是実。

（4）唐船漂着之時、何様之次第ニ而何方ゟ乗来、人数幾人、積荷何々与別紙証文仕様之手本見せ、同案両通相調させ御当地江可差越候、朝鮮人出所不知異国人者証文ニ不及宗（字ヵ）書候者罷在候ハヽ、漂着之次第同案両通書せ可差越事、［石垣市史叢書④：一一頁］

（5）唐人宗門、亦者大清国太平之段、且乗人数無別条、且病人共者不罷居候哉与尋させ候処、相替儀無之由申出、何そ疑敷宗旨無之、兵具茂所持不致、人数・荷物茂書付差出置候通相改、不審成儀無之、委細之証文取置申候、［石垣市史叢書⑫：九九―一〇〇頁］

(6) 漂着唐人ゟ差出候証文幷右唐人江相渡候護照、訓点相記、備上覧、御在番所江者訓点無之、日帳主取伊是名親雲上持下、及御届候処、訓点相記差上候様被仰渡候付、相記させ、同十八日御鎖之側池城親雲上持下、差上、御国元江茂為念共両通相調させ差登候事、［評定所文書①：六〇〇頁］

(7) ……本国・漂着之次第等相尋させ候処、言語文字通し不申、本国台湾与漸一言相通し候段被申越紙面相達、遂披露被達上聞候、［評定所文書①：五七七頁］

(8) 藩法研究会編『藩法集』Ⅷ（鹿児島藩・下）、創文社、一九六九年（以下『藩法集』と略記する）、四四〇七号。

(9) 客船在何国、欲前往何処、本国某月某日開港、何日於洋中遇此難、直不能行、無奈漂到此国哉。自船主至商客・水梢等、通船人数幾人、各年歳姓名、所恭拝仏神、或装載貨物及軍器等、記上書帖矣。南蛮入廟者并班猫・信石・諸毒薬之類、素来我国大禁也。如有此情者、罪可逮其身。莫敢犯国法、所報無空言、速々示来。人名冊、依常例写来。

(10) この論単の名義人である「長島頭目」とは「〔漂着地である〕長島の首長」の意で、あくまでも漂着民に対する肩書きである。

(11) 『藩法集』、四四〇七号。

(12) 『藩法集』、四四〇七号。

(13) 此以前者荷物等迄細々改可申付之旨被仰渡候得共、近年之仰出ニ者荷物ニ不構人数計題目ニ相改、中乗船頭之書物可取由候事、
　但書物之趣者積荷何々・人数幾人・名歳付、何之国何月何日ニ致出船洋中如何様之儀ニ而漂着之旨可然事、

(14) 第二部第一章第二節3。

(15) 鹿児島県立図書館蔵『通昭録』。弓削政己氏の御教示による。

(16) その中にきりしたんのせ申さす候、そうしてこの船中のものともハ、ろそう・けいろう・なんばんとうのきりしたんおほくい申候国へハ、つゐにまいりたる事も御さなく候、又此たひ日本へわたり申候かいしやうにても、あくぎやくを仕、ばはんなといたし候ハんとの心さしすこしも御さなく候、もしさようの心さしも御さ候ハヽ、いかようのつミとがにもおこなハるへく候、

(17) 『通航一覧』四、一四九巻、国書刊行会、一九一三年、一八八頁。

(18) 『通航一覧』四、一四九巻、同前、一八八―一九〇頁。

(19) 奉行所役人通事等を差遣し、唐人とも長崎逗留中、違法の事不可有之由証文等仕らせ、宗門の制条読聞せ候次第等、毎事只今迄の例のことくなるへき事、（『通航一覧』四、一四九巻、同前、一九一頁）

(20)『通航一覧』四、一五二巻、同前、二二六―二二七頁。

(21)『通航一覧』四、一五二巻、同前、二二七―二二八頁。

(22)船上通共伍拾陸人、其内並無曾載南蛮和尚進天主教之人幷日本人等、亦不曾去販呂宋鶏籠南蛮廟等処而来、亦不曾収五島薩摩別嶴港門、洋中不作非為犯等情、如有前情、任憑王上治罪、通船情愿立字是実。(『通航一覧』五、二一一巻、同前、三八五頁)

(23)……但開駕之日、船中不敢載日本人幷本地旧唐人、除准帯小判金及元通銭銀器之外、不敢私帯丁銀幷軍器、亦不敢販呂宋鶏籠進南蛮廟等処、洋中不敢為非犯法等情、来時不敢載南蛮和尚幷進南蛮廟之人及犯法貨物仮装薬材、如品呂宋鹿皮或信石斑猫芫菁等毒薬、更不敢収日本別処港門、再不敢放唐人上山、船直至長崎、任憑王上択定主家、如有犯法等情、通船人衆情愿甘罪、船主家花押為証、所報是実。(『通航一覧』五、二一一巻、同前、三八七頁)

(24)[渡辺二〇〇四a]および第二部第四章。

第四章　清に対する琉日関係の隠蔽と漂着問題

はじめに

すでにたびたび指摘してきたように、近世期の琉球は、中国と日本という二つの大国の「支配秩序」の境界領域であった。同一地域に二つの支配秩序が併存した場合には少なからぬ矛盾が生じるものだが、近世琉球ではこの逆説的な状態が比較的安定的に維持されていた。それはもちろん東アジアの相対的な安定期と連動していたためでもあるが、[1]さらに以下の二つの要因があったためと考えられる。

第一は、琉球において重層する中日の支配秩序に明確な序列が存在したことである。明清交替により清朝の存在を脅威と見なすようになった幕府は、その「威光」が傷付けられることを恐れて清との直接対決を回避していた〔朝尾一九七〇：八六頁、紙屋一九九〇e：九四―九六頁〕。この構造下では、第一部第三章・第二部第一章で指摘したように、幕府の了解の下で清の支配秩序が優先されたため琉球では両者の決定的な衝突は生じ得なかったのである。

第二に、第二部第二・三章で明らかにしたように、こうした構造をもってしても完全には避け切れない微細な矛盾は琉球の国家運営の中で調整されていた。そもそも近世琉球とは中日の二支配秩序を前提に、それらと独自の国家構成原理を不可分に整合させて初めて安定し得た国家であり、[2]そこには中日の支配秩序の差違を把握した上で、中日各々の支配秩序への遵守の建前を固持しつつ、自国の運営に最も整合性を持つように二秩序の矛盾を調整する国家的機能が存在していたのである。

加えて、こうした矛盾の回避・調整の中で大きな役割を果たしていた政策として、近世琉球における「中国（主に清）に対する琉日関係の隠蔽」が挙げられる。すでに古くから指摘されてきたこの事実に関しては、喜舎場一隆・紙屋敦之の代表的な専論があり［喜舎場一九九三ａ、紙屋一九九〇ｂ、同一九九〇ｄ］、これらの研究に依拠して隠蔽政策の開始と仕組みについて述べると以下のようになる。

紙屋によれば、琉日関係の隠蔽は、明代における島津氏の琉球侵攻を直接的契機としたわけではなく、清代以降に開始・確立した政策である(3)。すなわち清の脅威を背景に一六五五年に琉清関係を容認した幕府が(4)、琉球支配を原因とした清との直接対決を回避する意向を示したことから、島津氏が琉球の政治的「自立」および清に対する琉日関係の隠蔽を推進したというのである(5)。ただし幕府が琉清関係を容認する以前の一六四九年にすでに島津氏は隠蔽を指示しており［紙屋一九九〇ｂ：二六一―二六二頁］、その明確な始期については今後より一層の検討が必要である。またこうして島津氏の指示で開始されたとされる隠蔽であるが、その実施には琉球の同意と自発的な強化があったことが指摘されている［喜舎場一九九三ａ：二五九―二六〇頁、二七〇頁］。

そしてこれら隠蔽政策の特徴を端的に述べると、①清に対して日本との関係を隠すこと、②一六一一年に琉球から薩摩に割譲され一六二四年に薩摩藩の蔵入地となった道之島（奄美諸島）も清に対しては「琉球領」の建前を貫くこと、③やむを得ない場合は日本を「宝島」と詐称すること、の三点となる。

この内の③は最も特異な点であろう。宝島（七島・トカラ(6)）は薩摩半島と奄美諸島の間に点在する群島で、一六一一年に島津氏の領分となるまで、島津氏と首里王府の支配を重層的に受け入れた一種の「両属」地であった［紙屋一九九〇ｄ：二二八―二三六頁、深瀬二〇〇四：八九―九二頁］。そしてそこには、明から琉球へ冊封使が訪れたさいに、島津氏から任じられた七島郡司（の名代）が、琉球の属島である七島の代表として那覇へ赴き冊封使と対面する慣例があった〔紙屋一九九〇ｄ：二三二頁〕。この慣例を利用して、一六八三年に来琉した清からの二回目の冊封使には、薩摩の役人・船頭が七島代表と偽って対面したが、次の冊封使が来琉した一七一九年には「七島は琉球の属島ではなく日本の属島である」という理由で、薩摩藩が冊封使と日本人の対面を禁止した。

紙屋は、この藩からの指示を背景に、琉球において次のような宝島（七島）の詐称の論理——本書では「宝島のレトリック」と呼ぶ——が完成されたとし、(7)これを琉日関係の隠蔽の確立と位置付けている。それは「土地が痩せ産物が少ないため琉球は国用を賄えず、昔は朝鮮・日本・暹羅《シャム》・爪哇《ジャワ》と貿易し補っていた。……その後（琉球侵攻後）、諸外国との通交が絶え国用に不足したが、幸い日本の属島トカラの商人が来琉して貿易し国用を賄い、国は再び心配のない状態になった。そのため琉球人はトカラを宝島（宝の島）と呼ぶのである」というもので、正史『中山世譜』の改訂版（一七二五年）に記載されている。(8)なお一七〇一年版にはこの記載がないことから、一七一九年から二五年の間までにこのレトリックが完成されたとされる〔紙屋一九九〇ｂ：二三四—二三五頁〕。(9)その後、一八世紀半頃に王府は隠蔽を規定する法令を次々と発布していく。(10)紙屋はこの動きを清の海禁復活（南洋海禁）への対応であると説明しているが〔紙屋一九九〇ｄ：二六二頁〕、論証は十分ではなく同時期における琉球の国情などとあわせて再検討する必要があるだろう。

以上が先学の示す隠蔽政策の概略であり、そうじて琉日関係の隠蔽は、島津氏による琉球統治策の一環として対清関係を維持する必要性から推進され、(11)そこに琉球側の協調があったと捉えられてきたと言えるだろう。すなわち隠蔽政策は従来「薩摩およびそれに従属的に一体化した琉球による朝貢関係維持のための措置」という外交装置としての表面的意義が重視されてきたのである。だが一方で隠蔽政策と実態との相関やその国内的影響力はいまだ十分検討されていない。また琉球の主体性・自律性が見直されている昨今、[12]薩摩と琉球の一体化という見解にも再考が求められるべきである。隠蔽実施の主体である琉球にとって、それははたして真に「朝貢関係を維持するための措置にほかならなかった」〔紙屋一九九〇b：二六二頁〕のだろうか。

この問題を検討するために、本章では琉日関係露見の危機として王府が最も懸念していた漂着事件に着目する。これは具体的には琉球人の中国漂着事件、中国人（および中国経由で送還される朝鮮人）の琉球漂着事件のことである。定められた担い手のみが関与する通常の外交とは異なり、突発的に発生し場所や対象を限定できない漂着事件は、あらゆる人々の関与が想定される「外交問題」であり、隠蔽活動の実態を映し出す好素材であると言える。本章では漂着事件の分析を通じて隠蔽活動の実態を解明・分析し、清日の支配秩序が併存することで生じた「隠蔽」という条件が、両国の狭間である琉球にとってどのような意味を持ち、二秩序の間でどのように作用していたのかという観点から「清—琉—日」の関係を捉え直してみたい。なお隠蔽の始期を清代以降とする先学の見解に従って、本章では清代（一六四四年）以降の近世琉球を主な考察対象とする。

一　琉球人の中国（清）漂着時における隠蔽行為

本節では、琉球人の中国（清）漂着に関わる隠蔽政策の諸規定とその隠蔽行為の実態を考察する。なおすでに述べたように、清には外国人漂着民を救助・保護する処置制度が存在しており、主に朝貢（進貢・接貢）ルートを利用した送還が行われていた〔春名一九九四〕。琉球人漂着民は、朝貢の出入口である福建省福州へ転送され、琉球館（柔遠駅）の渡唐役人（琉球役人）に引き渡された後、原船か琉球の貢船（進貢船・接貢船）で帰国させられていた〔渡辺一九

九九、同二〇〇〇〕。

1　首里王府の隠蔽規定

一般向け規定

王府による中国漂着時における隠蔽規定の発布は少なくとも一七二一年まで遡ることができる。なぜなら現在確認できる最古の規定である「唐漂着船心得」（一七六二年）〔那覇市史②：二八四―二八五頁〕に、それが一七二一年に出された規定の再発令である旨が明記されているからである。これは船舶検査のさいに船頭へ命じるようにと発布され、中国漂着時に通行手形などの書付・日本年号・日本人名は全て〔中国人が読めない〕仮名に書き換え、他に中国人が見咎めるような物があれば速やかに焼却・海中投棄するなどして臨機応変に処置するよう指示している。一七八五年には「御領国の船唐漂着の儀ニ付締方」〔那覇市史②：二八五―二八六頁〕が発布され、頻繁に起こる漂着事件により清に迷惑をかけ進貢の支障になる懸念を示した上で、極力中国へ漂着しないよう努力すべきであり、もし漂着したら寛永銭など中国人に見せてはならない品を海中か火中に投棄し、日本との関係を口外しないよう指示されている。この規定は御船奉行・船改奉行を始めとする諸役の公事帳《くじちょう》(13)に明記され、また地方行政区画である間切《まぎり》の公事帳にも書き加えて「油断なく吹聴するよう」命じられた(14)。

これらはいずれも、中国人に対して日本の物品を隠匿し日本との関係を口外しないといった原則的な隠蔽行為を指示し、かつ各官衙・各地方の行政を通じて身分・役職の別なく広く発布された一般向けの規定である。

士族向け規定

逆に明確に対象を絞って出されたのが中国人に対する返答方法を細かく規定した『旅行心得之条々』(15)（以下『条々』）である。第一部は「上国之面々（ないしは「上国之人」）并先島在番人（薩摩往来の人・先島派遣の役人）(16)」、第二部は「渡唐役者（貢船に乗って渡唐する役人）」に宛てて、それぞれ一七五三・五九年に発布されている。(17)第二部は第一部の内容をほぼ包摂した上でそれを増補したものであり、その末尾には『条々』の主旨がまとめられている。そこでは「琉球は小国なのに『大和の御奉公』と『唐の御取合（交際・外交）』の任務があり中国（清）からどのような支障のある質問をされるか分からない」「士族は職務上方々へ渡海するので誰でも中国漂着の可能性があり、その時返答に不備があれば国家の難題になりかねない」(18)として、「平素から心して『条々』を学習し王国が永代支障なく続くよう勤めることが士族の『本職』かつ『節義の勤め』であり、また隠蔽に関する嗜みは全ての士族が重々思慮すべきである」と説かれている［渡辺二〇〇五a］(19)。

この『条々』各部の後半部分が「唐江漂着之時晴様《はらしよう》之条々（中国漂着時における弁明の条々）」である。そこには日本との関係を疑われる可能性のある様々な場面における弁明方法が規定されている。たとえば薩摩への上国使者が中国に漂着したら「百姓の苦安を見分する巡見官で、宝島商船を賃借し徳之島に渡る途中で遭難した」と弁明するよう定められている。同様に対清貿易で得た絹を薩摩に運ぶ船の場合は「今年は宝島商船が僅かしか来航しなかったので宝島商船を雇ってこちらから宝島に商売に行く途中だ」、薩摩から進貢用の銀を運ぶ船なら「宝島に渡り糸反物・土産物を売却し代銀を受納した帰途だ」、先島（八重山・宮古）派遣の役人は「与論島の在番官で宝島商船に便乗して任地に赴く途中だ」、琉薩往復船に日本人を便乗させていたら「宝島小船が琉球北山に漂着・破船したので便乗させ中山（沖縄本島）に向かう途中だ」、勤学のため薩摩に赴く出家者は「宝島商船に便乗して徳之島に修行に赴く途中だ」、帰国時なら「大島に居る琉僧で宝島商船に便乗して中山へ戻る途中だ」などと答えるよう指示されている。その他、中国人に見られたら支障がある品物は焼き捨てるべきこと、中国漂着後は私荷物より公物を優先して福州に転送するよう要請すべきことなどが記されている。また規定は「琉球人」である道之島の人々にも及び、彼らが日本船に便乗して中国に漂着した場合は「琉球三十六島内の何島の人間で、宝島商船に便乗して公務で中山に赴く途中であった」と弁明するよう指示されている。すなわち「唐江漂着之時晴様之条々」とは宝島のレトリックを中心とした隠蔽行為の応用規定集なのである。また前述した『条々』の主旨などから、この種の隠蔽は琉球の支配階級である士族層を対象として発布されていたことが分かる。

なおここで言う士とは沖縄本島の町方に戸籍を持つ本島士族を指す。先島（八重山・宮古）にも士族はいたが、それは本島士族とは歴然とした区別を設けた上で農民の一部である地方《じかた》役人層に与えられた身分であり、彼らを対象とした『八重山島地船上着公事帳幷上国役人公事帳』（一八五九年）は中国漂着時の隠蔽行為に関して一般向けの規定のみを載せている。[20][21][22]

2　琉球人漂着民の隠蔽行為

漂着民による隠蔽行為

中国に漂着した琉球人による隠蔽行為の始期は定かではないが、管見の限りでは、一六七三年に中国に漂着した宮古島の下地《しもじ》親雲上《ペーチン》恵和《けいわ》による「〔漂着前に〕大和物を一々改め出して〔海中に〕投げ捨てた」との記録が最初のものである。彼らはまた漂着地広東の官人から何度も日本語で尋問を受けたが分からない振りをしたという。一七三八年には、八重山からの漂着民が積荷の鉄に関して「琉球の那覇で産した」と供述している。鉄類は琉球では産出しないた[23][24][25]

め日本からの輸入品であると思われるが、それらの事実を隠匿しており一種の琉日関係の隠蔽行為と言えるだろう。また一七六八年の大島船漂着事件でも隠蔽が行われている。(26) この船は先に宮古島へ漂着し、宮古島の白川恵理が宰領して那覇へ送る途中で遭難し中国に漂着したもので、中国での問答の経過や船型が琉球船とは異なることから、中国人が特に不審な様子を見せた。だが恵理が、書付の類を焼却し、大島人が所持していた京銭《きんせん》を海中に沈め、武具類を隠し置いたため取り調べは無事済んだという。(27) この功績のため恵理は帰国後「筑登之座敷《チクドウンざしき》」という位に昇進した。

これらの事例における漂着民は全て先島人（恵和・恵理は先島士族）である。その隠蔽行為は全て一般向け規定の範囲内にあり、先述した内容と矛盾しない。

渡唐役人による隠蔽行為

漂着民は最終的に福州に送られ琉球館の渡唐役人（原則的に本島士族）に引き渡され、その管理下に入った。その結果、渡唐役人によっても漂着民に関わる隠蔽活動が行われた。

一七六一年、江南に漂着した琉球船の積荷の中に日本の書籍が発見された。清の調査記録には「〔文書の〕内にくずし字の帳簿が三冊あり琉球国の土語で書かれ、草書に属し、みな翻訳できない。『字林綱鑑』は日本国の書籍である」(28) とある。すなわち漂着民自身は十分隠蔽を行わなかった、あるいは行い得なかったのである。(29) 清の記録にはこれが特に問題化した形跡はない。しかし琉球の記録には、前記の書付類を清の官人から詮索され難渋したが、存留役（渡唐役人の一人）が疑いを晴らしたので大事に至らなかったと記されており〔那覇市史②：二八四頁〕、漂着民による隠蔽の不首尾を渡唐役人が取り繕ったことが窺える。

一七四六年には宮古島の漂着民（多良間等《たらま》）を清の官人が琉球へ送還するという決定がなされたが、渡唐役人の魏献芝[30]は、その辞退のため次のような陳情を繰り返している。

老爺（清官）方の貴論は誠に高厚の極みです。しかし我が国王は、古来より皇帝の特別な恩寵を蒙り、万分の一も報いておらず常に心穏やかではないのです。この多良間という狭域の蟻命の者（取るに足らない者）のために帆舟を浮かべ、天朝の臣民を特に煩わせて遠く荒海の暗に入らしめるなど、どうして我が君の心に叶うでしょうか。[31]

実は先の「唐江漂着之時晴様之条々」では、漂着後やむを得ず中国船を借りて帰国する場合は「乗り戻るための中国人の同乗」を固辞するよう指示されており、「漂着により迷惑を掛けることさえ国王は心痛であるのに、さらに中国人に琉球へ航行させるなど決して国王の本意に叶わず、かえって我々が罰せられるので、必ず琉球人だけの渡航を命じられるよう幾重にもお願い申し上げる」[32]という趣旨の弁明例が付されている。明記はされていないが、辞退理由の一つはそれが琉日関係露見の危機となり得ることであろう。『条々』（一七五三年）の弁明例と献芝の言動は合致しており、本事件（一七四六年）の段階ですでに王府から同様の指示が下されていた可能性は高い。献芝は胥吏らへ手数料を払うなどして交渉し、清官による送還の決定を覆すことに成功した。[33]その功績として中議大夫という位へ昇進しており、隠蔽の成功が士族個人の功績と結び付いていたことが窺える。

地名の詐称

漂着時の隠蔽行為の内、地名の詐称に関してはいま少し事例が豊富である。表10は、清初から道光期末年（一八五〇年）までに中国に漂着した琉球船の内、琉球側の記録からその船が琉薩間の往復船と判明した事例をまとめたものである。これによると清における事情聴取のさいに、目的地あるいは出発地の薩摩は、奄美諸島・八重山・「宝島」などと詐称されていることが分かる（表10傍線部）。また逆に正直に「薩摩・大和」の地名を答えた事例は見当たらない。

表10　地名詐称リスト

記号・年	偽	真	主な乗船者
A・一七九一年	那覇→×→北山徳島 ・装運薬材糖貨等物、該国王差往北山徳島発交地方官収用［檔案①：二三〇頁］	那覇→×→薩摩【上国途中の馬艦船】 ・向氏新垣親方朝盈、塗遇颶颱、飄到中華、不到麑府［中山世譜附巻：七六頁］ ・為江府遣使者等之事、奉命為謝礼使…［那覇市史⑦：二三三頁］	向氏新垣親方朝盈（首里士・上国使者）
B・一七九五年	那覇→×→大島 ・従本国那覇府領下沙糖焼酒塩豚等物、遣往大島送官［檔案①：二七四頁］	那覇→×→薩摩【上国途中の春立楷船】→江戸 ・有春先楷船、武良瑞、附搭其船［中山世譜：一七一頁］ ・再奉命、為赴江府蔵役…［那覇市史⑦：五七四頁］	武良瑞（首里士・赴江府蔵役）
C・一八〇〇年	那覇→八重山→×→那覇 ・奉差装載粮米雑貨、往八重山発売完竣→由八重山駕回［歴代宝案⑧：九三―一八号］	那覇→薩摩→×→那覇【上国途中の夏運送馬艦】 ・庚申年、有那覇府西村仲地親雲上十二反帆馬艦一隻、通船人数共二十八人、為夏運送到於薩州、回棹之時、陡逢逆風…［中山世譜：一八五頁］	那覇府西村仲地親雲上（那覇士） ※安南漂着→広東省へ。
D・一八〇三年	那覇→×→大島 ・由那覇府開行、要往烏父世麻（大島）地方售売［檔案①：三五六頁］	那覇→×→薩摩【上国途中の楷船】 ・楷船一隻、通船人数四十八名、那覇開船、半洋遭颶［中山世譜：一九一頁］	那覇府四町村人宮里
E・一八〇八年	那覇→×→大島 ・経国王遣令装載黒糖、往大島換米［檔案①：三五八頁］	那覇→薩摩【上国途中の夏運送馬艦】 ・西村翁長筑登之親雲上十二反帆馬艦一隻、通船人数三十名、為夏運送、那覇開船［中山世譜：一九一頁］	那覇西村翁長筑登之親雲上（那覇士）
F・一八〇六年	那覇→大島→×→那覇 ・経該国差往各島巡視……由那覇港開往大島→開船回国［檔案①：三七〇頁］	那覇→薩摩→×→那覇【上国途中】 ・…公務全竣、丙寅十月二十四日、山川開船、回国之時、再三遇着颶風、漂到中華朝鮮壱岐等国［中山世譜附巻：八四頁］ ・十月二十四日山川開船、洋中逢颶風、漂到中華朝鮮壱岐等国［那覇市史⑦：七三四―七三五頁］	翁氏佐久真親方盛寧（首里士・上国使者）、毛盛保（首里士・琉球館重筆者）
G・一八〇九年	那覇→×→大島 ・因上年天旱欠糧、該国王差往大島貿易糧米［檔案①：四一三頁］	那覇→×→薩摩【上国途中の楷船】 ・楷船一隻、通船人口共五十余二名、赴大島時、洋中遭風、漂到山東［中山世譜：二〇一頁］ ・琉蔵役和宇慶里之子親雲上乗船春楷船之儀、唐之内山東江	馬氏和宇慶里之子親雲上良宏（首里士・琉蔵役）

		漂着［伊江親方：二五六頁］	
H・一八一二年	中山→×→宝島 ・坐駕海船壱隻、経該国地方官差往装載黒糖、赴該国宝島交納［歴代宝案⑨：一一三一一〇号］	那覇→(大島?)→×→薩摩【上国途中の楷船】 ・楷船一隻、通船人数共二十八人、赴大島時、逢着逆風［中山世譜：二〇五頁］ ・去夏大和江罷登候夏楷船、又者兼ケ段親雲上乗船之筈ニ而罷登候馬艦船、唐漂着［伊江親方：三六二頁］	具志堅里之子親雲上（首里士・蔵役）
I・一八一二年	中山→×→宝島 ・坐駕海船壱隻、経該国地方官差往装載黒糖鬱金黄牛皮等物、赴該国宝島交納［歴代宝案⑨：一一三一一〇号］	那覇→(大島?)→×→薩摩【上国途中の馬艦】 ・(同前)［中山世譜：二〇五頁］・(同前)［伊江親方：三六二頁］ ※中国からの帰途、薩摩へ漂着した進貢使向氏兼介段親雲上朝救等を乗せるため薩摩に向かった船か?	
J・一八一四年	中山→大島→×→中山 ・奉該国王差令巡査各島……放洋巡島事竣、在該国大島装載黄豆伍百包、随帯衣箱釘鉄雑物、及馬壱疋回国交卸［歴代宝案⑨：一一七一四号］	那覇→薩摩→(大島?)→×→那覇【帰国途中の春運送馬艦】 ・東三錫・向廷材、附搭春運送馬艦、在大島返棹之時、不料洋中、逢着逆風、飄到八重山島（中略）該地開船、又逢逆風、飄到浙江省象山県［中山世譜：二〇八頁］	東氏天願親雲上三錫（首里士）
K・一八一四年	那覇→喜界島→×→那覇 ・奉国王差往所属喜界島催納粮米→在喜界島開船回国［歴代宝案⑨：一一七一五号］	那覇→薩摩→(大島?)→×→那覇【帰国途中の春運送馬艦】 ・東士亮、搭駕春運送馬艦、通船人数共計四十二名、在大島、帰国之時、不料洋中、遇着逆風、飄到福建省興化府［中山世譜：二〇八頁］	東士亮（首里士）
L・一八一六年	那覇→×→小琉球 ・自本国開行欲往小琉球販売［檔案①：四九四頁］	那覇→×→薩摩【上国途中の夏運送馬艦】 ・泊村名城馬艦一隻、通船人数一十八名、為夏運送、那覇開船［中山世譜：二一二頁］	泊村名城
M・一八二三年	巡哨三十六島 ・奉差巡哨周歴三十六島［檔案①：五八七一五八八頁］	那覇→×→薩摩【上国途中の春楷船】 ・有金広緒、坐駕春楷船、通船人数五十人、那覇開駕［中山世譜：二一九頁］	琉球国四品官金広緒（首里士?）
N・一八三三年	那覇→×→大島 ・承国王之命、至烏父島（大島）地方、巡査［檔案①：七一九頁］	那覇→×→薩摩【上国途中の春楷船】 ・有春楷船一隻、人数五十九名［中山世譜：二三二頁］ ・為太信院様薨、王上太上王慰問太守様安否事、遣向氏手登根親雲上朝用、六月初五日、在那覇開船、洋中遭風、十五日、漂到浙江省鎮海県［中山世譜附巻：九七頁］	向氏手登根親雲上朝用（首里士・上国使者）

記号・年	偽	真	主な乗船者
O・一八三四年	那覇→大島→×→那覇 ・自那覇府、奉差到大島地方→在大島開船［檔案①：七三七頁］	那覇→薩摩→×→那覇【帰国途中の春楷船】 ・有春楷船一隻、人数三十七名、漂至福建省［中山世譜：二三四頁］	大城参良（琉球国那覇府人二七＋客人九）
P・一八四〇年	那覇→喜界島→×→那覇 ・奉本処地方官差往喜界島地方催運粮米［歴代宝案⑫：一七二一六号］	那覇→×→薩摩【上国途中の夏運送馬艦】 ・有夏運送船一隻、人数二十六名［中山世譜：二四二頁］	平姓大城筑登之親雲上（那覇士）

薩摩上国の船は、（1）春立・夏立の両楷船二隻、（2）夏に遣わされた夏立小楷船（運送船）、（3）（夏・春）運送馬艦二艘、計五隻が公用船として派遣されていた。ただし（1）（2）がいわゆる王府の官船で、（3）は那覇の船持ちたちにその経営が任されていた［喜舎場一九九三b］。

しかしこの事象をただちに首里王府の隠蔽政策の影響力の現れと見ることには躊躇がある。なぜならこれらの事例は士族の乗船が想定される「薩摩への上国船」であり、現に大部分の船に士族の搭乗が確認できるにもかかわらず、彼らを主な対象として発布された宝島のレトリックの使用は僅か二事例に見られるのみだからである。つまり一般向けの隠蔽規定は遵守されていたが、士族向けの応用はさほど厳密に実行されていなかった可能性が高い。

また薩摩領であった道之島（奄美諸島）に関して、漂着民は清に対し「琉球国永良部島」など「琉球国」の一部として説明しているが［渡辺二〇〇〇：七〇―七一頁］、幕藩制下の行政区画上（＝建前上）道之島は「琉球国」という位置付けのままであったこと［松下一九八三：三八―四八頁］を鑑みると、道之島に関する地名供述から隠蔽の有無を判断することは難しいように思われる。

琉球人の「日本人」化

先に触れた「唐江漂着之時晴様之条々」には、日本船に若干名の琉球人が同乗して中国に漂着した場合は「みな日本人の姿になってしまうべきである」[34]と規定されている。

一七七三年に道之島の永良部島から薩摩へ向かう途中で中国へ漂着した薩摩船には琉球人二名が同乗していた。日本へ帰国後、この船に乗っていた二名の永良部在番（薩摩藩士）は「（漂着地が）もし中国なら、琉球人が薩摩と関係を持っていることを忌み嫌うと聞いていたので、乗組員の琉球人二人に月代を剃らせ、日本人の姿に変装させて、登世村を村右衛門、島森を島右衛門と名付けておいた」[35]と供述している。道之島には宝島のレトリックを含む諸隠蔽が指示されていたので[36]、こうした在番の行動は当然のことかもしれない。

同様に一八一五年に奄美大島から薩摩へ向かう途中で中国へ漂着した薩摩船にも大島の水主が乗船していたが、大島在番の任務を終えて同乗していた古渡七郎右衛門（薩摩藩士）によると「五里ほど先に陸地を見つけ、あれは唐国であるが、琉球人が薩州へ行き来することは唐国に対して忌むことであると以前から承知していたので、琉球人が混ざっていてはどうであろうかと思い、幼年の者以外は月代を剃らせ、日本人の姿に変装させ、実孝を孝助、伊久貞を矢太郎と名付けて置いた」[37]という。

さらに道之島関係者や藩士以外の薩摩人にも隠蔽の必要性は認識されていた。一七四一年、八重山から薩摩に向かう途中で中国に漂着した薩摩船には、那覇で雇われた琉球人百姓二人が水夫として同乗していたが、船頭伝兵衛（薩摩泊浦人）の帰国後の供述には「中国で琉球下りのことは言ってはならないので、琉球に渡海したとは言わず、日本の薩摩松平大隅守の領内の者で山川という所から米を積んで七月七日に出帆したと書付で伝えたが通じなかった」[38]とある。ちなみにこの時、琉球人二人は包丁で髪を切って日本人の姿になり、金城は金右衛門、呉屋は五右衛門と名前を変えた[39]。

しかし逆に日本人にならなかった事例もある。一八一〇年、江蘇省に漂着した「薩州鹿児島人」の内、一名は琉球人の大城之《ママ》親雲上であった。清の記録によると、琉球人七名が琉球北部の伊平屋島に向かう途中に遭難し、大城のみが薩摩船に救われ薩摩に到った後、薩摩船で琉球へ向かう途中に再び遭難し中国に漂着したという(40)〔檔案①：四二一―四二二頁、歴代宝案⑨：一一〇―一号〕。一八二八年にも浙江省に漂着した日本船の中に琉球人二名が同乗していたと清の記録にあり、彼らは漂流中にその日本船に救出されたとされる。また薩摩人でも、一八五三年に中国に漂着した薩摩船が「琉球渡海」の事実を堂々と供述している事例(41)があり、隠蔽がどの程度周知されていたのか判然としない。

隠蔽に関しては、その必要性が薩摩を越えてどこまで認識されていたのかという問題も考える必要がある。先述した一七四一年の漂着民は、長崎へ送還され長崎奉行の取り調べを経て薩摩へと送られたが、長崎奉行から幕府への本件の報告を巡るやりとりの中には、琉球人の同乗と琉日関係の隠蔽に関して、薩摩藩・長崎奉行・幕府の三者の認識にいささか齟齬があった様子が窺える。薩摩藩から江戸の同藩留守居役へ宛てた一七四二年六月一一日付の書状には「琉球には大船が少なく過半は薩摩船で用を足しており、水夫に支障があった時には彼の地で琉球人を雇用すること、中国では琉日関係を隠蔽していることは以前から普通の事（有来事《ありきたること》）であったが、初めて耳にすれば疑われることもあろうと長崎奉行もお考えになって、詳しく質問され江戸へも報告されるとのことだ。そうなっても江戸で不審は持たれないはずだが、万一〔幕府から〕尋ねられたら、詳細に〔国元から〕伝えた通りのことを吟味して申し上げるように」とある(42)。つまり薩摩藩が「清での琉日関係の隠蔽」は「普通の事」と考えている一方で、それは幕府にとって「初耳」ではないのかと長崎奉行が懸念しているのである。このことは「薩摩→長崎奉行→幕府」の間に「普通の事→初耳」という認識のずれが存在した可能性を示していると言えるだろう。

また興味深いことに、琉球人の「日本人」化は、近世後期の日本において物語の題材にも取り上げられたことがあった。それは幕臣として長崎奉行所などに勤め対外事情に明るかった著名な文人・大田南畝（一七四九～一八二三年）

の遺稿を、一八三二（天保三）年の琉球使節の江戸来聘に合わせて門人が刊行した『琉球年代記』に所収されている「古郡八郎漂流の話并図」である。(43)

この話は、周防の国の古郡八郎という人物が一八名で大隅国へ向かう途中で琉球へ漂着し、国王の差配で四名の琉球人に送還される途中に再び海難に遭って「明の国」へ漂着する……といった内容であり、明の陸地が見えたにもかかわらず悲嘆にくれる琉球人が八郎に事情を説明する次のような場面がある。

> ……小国の浅ましさで、貴国へは彼国へ往来することを憚り、彼国へは貴国へ奉貢することを忌み隠しています。そのような時に、今回貴国の人々と同船しているのを〔明の人が〕見れば、貴国に属して往来することを悟って、我が命を奪うのみならず、国の憂いを引き出すことは必定です。去ろうとしても船が損傷していて乗り難く、上陸すれば国の憂いを招いてしまう。前後に道なしで、どうしたものかと思い沈んでいるのです。(44)

これに対し八郎は一計を案じ次のような対処をする。

> 四人の者の月代を剃り、衣装を着せ替え、孝貴を孝八、伊久麻を伊之助、美里二を道次、那古称を古助と〔名を〕改めさせて、日本人に仕立てたところ、四人の者は誠に稀代の良策であると小躍りして喜び、晴れ晴れとして上陸した。……それにより難なく帰国することができたという。(45)

この物語は登場人物の名前などから、明らかに前述した一八一五年の古渡七郎右衛門らの漂着事件を題材としている。そして物語の末尾に付された「この漂流記は……ただ琉球人が月代を剃って明人の目をくらましたおかしさを摘んでここに載せるのである」(46)という割注から、①琉球人の「日本人」化がこの物語の最大の見所とされていること、②当時「琉球人の『日本人』化」は一般の日本人には知られていない珍談であったことが窺えるのである。このことは物語に添えられた唯一の挿絵が「古郡八郎琉球人のさかやきを剃る図」（図6）であることからも察せられる。

図6　古郡八郎琉球人のさかやきを剃る図（注（43）所掲書，第一巻，396-397頁）

『琉球年代記』が当時の日本でどの程度読まれていたのかは判然としないが、少なくとも「琉球人の『日本人』化」という行為を「おかしさ」として受け止め得る社会状況が存在していたことは確かであろう。そこからは「清―琉―日」の関係に対する当時の日本社会の認識の柔軟性・曖昧性も垣間見える。

なお物語の描写では琉球が中国・日本双方に「両属」を隠蔽しているが、当時の日本社会において琉球が清日の双方と君臣関係を取り結んでいたことは――その内実はさておき――一定程度知られていたと考えられる。にもかかわらず、当時の日本人は、清日に臣属する琉球が清に対してのみ琉日関係を隠蔽することの遠因――すなわち二国の支配秩序の琉球における序列構造――にはほとんど思い至らなかったようである。一七九五年に土佐に漂着した琉球船の乗員からの聴取をまとめた『下田日記』には「福州へ渡る琉球人は、彼国にて日本の事を話してはならないと厳命され、誓紙なども〔提出するように〕命じられるそうである」(47)とあり、また一八〇一年に薩摩を訪れた肥後藩士（氏名不詳）は薩摩藩士との雑談から得た知識として「琉球は清朝へも従っているそうで、そのため琉球船が〔薩摩に〕来ている時に唐船が漂着すれば琉球船を隠すのである。那覇詰の薩州役人衆〔の存在〕も清朝へ厳重に隠蔽するという」と記録している。(48)どちらも記録者の新たな知見として――おそらくいささかの驚きを伴って――記された情報であると考えられるが、清にのみ日本との関係を「隠す」理由には全く注意が払われていない。また先に記した清へ漂着した薩摩人や隠蔽問題へ対処する長崎奉行の認識においても同様の姿勢が確認できる。

3　学習される隠蔽

琉球には中国の科挙に倣って開始された官吏登用試験「科試（科《こう》）」があった。(49)ただし科挙とは異なり、科試は下級役人の職種別採用試験で本島士族のみが受験した。受験者五、六百名の内、合格者数名という狭き門だったとされる。この科試の時事問題の中に、本節2に先述した「隠蔽問題が発生した漂着事例」も取り上げられていた。

一八三〇年の科試には「中国漂着の琉球船の積荷の内、鉄は持出禁止なので没収し代銀を支給すると命じられ、持ち帰る必要性を訴えたが認められず、代銀を受け取った事」について、中国での請願の趣旨を述べ王府から薩摩役人へ報告する案文を書かせる問題が出されている〔那覇市史⑪：一六二頁〕。これは漂着船の積荷であった鉄類の持ち帰りが問題化した2の「漂着民による隠蔽行為」の項に挙げた一七三八年の事例に対応していると思われる。この問題に対する番付二番の解答には「琉球では鉄が産出しないため宝島商人との交易でようやく調達しており鉄を持ち帰らなければ島の用向きに非常に差し支える、と主張して許可を願った……」など宝島のレトリックを使った請願の趣旨が述べられている〔那覇市史⑪：一六三頁〕。また一八〇五年の科試には「漂着宮古島人のために船を用意して送還しようと中国官人に通知されたが、それでは国王は不本意なので来年の進貢船で帰国させるよう中国駐在の存留役が提出した請願書類の趣旨」を書かせる問題が出された［那覇市史⑪：一八四―一八五頁］。この問いも明らかに2の「渡唐役人による隠蔽行為」の項に挙げた一七四六年の事例に対応している。そしてこの問いに対する番付一番の解答は事件時の魏献芝の陳情や『条々』における弁明例とほぼ一致している［那覇市史⑪：一八五頁］。

すなわち実際の漂着事件が科試の問題として取り上げられ、そこでは宝島のレトリックの使用や定められた正しい隠蔽行為を行うことが正解とされたのである。科試を目指す多くの士族は、こうした問いに正しく答えるため宝島のレトリックや隠蔽の成功例を学習していたと察せられる(50)。このことは隠蔽のノウハウや「あるべき姿」が学習という形で王府を構成する士族集団に浸透していったことを意味していると言えるだろう。

4　ま　と　め

中国漂着時の隠蔽に関する王府の規定は、全琉球人を対象とし「日本の物品を隠匿し対日関係を口外しない」といった原則的な隠蔽を指示するものと、本島士族を対象とし宝島のレトリック等を駆使する応用的な隠蔽を指示するものがあった。実際の漂着時において前者はほぼ遵守されており、隠蔽の必要性が国中に認識されていたことが窺える。さらにその認識は日本側とも段階的に共有されていた。特に薩摩藩とは共有の度合いが強かったが、薩摩を越えると隠蔽への意識は格段に弱まり幕府に至っては認知すら不確かな状況であった。また当時の日本には、隠蔽による「琉球人の『日本人』化」という行為を、その背景にある清日の支配秩序の序列構造に気付くことなく、「おもしろさ」として受け止め得るような社会状況が存在していた。

一方、琉球人漂着民による士族向けの隠蔽規定の実施例は少なく、漂着地である清においてその実行はさほど重視されていなかった可能性がある。むしろそれらは王府を支える士族集団の立身出世と密接に結び付いて習得され、王府の構成原理の一部をなす規範としての国内的な重要性を増していった側面があると考えられる。

二　中国人・朝鮮人漂着民に対する隠蔽行為

本節では、琉球へ漂着した外国人に対する琉日関係の隠蔽行為の実態を考察する。

近世期の外国人漂着民の大半は中国人・朝鮮人で、彼らは自船で帰国するか本国へ送還されるかであった。送還方法に関して、琉球は一六〇九年の琉球侵攻以来、幕府の送還体制（長崎回送）[51]に従っていたが、一六八四年に海禁を解いた清が中国人漂着民の保護・送還を琉球に命じたことから、朝貢ルートを利用した直接送還方式へと切り替えた。[52]それは、海禁中であれば出洋者は密航者なので漂流の詳細を公言できないが、海禁解除によってその必要がなくなり長崎回送では琉日関係が清に露見する危険性があったからである。[53]つまり海禁解除（展界令）以降、漂着民は隠蔽政策下に組み込まれた上で、自船で帰国するか朝貢ルートを利用して清（および清経由で本国）まで送還されるようになった。

琉球王国の版図は町方（首里・那覇・久米村・泊村）と地方《じかた》に分かれており、地方には首里王府から派遣された海防官（在番）の指揮下に農民が組織され外国船の漂着に備えていた。[54]漂着事件が起こると地方から王府に急報され、鎖之側《さすのそば》という役所の統率の下、[55]関連諸役が分業で処置に当たった。漂着地には王府から諸処置を指示・遂行する下知役《げちやく》、および処置を監視する那覇駐在の薩摩役人（在番奉行ら）とその世話役（琉球人）からなる検見役《けみやく》が派遣された。漂着民は最終的に泊村に転送され帰国の時を待った。ここへも処置の指示・遂行に当たる詰役《つめやく》が派遣された。これら諸役は漂着事件のたびに任官がなされる臨時の役職であり、またその処置はあくまでも職務の一環であり国家行政の一部であった。

こうした処置の中で漂着民に対してどのように琉日関係が隠蔽されていたのだろうか。諸研究[56]で断片的に言及されつついまだ十分に解明されていないその実態を、本節では可能な限り総体的に把握していきたい。なおそのさい、豊富な史料が残存し漂着の詳細を知ることができる六件の事例を中心として考察する。それは、一七四一・一八四四・一八五四年の中国人漂着民の事例、および一七三三・一七九四・一八五六年の朝鮮人漂着民の事例であり、以下［中Ⅰ］［中Ⅱ］［中Ⅲ］［朝Ⅰ］［朝Ⅱ］［朝Ⅲ］と略記する。

1　琉球人と隠蔽

すでに別稿で明らかにしたように、琉球では日本人を含むいかなる漂着民に対しても原則的に隔離する方針をとった［渡辺二〇〇四a］。しかし特に中国人・（中国へ送還される）朝鮮人漂着民の隔離には、琉日関係の隠蔽という第二の意味が加わった。この点に留意しながら、まず漂着民の処置にたずさわる琉球人スタッフや処置現場の周辺住民と隠蔽との相関を見ていく。

島々における隠蔽規定

八重山には一八一六年に出された漂着船対応マニュアル『進貢・接貢船、唐人通船、朝鮮人乗船、日本他領人乗船、各漂着幷破船之時、八重山島在番役々勤職帳』（以下『勤職帳』）があり、「唐人乗船朝鮮船漂着仕候時之公事」という項では漂着民の隔離に加えて、日本年号や日本人の名を書いたものなどを漂着民に見せたり漂着場近辺で大和歌を歌ったりしないこと、琉球の斗升・京銭を漂着民に見せず、琉球で通用している銭を尋ねられたら鳩目銭[57]と答えること、漂着民の滞船中は見渡せる所に高札を掛けないこと、の三点が指示されている〔石垣市史叢書④：九―一〇頁〕。同様のマニュアルは宮古島にも配布されており〔石垣市史叢書④：五一頁〕、両先島（八重山・宮古）には漂着民に対する隠蔽規定が恒常的に存在したと言える。

久米島の『久米具志川間切規模帳』[58]にも斗升について、中国人漂着民に飯米を渡す時は中国の升（官斗《かんます》）[59]で渡すこと、官斗を一つずつ配布するので平素から使用して「いかにも使い古していて中国人が見ても不審に思わないように」しておくこと、琉球の升を中国人へ見せないよう隠しておくこと、の三点が一七三〇年に指示されたと記されている。

ところで上記『勤職帳』の項目の立て方に見られるように、近世琉球では中国人・朝鮮人漂着民（および一部の異国人）へ基本的に同格の処置を施すよう定められており、隠蔽に関してもこの原則が適用されていた[60]。このため本節では、特別な理由がない限り中国人・朝鮮人に対する隠蔽政策を区別せず統合的に検討していくことにする。

本島における隠蔽対策

本島では『勤職帳』に相当する漂着船対応マニュアルは見つかっておらず、また現存する間切公事帳にも漂着民への隠蔽を指示する項目は見られない。ただし隠蔽と不可分であった隔離に関しては、琉球における外国人漂着民の処置の原則的規定であった「宝永元（一七〇四）年の覚」（薩摩藩から王府への布達）に明確に指示されている〔豊見山二〇〇〇〕。この覚は地方《じかた》に配布され地方役人の前で毎月二度読み上げられていた〔渡辺二〇〇二：一四―一六頁〕。

さらに中国人漂着民への対応は、一七四九年に漂着した中国人[61]と琉球人通訳との官話による問答をテキスト化した『白姓官話』によって士族層に広く学ばれていた[62]。この書物は礼を尽くすべき天朝（清）の民である中国人に対して、建前上は臣下の礼をとりながら、琉日関係や琉球の国情などを悟られずに処置を行うためのマニュアルでもあった[63]。

そこには通訳が漂着民に対して、「礼節を知らない近隣の百姓が無礼を働く可能性」や「毒蛇の危険性」を口実に、外を出歩いたり塀の上から外を眺めたりしないよう頼む場面や、「無頼や悪者（盗人）が来る可能性」のために国法によって四方に番小屋を建て日夜見張って防備していると説明する場面がある。(64) すなわち「天朝の民」を強制的に閉じ込める権限を持たない琉球は漂着民の自発的隔離を促す様々な口実を用意していたのである。また琉日関係の隠蔽を背景とした会話も散見される。たとえば漂着地の喜界島から「宝島船」で琉球に転送されたと漂着民が語る場面があるが［那覇市史⑨（漢文編）：二五二頁］、これは道之島から琉球への転送に使われた日本船が「宝島船」と詐称されていたからである（後述）。このように琉球（特に本島）には、隔離や隠蔽を周到に偽装した中国人漂着民への対応を、官話学習という形で士族層が恒常的に習得する体制が整備されていた。

漂着時の隠蔽示達

漂着民は船上か陸上の収容小屋に居住したが、いずれの場合も隔離され終始見張り人によって監視された。この隔離体制の準備とほぼ同時に、王府から周囲の人々に対し必ず出されたのが、漂着民と土地の者との隔絶、および琉日関係の隠蔽を命じる示達である。その内容には若干の異同が見られるが大筋としては前述の『勤職帳』の規程と同様の骨子を持つもので、たとえば、一七四一年の事例［中I］の場合には、次のような覚が出された。(65)

一、唐人の囲い所の近くには地下人は立ち寄らないよう、堅く申し渡しなさい。
一、女性は同所の近辺を通ってはならない。
一、大和年号・大和人名字・斗舛・京銭を唐人へ見せてはならない。
　付けたり。琉球の通用銭を尋ねられたら鳩目銭を用いると答えなさい。

一、村中で大和歌を歌ってはならない。
一、唐人の滞在中は、御高札を掛けてはならない。
一、見張り小屋と村の中は火の用心を特に入念にしなさい。
以上の通り、堅く命じ渡された(66)。

すなわち、中国人と土地の者・女性との隔絶、中国人へ日本の年号・人名・斗升・京銭を見せず琉球の通用銭を尋ねられたら鳩目銭と答えること、村内での大和歌の禁止、中国人滞在中の高札の禁止、見張り小屋・村内における火の用心、の五点が厳命されたのである。

また漂着民の泊村転送時には、村の四つの入口に掲示が出され、これより内側における日本人と日本風の格好をした琉球人の通行が王府から禁じられた［評定所文書①：三三三頁］。ただし、このうち日本人の通行禁止は那覇の在番奉行所（薩摩役人の駐在所）からの指示である(67)。

2　道之島・日本と隠蔽

道之島（奄美諸島）と隠蔽

道之島への漂着民は琉球へと転送された。そのさいしばしば日本船が利用されたが、その場合は、大和船を「宝（島）船」と偽り、大和人を「宝人」と詐称することになっていた。その事例をまとめたものが表11である。これらの事例の内、大島漂着の中国人をトカラ列島の中之島船で琉球に転送した一七四一年の事例［中Ⅰ］（表11のａ）を見てみたい。

まず漂着地の大島代官(68)から琉球の在番奉行（薩摩役人）に対して、日本船で中国人を琉球へ送る時は「宝船・宝人」

表11　道之島から琉球への転送のさいに宝島のレトリックを使用した事例

記号・年	漂着地	転送地→送還船	①偽　②真	備　考
a・1741年	大島	今帰仁間切(運天港)→護送船	①「本船・宝島商船」[歴代宝案④：25-8号]	長崎貿易からの帰途
			②御米積のため来島していた中之島船頭孝左衛門船(主取与人1人・横目1人・唐船方主取2人・唐人通用之者2人などが護送)[評定所文書①：227-296頁]	
b・1745年	大島	今帰仁間切(運天港)→護送船	①「宝船二隻」[歴代宝案④：27-10号]	長崎貿易からの帰途
c・1749年	大島→喜界島	運天→泊村→進貢船二号	①「宝島船」[那覇市史⑨(漢文編)：255頁]	
d・1809年	徳之島	泊村→護送船	①「宝島商船」[歴代宝案⑨：107-8号]	
e・1815年	大島	泊村→護送船二隻	①「宝島商船」[歴代宝案⑨：120-4号]	長崎へ向かう途中
			②大和船三艘(与人・横目・唐本通事与人の総勢11人が警護)[大島代官記：55-56頁]	
f・1826年	喜界島	泊村→護送船	①「宝島商船」[歴代宝案(台)：5991頁]	
			②喜界島御用船の指宿之亀喜丸十八反帆(通事2人が護送)[喜界島代官記：166・169頁]	

(漂着船は全て中国船である.)
〔出典〕［大島代官記］・［喜界島代官記］：野見山温編『道之島代官記集成』福岡大学研究所，1969年.

と言うよう指示されているため、そのようにしたから琉球でも間違いなく辻褄を合わせるようにと伝えてきた［評定所文書①：二二八頁］。また琉球へ漂着民を転送してきた日本人（船頭・水夫）が村中を徘徊しては漂着民が勘違いするだろうとして、王府派遣の下知役が、検見の薩摩役人に相談の上、彼らの徘徊を禁じた［評定所文書①：二三九頁］。さらに下知役へは王府の鎖之側から、宝島のレトリックの要旨（宝島通融之次第）が「御存知かもしれないが万一間違いがあってはならないと、各々の御安心のため」として通達された[69]。これに対し下知役は、宝島のレトリックに関しては前もって「冠船日記」（冊封使来琉時の記録）などを参照してから赴任したと返答している［評定所文書①：二三九頁］。漂着民の琉球滞在中は、漂着船が長崎貿易船であったため「〔漂着民が〕大和言葉で何か言うこともあるので、少しも分からない振りをするよう番人・水夫へ厳命しておくように[70]」と特別な注意が払われていた。そして最終的に清に対して行われた経過報告には

「幸いに宝島商船が大島に貿易に来ていたので、すぐにその船を雇ったのです……」(71)などと記され、少なくとも体裁上の隠蔽は最後まで保たれたのである。

この事例からは、宝島のレトリックを中心とした隠蔽について、大島代官・琉球駐在の薩摩役人・王府・下知役が互いに確認し報告し合っていたこと、下知役は冊封船渡来の記録などを参照してから赴任していたことが分かる。すなわち宝島のレトリックは、王府行政の中で組織的に運用・実施されていたと言えるだろう。

日本人と隠蔽

漂着民に見つかる可能性が最も高いのは、漂着地へ赴く検見役の内の薩摩役人であった。しかし彼らは漂着地の村へは立ち入らないことになっていた〔評定所文書①：五八二頁〕。たとえば事例〔中Ⅰ〕では、中国人漂着民が収容された下運天村へは下知役だけが詰め、検見役は隣の上運天村へ詰めている〔評定所文書①：二五二頁〕。つまり薩摩役人は漂着民の近くまで赴くものの、間近には滞在できない決まりであった。だがこのルールは絶対的なものではなく、一八四四年の事例〔中Ⅱ〕では、漂着地（玉城間切奥武《おう》村）へ視察に来た薩摩役人が「夜中なのでしばらく奥武村に行っても良いではないか」と主張し、対岸にある志堅原《しけんばる》村での滞在を望む琉球役人がやむを得ず承知している〔評定所文書①：五八二頁〕。ただこうした場合でも薩摩役人が漂着民に直接対面することは決して無く、隠蔽自体は厳守されていた。

また検見役以外の日本人も漂着民から姿を隠すことが求められた。一八五四年の事例〔中Ⅲ〕では、琉球北部へ停泊した大和船の日本人が陸路で那覇へ向かうさいに漂着民が滞在する牧港村を避けて通ることを命じるよう〔評定所文書⑨：四七六頁、四八一頁〕、一七九四年の事例〔朝Ⅱ〕では、先例に従って漂着民の泊村滞在中は泊高橋から泊村への日本人の往来を禁じるよう〔評定所文書①：三三二頁〕、王府から在番奉行所へ要請されている。また漂着民の泊村滞在時には1の「漂着時の隠蔽示達」に述べた日本人通行禁止の掲示も出された。

そして万一のさいには宝島のレトリックで対処した。たとえば一八五六年の事例〔朝Ⅲ〕では、牧港村へ収容中の朝鮮人漂着民に、普天間への参詣のため付近を通過した在番奉行ら薩摩役人の一行が遭遇してしまったが、この件について鎖之側は、琉球に日本人がいる理由を漂着民が尋ねてきた場合は「宝島人が商売で渡海し滞在しており、病気などで滞在する商人が保養などに通っているのだろう」と答えて疑いを晴らすよう指示している(72)。

また漂着民収容地近辺への大和船の着船も禁じられた。事例〔中Ⅰ〕では、検見の薩摩役人の名義で、運天村へ漂着民を召し置くので運天港への大和船の乗り入れを禁止する旨を記した板が、対岸の古宇利《こうり》島の遠目番人へ渡されている〔評定所文書①：二五四—二五五頁〕。『勤職帳』でも中国人・朝鮮人が大和船を繋留している港の近くへ漂着したら、早速見えない所へ漂着船を転送することが定められている〔石垣市史叢書④：九頁、一五頁〕。

このように日本人は徹底的に漂着民との接触を避けるよう行動を規制された。その場合は、まず琉球側から在番奉行を始めとする薩摩役人に規制の指令が要請され、彼らから日本人に対して指示がなされた。この行動規制により、琉球の日本人は隠蔽という壁の外に置かれ一種の「逆」隔離状態に陥ったとも言えるだろう。

3　見分の構造

琉球駐在の薩摩役人は、その任務の一環として琉球が行う外国人漂着民への処置を監視しなくてはならなかった。その監視業務の一つに漂着民の見分（見届）がある。

一八世紀前半の見分

見分の詳細を知ることができる僅かな事例の内、一七四一年の［中Ⅰ］は地方《じかた》における見分の状況が分かる唯一の事例である。この時は、中国人に「養生のための歩行」をさせるさいに、次のように見分が行われている。

……休太夫殿・甚蔵殿（検見の薩摩役人）から中国人を見分したいと言われたので、在番仮屋へ座を用意し戸口に簾などを掛け、琉球の装束で、与古田親雲上（鎖之側代理）とともに、御見分なさった。(73)

またこれより少し前の一七三三年の事例［朝Ⅰ］では、漂着民を泊村へ転送した日に、彼らを伊波親雲上〔宅〕の庭へ召し寄せ、在番奉行・横目・附役が幕の内から見分を行っている［評定所文書①：七一―七二頁］。この伊波親雲上宅は泊村士族の雍氏の本家（大伊波家）(74)を指すと思われ（図7）、見分はこの家で行う先例であった［評定所文書①：三四二頁］。

これら二事例の見分は、監視（＝見分・見届）自体を目的とした簡素かつ実質的なものである。また［中Ⅰ］では薩摩役人がわざわざ琉球装束になっており、琉日関係の露見に対する警戒や緊張が窺える。二事例とも、王府が宝島のレトリックを完成させ隠蔽の規定を次々と発布した隠蔽強化期（一八世紀前半）の出来事であることに留意したい。

一八世紀後半以降の見分

ところが半世紀以上後の朝鮮人漂着民の事例［朝Ⅱ］（一七九四年）における見分は大きく変化し、薩摩役人に対する国家饗応儀礼のごとき様相を呈するようになっていた。

［朝Ⅱ］では、まず鎖之側から在番奉行所に対し、かつては漂着民の泊村到着日に見分を行うこともあったが近年は後で見分する決まりなので今回もその通りにしてほしい旨が要請された［評定所文書①：三二一頁］。その後、表12

表12　見分までの流れ

3月22日	在番奉行に，来月2・3日の内，都合のよい時に見分を行うよう伝える．（三司官→鎖之側→里主・御物城→在番奉行所）
3月23日	在番奉行から3日が都合がよいとの返答．（里主・御物城→鎖之側）
3月25日	泊村に見分の用意を下命．（鎖之側→泊頭取）
3月28日	鎖之側足(代理)が在番奉行所へ出向き相談の上で4月3日の見分を決定．見分の用意を下命．（鎖之側→里主・御物城）
3月29日	見分の日取りの決定と，諸事の勤務を下命．（鎖之側→泊頭取）
3月30日	薩摩役人が泊村へ見分に来るさいに，朝鮮人から見えないようなルートを指定．（鎖之側→里主・御物城→在番奉行所）
4月1日	3日の見分の予定を国王に上覧．
4月3日	見分実施．

（カッコ内は伝達経路）

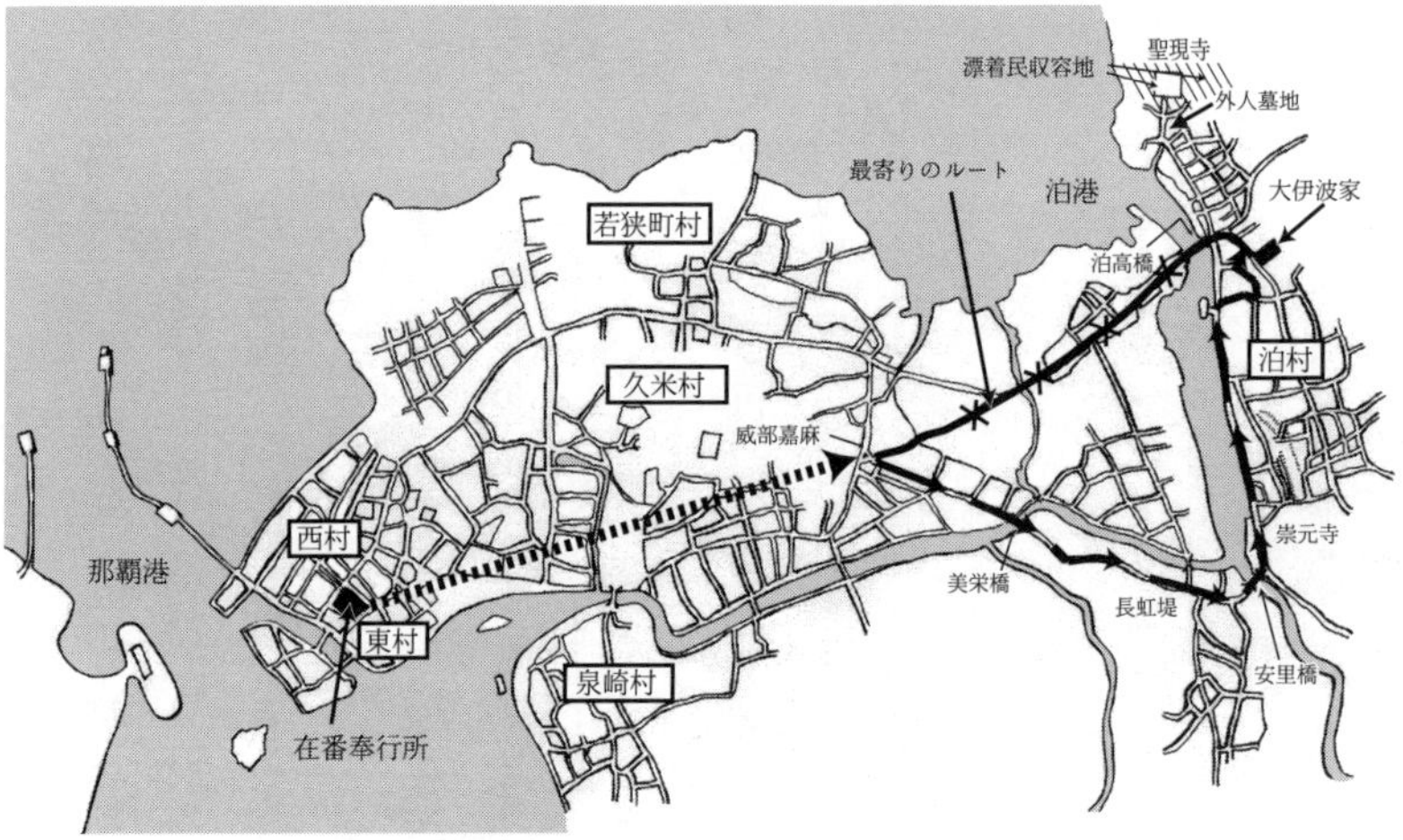

図7　薩摩役人の見分ルート
（近世の那覇＝東村・西村・泉崎村・若狭町村）

に示す流れで見分の日時が決定された。

　見分の準備や遂行は王府の各機関が役割を分担した。当日は、首里から三司官[75]・鎖之側官（代理）・物奉行方吟味役の各一名が伊波親雲上宅へ下り、午後二時頃に那覇筆者と問役の上申により薩摩役人一行（在番奉行・附々衆・同心・小姓など）が泊村へ向けて出発した。最寄りの道筋では朝鮮人から見通せてしまうので、別のルートがあらかじめ指定されてあった（図7を参照）。威部嘉麻《イベガマ》[76]（聖地の名）には松茂良子が待ち、そこから先触れを勤めた。一行が安里橋を通過すると、泊村の出口に置かれた遠目役が走ってそれを報告し、鎖之側代理・物奉行方吟味役・泊頭取の三役が門外へ出迎え、三司官は庭で挨拶をした。在番奉行・附々衆が着座し、ついで三司官が着座すると、三役は礼をして退去し、煙草・薄茶・吸物・肴・酒が出された。それから三司官の指示により鎖之側官から泊頭取に朝鮮人を連れてくるよう命が下り次のように見分がなされた〔評定所文書①：三五一―三五五頁〕[77]。

朝鮮人達に村内を歩行させると説明し、泊頭取・通訳・勤番人が警護して連れ出し、伊波親雲上宅の門前を通る時に、泊筆者が出ていって、〔その家の〕亭主であるという筋書きで、「朝鮮人が今日歩行して村内へ出ることを、親類の女達が聞きつけてやって来ているので、どうか支障がなければ招き入れ茶・煙草を馳走したい」と通訳を介して挨拶し、庭へはあらかじめ日よけを掛け筵などを敷いておき、〔そこで〕茶・煙草を出し暫く休んで、亭主からと言って引率者も相伴させて饅頭を馳走する[78]。

すなわち琉日関係の隠蔽下で薩摩役人が見分を行うために、国家ぐるみで一種の茶番が演出されたのである。また この時、薩摩役人は簾で隠されており、また先例に従って「士童の男女三・四歳以下の者六・七人」に立派な装束を着けさせ、その従者も見苦しくないようにして、「庭の簾を掛けた場所の前で朝鮮人の見る所（庭簾懸置候前、朝鮮人見候所）」へ居させて「目隠し」が補強されていた〔評定所文書①：三五三頁〕。さらに前掲の台詞中で、簾の向こう側にいる薩摩役人が「親類之女共」と説明されている点に注意したい。女性は身内以外の男性との直接対面を憚るという当時の東アジアに共通の儀礼的習慣を利用して、薩摩役人は客人と対面しなくても不自然ではない存在（＝女性）になりすましたのである。

馳走後、朝鮮人は収容所へ連れ帰された。その首尾が泊頭取から鎖之側に報告されると、三司官の引導で日本人が移動し、在番奉行・附々衆には三司官が相伴して二汁一菜の料理と吸物が饗され、同心には二番座で小姓には控所で食事が振る舞われた。夜八時頃に最初同様の挨拶を経て薩摩役人一行が帰ると、鎖之側官以下の琉球の諸役にも夕食が出された。

この見分は約六〇年後の事例〔朝Ⅲ〕（一八五六年）でもほぼ同様の形式で行われている。ただしこの時の漂着民は浦添間切牧港村へ収容されていたので、見分は同間切城間村で行われた。朝鮮人を連れ出すさいの口実は次のようなものであった。

先例における見分の筋書は、歩行に出るようにと連れ出した上で、泊頭取の親類の女達がここへ用事で来ているので支障がなければ茶・煙草を馳走したいと挨拶し、庭へ招き入れ女達からと言って饅頭七個ずつを与えていたが、今日は雨天で歩行に出るようにとは進言し難いので、女達が用事に寄せて朝鮮人を見たいと遠方からわざわざ来ているので、雨天で難儀ながら出てくれるよう頼んで連れて来ることにする。(79)

つまり漂着人を連れ出す口実や見分の筋書の詳細までもが先例として遵守されていたのである。また本事例では、見分後の鎖之側官以下関係者への食事は倹約のため与えないとして中止されている〔評定所文書⑬：二四八頁〕。前述の通り見分は大がかりな人・物の動員を必要とし、王府財政にとっての負担が大きかったのであろう。

さらに見分は必ず実行されるとは限らなかった。一八四四年の事例〔中Ⅱ〕では、泊村での見分について鎖之側官が在番奉行所に次のように相談している。

〔先例の通り〕今回の中国人も見分されますか。あるいは、この中国人は何も不審な者ではなく、最初に漂着地の奥武村へ横目・附役を派遣されて事情報告もさせておられるので、この分を先例通り見分したとして済ませる形で薩摩へ報告をすることを命じられますか。この事を内密に相談するよう摂政・三司官から下命されました。(80)

結局ここでは見分を済ませた形に取り計らうよう命じられており、(81)在番奉行所と琉球が合意の下に「見分をした」

という虚偽を薩摩藩へ報告していたことが窺える。すなわち「薩摩による監視」の建前のみが遵守され、実際の監視は形骸化していく傾向が看取できる。

4　まとめ

琉球へ漂着した中国人・朝鮮人に対する琉日関係の隠蔽は清による海禁解除を契機として開始された。離島（特に先島）には一般向けの隠蔽規定が発布されており、本島では漂着民の処置に当たる士族層が、隔離や隠蔽を周到に偽装した中国人漂着民への対応を習得していた。漂着民は隔離され、周辺住民には一般向けの隠蔽規定が指示された。また処置任務に就いた役人たちは士族向けの隠蔽を、先例を参照し相互に確認し合い、逐一王府に報告しその裁可を得ながら組織的に実行していた。さらに隠蔽政策は琉球駐在の薩摩役人を含めた日本人の行動をも規制した。薩摩役人は、琉球による外国人漂着民への処置の監視を任務の一つとしていたが[82]、隠蔽のため漂着民に近付けず、簾越しの見分がその限界であった。しかし見分は徐々に形骸化し、国家規模の饗応儀礼的な性格を強く帯びるようになった。

おわりに

以上、漂着問題を通じて琉日関係の隠蔽政策とその実態を分析し、近世琉球では身分の別なく国中に一般向け隠蔽規定が浸透していた一方で、宝島のレトリックを中心とする士族向けの隠蔽規定は、支配層（官吏および官吏予備軍）である本島士族が行政ノウハウとして習得・実践していたことを明らかにした。また特に後者は王府行政の正しい運営や士族の立身出世の志向と重なって、王府を支える規範として国内的な重要性を増していったことも指摘した。すなわち隠蔽は単なる外交上の処世術に留まらず、琉球の国家構成原理の中に制度的に内在化した一機能であったと言い得るだろう。以下、本章で得られた知見をもとに、その国家機能としての歴史的意義を考察していく。

この隠蔽という国家機能は、琉球に併存した二つの支配秩序の一方（日本）が、他方（清）の優越性を認識し決定的な衝突を避けようとしたことを背景に出現した琉薩の危機感の産物である。それは第一に、清日の支配秩序を表裏に分ける一種のマジックミラーのような壁として機能しており、この仕組みが健全に作用する限り琉球における二支配秩序の決定的な衝突は発生し得なかった(83)。清からは見えない鏡の裏側において琉球が日本の裾野（主に薩摩藩）とも部分的に結託して維持したこの機能の実態は本章において示したごとくであり、それは鏡の表側に位置付けられた清の認知の外にあった。

そもそも中国にとって、中国流の自国観や中華の認識を維持する上で必要であったのは、諸外国がそれを受け入れているという「外観」だけであり［トビ一九九〇：一五九頁］、定められた儀礼手続を履行すれば、朝貢国の自主は保障され内政・外政への干渉は行われない原則であった［茂木一九九七：六頁］。琉日関係の隠蔽はこうした「外観」を忠実に保全するための機能であったとも言い得、その成立や発展は清の支配秩序（およびそこから派生する外交構造）の在り方と不可分の関係にあったと考えられる。また第一部第三章で触れたように隠蔽は清側からも補強されていた点に注意を促しておきたい。夫馬進は、隠蔽の「事実」に気付きながらそれをそのままには公表しないか必要以上に追及しない清からの冊封使の姿勢を検討し、中国の安定に不必要あるいは有害な「事実」を過度に突き止めない彼らの「努力」にも着目すべきであると指摘している［夫馬一九九九：ⅳ－ⅹ頁］。

ただしこの外観（体裁）重視の外交構造は、王府（士族層）はさておき、琉球の被支配者である農民層にはほとんど理解されていなかったであろう。それにもかかわらず彼らが中国漂着時に必死に隠蔽を遂行したのは、「琉日関係の露見」を「国家間関係の破綻」というよりはむしろ「自らの身の危険」に繋がると捉えていたからであろうと考えられる。すなわち隠蔽は、一般向けの隠蔽規定の布達によって、ある種の強迫観念を民衆の中に醸成する機能をも備えていたのである。

さて琉球に対する日本の支配は、マジックミラーの裏側に限定された可動範囲で発揮されたが、ここでも隠蔽はもう一つの壁として機能していた。それは日本（主に薩摩藩）による琉清関係への直接的な監視や介入を阻む壁である。もともと薩摩藩は琉球の自主を尊重する支配方針をとっており、琉球へ派遣される在番奉行も内政干渉を禁じられ、琉球外部からの船・人・物の出入りの監視をもっぱらの任務としていた。しかし本章で度々示してきたように、その限られた監視の場においてすら、こと中国人・朝鮮人漂着民の監視にさいして、薩摩役人は隠蔽という壁の外に置かれていたのである。

この壁の中の僅かな空間は、清日の狭間に置かれた琉球にとって決定的な意味を持っていたと考えられる。すでに第二部第二章において、中国人・朝鮮人漂着民への処置の中で、琉球が時たま国家ぐるみで日本（薩摩藩）の指示に違反し、にもかかわらずそれは薩摩藩に対して組織的に隠匿され「従順」の建前のみが堅持されていたこと[84]、またそれは清日の支配秩序の微細な矛盾を調整しつつ自らの国家運営に最も整合性を持つような選択を行っていたためであり[85]、これこそが琉球の自律的機能であったと指摘したが、こうした営みが可能であったのは、まさに隠蔽が日本に対して形成した壁が存在したからであると考えられる。すなわち薩摩藩は、自らの指示した隠蔽によって、自らの入り込めない、かつ王府が前述の国家運営を安定的に行い得る空間を保障することになったと言えよう。

そうじて言えば、隠蔽という国家機能は、琉球において重なり合う清日の支配秩序の衝突をより可避的なものとし、清日それぞれに対する壁を形成して琉球が独自の裁量を発揮し得る空間を安定的に供給し、そこで行われる琉球の自律的な国家運営を補完していたのである。それは、清日の狭間で自らを安定的に存続させようとする営みであったが、同時に、清日の支配秩序の矛盾を調整し二大国を安寧に隣り合わせる営みにも通じていた。つまり中国（清）と日本の実質的な境界は、被支配者である狭間側（琉球）によって自律的に運営・維持されていたのである。ところでここで言う「自律（性）」とは、従来の研究において琉球の（特に幕藩制への抵抗の）意志の問題として捉えられがちであった「主体性」とは性質を異にするものである。著者はこうした意志としての主体性の存在を否定しないが、本章においては、清日の支配秩序の通用力の格差を前提に生じ、きわめて限定されていたものの、清琉日の三者関係が変化せず、またこの関係を侵す他者の参入がない限りは構造的に保障される「清日の関与できない空間」およびそこで発揮される琉球側の諸機能を指して「自律（性）」の語を用いていることを断っておきたい。

　換言すれば、隠蔽を国家の一機能とすることで、琉球は清日二支配秩序の併存（＝「両属」）への国家的適応を補完し、清日の継ぎ目における安定的な国家運営＝狭間運営を可能にしたのである。このシステムは隠し・隠されるといった暗黙の了解すら共有しながら、清日の裾野をも巻き込む形で成立していたが、あくまでもその主体としてこの地域の真相（実態）を掌握し情報をコントロールしていたのは琉球であった。そしてこの機能の正常な運営は、近世期における清日間の無事の一翼をも担っていたと言えよう。ただしそれはまた堅固であろうとすればするほど二大国への対応に特化・収斂し、隠蔽という本来的な目的から離れて儀礼化し柔軟性を失うという逆説的な命運を有していたことも指摘しておきたい。すなわち清日のみを安寧に繋ぐこの緻密な安全装置では、近世末期に相次いで来琉した欧米船への対処はほとんど不可能だったのである。

注

（1）東・東南アジア地域の近世史に共通のリズムを見出そうとする［岸本一九九八］を参照した。

(2) この論は「近世琉球の王権は島津氏支配と冊封・朝貢関係を矛盾なく整合させて初めて成り立つ王権に変容していたのである」［豊見山二〇〇四b：七一頁］という見解に、若干の補足を加えたものである。

(3) 本段落は［紙屋一九九〇b：二五六―二六二頁］に依拠する。

(4) 本章第三節を参照のこと。

(5) 紙屋の論では幕府が清に対して感じた脅威と島津による隠蔽指示の因果関係は推測の域を出ていないが、これは今後明らかにされるべき重要な問題であると思われる。

(6) 口之島・中之島・臥蛇島・平島・諏訪之瀬島・悪石島・宝島（現在の鹿児島県十島村）。

(7) 紙屋は、薩摩藩が旧例（「宝島人」と詐称した日本人と冊封使の対面）を認めなかったことにより琉球が「宝島のレトリック」を発案したとする［紙屋二〇〇六］。

(8) 我国土瘠産少、国用不足、故与朝鮮日本暹羅爪哇等国、嘗行通交之礼、相互往来、以備国用。……自爾而後、朝鮮日本暹羅爪哇等国、互不相通、本国孤立、国用復欠。幸有日本属島度佳喇商民、至国貿易、往来不絶、本国亦得頼度佳喇、以備国用、而国復安然。故国人称度佳喇、曰宝島。［中山世譜：一一一頁］

(9) ただし、紙屋は七島に虚構の「国」吐喝《ママ》（噶）喇が創出されたとするが、史料上に「国」の表記は一切見当たらず「国」が創出されたとは言えない［豊見山二〇〇四h：三三頁］。

(10) 「旅行心得之条々」（後述）、「唐漂着船心得」（後述）、「冠船渡来に付締方書渡候覚」（一七六五年）など（［喜舎場一九九三a］を参照）。

(11) 「薩藩では……侵入後も王国の飾りをのこして擬装せしめ、貿易の独占確保に一層つとめたのであった。かくして、琉球国統治上の内治外交策においては、隠蔽主義政策をあくまで堅持する方針をとり、薩琉関係を極秘にして慎重万全な策を講ずる必要があった」［喜舎場一九九三a：二五六頁］、「島津氏の主導権下に一七一九（享保四）年、日琉関係の隠蔽が最終的に確定し、琉球の「独自の王国」たることが偽装された。それは、琉球と中国との朝貢関係を維持する必要からであった」［紙屋一九九〇b：二六四頁］など。

(12) 近年の琉球研究における主体性・自律性の動向は序章、および［渡辺二〇〇三b］を参照のこと。

(13) 近世期、王府が各行政機関の職掌に応じて公務遂行・執務上の規定として布達した文書。

(14) 「公事帳写（与那城間切）」（琉球大学附属図書館蔵、一八三五年写）［那覇市史⑩：四八二―四八三頁］。
(15) 沖縄県立図書館東恩納寛惇文庫蔵本（原本）および［那覇市史⑫：四五―七八頁］。
(16) 条文から上国役人・その従者・僧侶などを意味していると判断できる。なおこの場合の「上国」とは、琉球から薩摩に行くことを指している。
(17) 紙屋はこの条々によって「宝島との通交」論が体系化されたと捉えている［紙屋一九九七：二四五頁］。
(18) 『条々』の原文には「首里久米村那覇泊之奉公人」と記されている。
(19) 『旅行心得之条々』に関しては比嘉春潮の先駆的かつ基礎的な研究がある［比嘉一九七三：三七二―三八二頁］。
(20) 本島の地方役人（農民）に士籍が与えられることはなかった。なお士族に関しては［田名二〇〇〇b］に依拠した。
(21) 八重山の公用船・王府への出張役人に関する公事帳（琉球大学附属図書館宮良殿内文庫蔵）。
(22) ［喜舎場一九九三a：二六一―二六二頁］を参照した。
(23) 大和物一々改出投之、（「白川氏系図家譜正統（写）」平良市史編さん委員会編『平良市史』第三巻資料編一、平良市役所、一九八一年、一八三頁）
(24) 此国（中国）ニ大和口上之者有、能々耳ヲ塞テ不聞、若有聞可失我等、（前注に同じ）
(25) 鉄鍋鉄条係本国那覇地方所産［歴代宝案④：二四―八号］。本件は［渡辺二〇〇〇］に詳述した。
(26) 本事例は［弓削一九九三：一四一頁］で紹介された。なおその典拠は「白川氏系図家譜正統（写）」（注（23）所掲書、一九〇頁）である。
(27) 一般に明代の私鋳銭とされてきたが、隠蔽に関して史料上に散見される「京銭」は寛永通宝などの日本銭をも包括的に指して用いられていたようである。
(28) 内有草字賬簿三本、係該国土語、又属潦草、均未能訳出。至字林綱鑑、係日本国書籍。［歴代宝案⑤：四五―一七号］
(29) 「同失誤焼残呪文書信、均難繙繳、応免抄送。其已抄各原本、仍発還各難夷領回」（前注に同じ）との記録から、漂着民によって焼却が試みられた可能性が高い。
(30) 当時、存留通事という役職で柔遠駅（琉球館）に駐在していた。
(31) 老爺等貴論、誠高厚之所尽也、然我国王、従古重重荷蒙皇恩之異寵、万一無酬、由是平日懔懔不穏。此難夷多良間等、僅為扁土蟻命者、泛帆舟、特労天朝之臣民、遠使入荒海之暗、豈適我君心哉。（那覇市歴史博物館蔵『魏氏家譜（五世鳳・大湾家）』六世献芝）

(32) 私共唐江致漂着段々預御厄害候事さへ国王必至与痛入可被罷居〔候〕処、此上唐人苦労させ琉球江乗渡為乗戻候儀、国王本意絶而不相叶、却而私共其咎被申付儀案中之事候間、必琉人計乗渡候様被仰付度、幾重ニ茂奉願候与可申出候、［那覇市史⑫：四九頁］

(33) 本件に関しては［渡辺二〇〇〇：五三－五八頁、田名一九九九］に詳述されている。

(34) 皆共大和人之姿ニ召成可然候、［那覇市史⑫：五七頁］

(35) 若唐国なれは、琉球人薩州に通路の事忌嫌ふよし聞居しに因て、乗組のうち琉球人二人月代を剃せ、日本人の姿に替、登世村を村右衛門、島森を島右衛門と名付置……、（『通航一覧』五、巻二二五、国書刊行会、一九一三年、五九六頁）

(36) たとえば与論島へ派遣された薩摩役人にも宝島のレトリックが指示されている（「（仮題）与論在鹿児島役人公文綴」野見山温編『道之島代官記集成』福岡大学研究所、一九六九年）。

(37) 五里計に地方を見出、右は唐国に候得共、琉球人薩州え通路之儀は、唐国え対忌候由、兼て及承候に付、琉球人交り居候ては、如何と存、幼年之者之外は、月代を為剃、日本人之姿に仕替、実孝を孝助、伊久貞を矢太郎と名付置……、（「文化十三丙子・薩州漂客見聞録」石井民司編『校訂漂流奇談全集』博文館、一九〇〇年、八二三－八二四頁）

(38) 唐国ニ而琉球下り之儀者遠慮有之事候付、琉球江渡海之儀者不致沙汰、日本国之内薩摩松平大隅守領内之者ニ而、山川と申所より米積入、七月七日出帆候段、書付を以相達候得共分り不申候、［旧記雑録・追録④：一八一〇号］。本件については［渡辺二〇〇四b］に詳述した。

(39) 琉人両人之儀者包丁ニ而髪を切、日本人之姿ニ成、金城事ハ金右衛門、呉屋事五右衛門と名を替候よし、（前注に同じ）

(40) 金平係琉球国永良部島人、比加即金六係琉球国那覇府人。［歴代宝案⑪：一四八－八号（付文）］

(41) 同船十九人開往琉球国発売完竣、装載餹貨、駛回本国。［檔案③：六一八頁］

(42) 琉球之儀大舩少、過半薩州之舩ニ而用事相弁、水主差支候節、彼地ニ而琉人雇入候儀、唐国ニ而者致遠慮儀も前々ゟ有来事ニ者候得共、初而相聞得候而者自然御疑茂可有之哉と、長崎御奉行江茂被思召候所より委被相糺、其元江茂被仰越之由候、然者於其許何そ御疑者無之筈候得共、万一御尋等茂有之候ハヽ、委曲申越候通を以、御吟味次第可被仰出儀と申越候、［旧記雑録・追録④：一八〇八号］

(43) 『宝玲叢刊第四集・江戸期琉球物資料集覧』第一巻および第四巻、本邦書籍、一九八一年。なお大田南畝に関しては［濱田一九六三］、『琉球年代記』に関しては［横山一九八七］を参照した。

(44) ……小国のあさましさにハ、貴国へハ彼国へ往来することをはばかり、彼国へは、貴国へ奉貢することをいみかくす、しかる時は、今度貴国の人々と、同船するを見ば、貴国にぞくして、往来することをさとりて、我こかいのちのミかハ、国のうれいをひきいだせること、ひつじやうせり、さらんとすれハ、船そんじてのりがたし、のぼらんとすれハ、国のうれいをまねく、前後道なし、いかかハせんとふししつむ、（注（43）所掲史料）

(45) 四人のものをさかやきそりて、衣装をきせかへ、孝貴を孝八、伊久麻を伊之助、美里二を道次、那古称を古助と、あらためて、日本人にしたてけれバ、四人の者ハ、まことにきたいの良策なるかなと、こおどりしてよろこび、うちハれて上陸す、……それよりなんなく帰国することを得たりとなん、（注（43）所掲史料）

(46) 此漂流の紀ハ……ただ琉球人の月代を剃て明人をくらませしおかしさをつまみてここに載するのミ、（注（43）所掲史料）

(47) 福州江渡候琉球人、彼国ニて日本之事噺申間敷旨厳敷被仰付、誓紙等モ被仰〔付〕よし、（「下田日記」高知県立図書館編『土佐国群書類従』七、同館、二〇〇五年、二六五頁）

(48) 琉球ハ清朝へも随ひ居るよし、夫故琉船来り居る時唐船漂着スレハ琉船ヲ隠すナリ、那覇詰ノ薩州役人衆モ清朝へハ弥々隠しアルヨシ（「薩遊紀行」『史料編集室紀要』三一、二〇〇六年、二二八頁）

(49) 科試については［田名一九九六］を参照した。

(50) 田名真之は「よほど模試等で同種の問題などをこなしていなければ、よい番付はえられなかったろう」と推測している［田名一九九六：九六頁］。

(51) 中国人は貿易船（中国船）で、朝鮮人は対馬経由で本国へ送還されていた。

(52) ［豊見山二〇〇四b：八一―八四頁］およびこれを補完した第二部第一章。

(53) 「蔡氏家譜（志多伯家）」［那覇市史⑥下：九三四頁］および第二部第一章。

(54) 詳細は［渡辺二〇〇二］で明らかにした。

(55) 中国の礼部、朝鮮の礼曹に相当する外交・文教を掌る王府内の役所。

(56) たとえば［葛本一九九二］などがある。

(57) 琉球の銭貨であるが、実際は寛永通宝など様々な貨幣が流通していた。
(58) 沖縄県立図書館史料編集室編『沖縄県史料』前近代六、沖縄県教育委員会、一九八九年、二五四頁。なお規模帳は行政上の案件をまとめて王府が布達した文書のことで、公事帳より実践的かつ応急的だとされる。
(59) 日本の京枡で五合の容量とされる。
(60) 詳細は第二部第一章および［渡辺二〇〇二、同二〇〇三c］を参照のこと（各国の漂着民に対する処置の僅かな相違点についても若干触れている）。
(61) 蘇州府商人瞿長順等一二名（［中山世譜：一四五頁］など）。
(62) 『白姓官話』は当時琉球で最も流布していた最上級の官話テキストであり、また最高学府「国学」の定期試験における第一の要目は「官話」であった［村上一九七一：九四頁］。
(63) 管理と介抱のせめぎ合いについては［渡辺二〇〇四a］に詳述した。
(64) 「支那人琉球来航譚（白姓官話）」［那覇市史⑨（漢文編）：二九九―三〇〇頁］。
(65) この覚は今帰仁間切の番所内へ造られた仮小屋へ漂着民が収容された時に、王府から今帰仁間切の在番宛に出された。
(66) 一唐人囲所近ク地下人不立寄様、堅ク可申渡事、
一同所近辺ゟ女性通仕間敷事、
一大和年号又ハ大和人名字・斗舛・京銭、唐人江見せ申間敷事、
附、御当地通用之銭相尋候ハヽ、鳩目銭相用候段可申答候、
一村中ニ而大和哥仕間敷事、
一唐人滞在中、御高札掛申間敷事、
一勤番家幷村中、火用心別而可入念事、
右之通堅固可被申渡置候、以上、［評定所文書①：二五一頁］
(67) 道服（現在の羽織、つまり大和の装束である）、馬袴の着用や異様な文度。
(68) 薩摩藩から派遣される。
(69) 右宝島通融之次第、御存之程茂難知、自然間違之儀出来候而ハ不罷成儀候而、各為御落着可申越旨被仰付如斯ニ候、［評定所文書

①：二三九頁〕

(70) 右唐人之儀、長崎行之者共ニ而、大和言葉を以何歟申達候儀も有之候間、少も不聞へ体ニ可仕由、勤番人幷水夫江堅可申渡事、〔評定所文書①：二五一頁〕

(71) 幸有宝島商船壱隻在于大島貿易、即雇宝船……。〔歴代宝案④：二五一八号〕

(72) 宝島人者商売之為渡海滞在候、商人病気等之方者致滞在事ニ而、兎角滞在之者共保養抔ニ罷通為申哉之趣を以事能申晴候様……、〔評定所文書⑬：二五一頁〕

(73) ……休太夫殿・甚蔵殿ゟ唐人見分申度被仰聞候ニ付、在番仮屋へ座拵仕、戸口ニ簾等掛合、琉支度ニ而、与古田親雲上同心、見分被成候事、〔評定所文書①：二六二―二六三頁〕

(74) 当時の家屋構造は田辺泰『琉球建築』（座右宝刊行会、一九七二年、一二五―一二六頁）に図示されている。

(75) 国政を掌る三人の宰相で、上に摂政がいるが、政治の実権は三司官が握った。

(76) 子《し》という称号を持つ松茂良《まつもら》という名の士族のことである。

(77) 以下、この見分に関する典拠は原則的に〔評定所文書①：三五一―三五五頁〕である。

(78) 朝鮮人共村内歩行させ候筋申聞、頭取・通事・勤番人共警固ニ而列出、伊波門前罷通候砌、泊筆者罷出、亭主之筋申成、朝鮮人今日歩行之筋、村内江罷出候段、親類之女共承付参居候間、何とそ無障候ハヽ、招入、茶多葉粉馳走仕度旨、通事ニ付而挨拶為致、庭江兼而日覆幷筵等敷付させ置、茶たはこ出、暫相休、亭主より之筋ニ取成、列人数相伴ニ而まんてう致馳走候事、〔評定所文書①：三五三頁〕

(79) 先例御見届之筋者歩行ニ罷出候様ニ而列出、左候而泊頭取親類之女共爰元江用事ニ参扣居候間、無障茂候ハヽ、茶たはく馳走仕度旨挨拶為致、庭江招入女共より之筋ニ取成饅頭七粒宛被成下事候処、今日雨天相成歩行ニ罷出候様ニ者難申入、女共用事ニ席朝鮮人見申度遠方態々差越居候間、雨天乍大粧罷出呉候様申入列来可申候間……、〔評定所文書⑬：二四六頁〕

(80) 此節漂着唐人之儀も御覧届可被成候哉、且又、右唐人何そ不審成者共ニ而無之、最初漂着場奥武村、横目衆・附役衆被差越、成行御聞届為被成儀も有之候付、右之分ニ而先例通御覧届為相済形、御国元江御届等申上候筋可被仰付候哉、此段御内分ゟ御相談可申上旨、摂政・三司官申付候事、〔評定所文書①：五九九頁〕

(81) ……御覧届為相済形ニ可取計旨被仰渡候也、〔評定所文書①：五九九頁〕

(82) その背景にはキリシタン禁制・外国船との貿易禁制といった幕藩制の対外政策があった。
(83) この構造に関しては第二部第一章に詳述した。
(84) たとえば幕府の貿易禁制を背景に漂着民との商売は厳禁されており、琉球もそれを「国法」としていたが、実際は度々売買を行っていた。それは単に琉球側の利潤追求のために行われることもあったが、後注のような事情で実施されることもあった(第二部第二章)。
(85) 清朝では外国人漂着民に対する撫恤的処置の一環として船隻・積荷の「換金」が制度化されており、琉球への漂着民(特に中国人)が清朝同様の処置を求めてきた場合に(関係を持たないはずの)日本の貿易禁制を理由に「換金」を断るわけには行かなかった。このため、薩摩藩には内密に漂着船の「換金」を行うことがあった(第二部第二章)。

第三部　狭間の思想

第一章　近世琉球の自意識

――御勤と御外聞――

はじめに

すでに多くの先学が指摘しているように、近世は琉球が王国としての自意識を強めた時代であった(1)。中国と日本に強く挟まれるという状況ゆえに、かえって中国にも日本にも吸収されない、そのどちらとも異なる自己像が自覚され、追求されたのである。この動きを牽引したのは首里王府で、とりわけ一七世紀後半から一八世紀後半にかけて王府が推進した諸政策――家臣団（士）の再編・士農二身分制の確立・体制教学としての儒教思想の導入など――を通じて国家体制の整備と中央集権化が図られ、王国がいわゆる「近世」的な国家へと自己変容を遂げる中で、「あるべき王国像」が確定され、盛んに国内に喧伝されていった。

本章は、こうして成立した近世琉球の国家的自意識において、中国・日本――琉球では唐・大和と呼んだ――との関係にどのような政治的意味が与えられたのかを、「御勤」と「御外聞」という概念を手掛かりに考察するものである。それにより近世琉球の国際的立場や国家的性質を支えた思想――すなわち一七世紀中葉に国王尚豊が示した琉明・琉日関係の両立・整合への意向（第一部第二章参照）――がどのように継承されたのか、あるいは第二部で論じた琉球の「清日の狭間で適切な位置を保ちつつ安定的な自国運営を行うための組織的かつ自律的な調整行為」はいかなる意識に支えられていたのかといった問題を検討したい。

一　琉球の御勤――蔡温の思想――

近世の琉球において、王府や国民の在り方を細かく理念化し、それを国策として最も積極的かつ広範に国内に浸透せしめたのは、三司官（宰相職）の蔡温（具志頭《ぐしちゃん》親方《ウエーカタ》文若《ぶんじゃく》、在職一七二八～五二〔～五七〕年）(2)である。そのためまず蔡温が示した「あるべき王国像」における中日との関係を確認しておきたい。

1　『御教条』――全国民へ――

一七三二年、王府の中枢機関である評定所は『御教条』を発布した。それは蔡温の立案により作成された琉球の全人民が守るべき徳目・規律で、木版印刷により国内に大量流布し、ことあるごとに朗読されて趣旨の徹底が図られた〔高良一九八二：九―一〇頁〕。たとえば王府の行政区画である間切《まぎり》（郡）では、毎月一・一五日の午前一〇時頃に地方《じかた》役人の前で『御教条』が読み上げられる決まりであった〔渡辺二〇〇二：一四―一六頁〕。その第一条は次の通りである（傍線は著者による、以下同様）。

御当国は天孫氏(3)によって開かれたが、その頃は政法（政治・法律）や礼式（規律）などはなかった。特に我が国は小国なので全ての面で不自由であったが、その末代より諸方へ渡海して交易をしたため、どうにか国用を間に合わせることができた。しかし諸間切で按司《あじ》（豪族の首長）が心のままに城を構えて抗争し、年々兵乱を繰り返したので、万民の憂いは絶えることがなかった。その頃、唐から冊封を受けるようになったので礼法は凡そ整備されたが、その他の多くの点では前代と大差なく、兵乱が各地で発生し国中の混乱は言語道断の極みに達した。その後兵乱は静まったが、前記のような次第なので、政法のみならず風俗〔社会状態〕まで色々と乱れてしまった。ところが御国元〔薩摩〕の下知〔監督〕に従って以来、国中は全ての面で思い通りとなり、政法から風俗まで徐々に改善され、今では万民が安堵しめでたい世の中になった。これは誠に御国元の御高恩のお陰であり冥加至極の至りである。このことは一昔前のことで事情をよく知らない者もいると思われるので、納得の行くよう説明しておく。この趣旨をよく理解し、老若男女とも感謝の気持ちを持つべきである。(4)

このように『御教条』では、琉球は「中国との君臣関係」に「薩摩の監督」が加わってはじめて安堵した国家であるということが宣言されている〔傍線部〕。『御教条』は薩摩にも提出されており、この文面には薩摩への政治的配慮が強く働いていたと見られるが〔高良一九八二：一九―二〇頁〕、にもかかわらず中国との君臣関係は捨象されていないことに留意したい。

2　『独物語』――王府高官へ――

次に、蔡温が国運の前途を考え、王府中枢の役人に対して琉球の政治・経済の在り方について説いた『独物語《ひとりものがたり》』〔一七五〇年〕の第一・二条を見てみたい。

一、御当国が偏小の国力で唐・大和への御勤を行うことは、国力不相応のことである。従って琉球が前代より王国として存続し得たのは、琉球の諸山の気脈が全て連続し龍のごとくうねっていたからであり、また琉球の位置も天上の星座〔を地になぞらえた時〕の大いなる幸福の星の位置に該当していたからである〔風水上の立地条件に恵まれていることを述べている〕。そのため〔為政者は〕政道の本法に不案内ながらも、どうにか〔これまでは〕

やってこられたのである。(5)

一、このように国力不相応の御勤があるので、政道はよくその本法に基づいて治めなければ、国中は衰微し、財政は不自由となり、唐・大和への御礼も思い通りには実現できず、かえって御無礼となってしまうであろうことは想像に難くない。(6)

この内容からは蔡温が、琉球を「唐・大和への〔国力不相応な〕御勤」を担う国家と位置付け（傍線部）、その自覚を王府高官層に促していたことが分かる。

3 『覚』――薩摩の位置――

ところで薩摩の位置付けはやや複雑であった。この点について薩摩の再検地要請に関する王府からの諮問に蔡温が答えた一七二二年の覚の第一条（部分）を見てみたい。なおこの覚も含め再検地（享保内検・享保盛増）に関しては豊見山和行による詳細な分析がある。(7)

一、（前略）御当地は小国の国力によって王国の御飾（体面）を維持し、その上、御国元（薩摩）へ毎年の上納や上国する人々の費用、唐へ進貢・接貢を実施し冊封使や指揮使を迎える費用、江戸へ遣使する費用など、いろいろと他国とは異なり余儀ない御公界（奉公）があるので、〔薩摩は〕必ず〔その点を〕配慮して適切なご判断をされ、〔琉球が〕困窮するような事態には決してならないだろう。琉球は御国元のためにも大分役立っており、その上、唐・江戸への御公界（奉公）は琉球だけのことではない。もし琉球が衰微し、それらの奉公が維持できなくなれば、琉球の迷惑のみならず、結局御国元にも大層ご厄介を掛けることになる。このことは御国元も特に重要であると考えているであろう。(8)

つまり蔡温は、①琉球は小国ながら「王国」の体面を持ち薩摩・幕府・中国への奉公を担う国である、②琉球は薩摩の役にも立っている、③琉球の衰微により幕府・中国への奉公が維持できなくなれば薩摩にとっても問題である、④この点は薩摩も自覚している、と考えていたのである（傍線部）。特筆すべきは②〜④の「琉球と中日との関係は薩摩にとっても重要である」とする認識で、そこから蔡温は「琉球の中国・日本（幕府）への御勤は薩摩にとっても重要である」と考え、中国・日本（幕府）への御勤は薩摩とともに維持するものであると見なしていたことが窺える。

以上で見た蔡温の認識の背景には、一六三〇年代から四〇年代にかけて、琉球侵攻後の国際関係の変化へ対処する中で、琉球王権内に「中国（明）との関係と島津氏への奉公の両立こそ王国存続の根本である」とする意識が生まれ、以後この理念を組織的に維持し得る国家体制の構築が目指されてきたことがある。(9) 中日との君臣関係を前提に国作りを進めてきた近世琉球では、その方向性に合致した王国像が強化され、中日どちらか一方への臣従や、いわゆる「独立」といった選択肢は想定されていなかったのである。

二　士の勤め――御勤と御外聞――

次に、琉球の社会支配層であり、かつ王府の構成員であった士（士族）が「唐・大和への御勤」という国務とどのように関わっていたのかを検討したい。なお琉球の士は王府に奉職する役人およびその予備軍であり、日本の武士とは異なり原則的に文官である。(10) またここでは王府の直接的な構成員である本島の士のみを考察対象とし、彼らとは根本的に異なる位置付けにあった先島・久米島の士は扱わない。(11)

1　士の本職と中・日関係――『旅行心得之条々』から――

まず「実質的に蔡温の奉公人に対する仕置の一つ」とされる王府の規定集『旅行心得之条々』（以下『条々』と略記）を見てみたい。[12] これは朝貢や海難で中国に渡った王府役人と清朝官人との想定問答集で、清官から進貢停止や冊封の簡略化を言い渡されたり、あるいは当時清に対して隠匿していた琉日関係を清官に疑われたりしたさいの弁明が列記されている。[13] 一七五三年に王府評定所から発布され、五九年に増補版が出されたが、増補版の末尾には『条々』の原則を記した覚四条が付されている。[14] その第二条は次の通りである。

御当国は小国の御分力で「大和への御奉公」と「唐との御取合（交際・外交）」の勤めがあるので、唐からどのような支障のある質問をされるか分からない。したがって全ての奉公人（士）は平素からこの点を自覚し、どのような晴様《はらしよう》（弁明）の条々も入念に学習し、御当国が幾万世もめでたく続くよう心得ることが奉公人の本職である。[15]

ここでは士の本職とは、琉球が中日への御勤を担っていることを自覚し、国家の永続のために『条々』を十分学習することであると説かれている。つまり『条々』の学習が、中日への御勤の一部として、士の任務の中に振り分けられていることが確認できる。

また第四条には次のようにある。

奉公人の「節義の勤め」は、国土永代に故障がないよう『条々』をよく学び、その通りの働きをすることである。また「例職の勤め」とは、平時に評定所・諸座・諸蔵、唐・大和の旅役、諸島・諸間切の規定の職務に励み、首尾よく勤めることである。奉公人はいずれも「例職の勤め」は十分に勤めているようだが、それだけに励み「国土安危の計」に不案内であれば、自ずと国土長久のためにならず、事によっては言語道断の事態に至るだろう。奉公人はみなこれをよく心掛けることが重要である。各自がこの志をもって励めば、国土長久の計を得心することができるだろう。もし単に『条々』を暗記しても、得心の気持ちがなければ、どんな弁明にも気持ちが入らず先方は納得しないだろう。このことは国土の安危に関わるので、十分思慮すべきである。(16)

すなわち士には「節義の勤め」と「例職の勤め」があり、後者のみならず前者にも励むべきであること、「節義の勤め」とは「国土長久の計に基づき『条々』を習得しその成果を発揮すること」――すなわち非常事態への対応――であり国土の安全と危機を左右する重要な勤めであることが説かれている。

既述したように王府内には、清への「忠誠物語」の創作と忠誠行為そのものの重視（第一部第三章）、幕府による貿易禁制・キリシタン禁制の「国法」としての遵守とそれらへの組織的な「違反」（第二部第二・三章）など、中日への対応に関して国家規範の重層化とでも呼ぶべき現象が確認できる。換言すれば王府内には「平時における規則の遵守」と「非常事態における越法的な救国行為」とがともに是認される状況が存在していたことが窺えるが、『条々』の覚第四条は、まさにこのことを理論的に説明しているのではなかろうか。このことは蔡温が唱えた儒教思想が、①理論と実践の格差を繋ぐ「権（臨機）応変の宜」」の概念の適用によって特徴付けられ、②それは「日支両属という常態ならざる状況」の下で有効に機能する思想であったとする糸数兼治の指摘によっても傍証され得よう［糸数一九八七］。

2　官吏登用試験と中・日関係

次に琉球の下級官吏の登用試験である科試を見てみたい。嘉慶二十四（一八一九）年正月二十五日の再科（二次試験）には次のような問題が出されている。(17)

唐・大和の御格式をよく知らなければ御奉公に支障があるので、常々そのように心掛け万事嗜むべきであると士に仰せ渡す趣旨〔を論述せよ〕[18]。

この問いに対して一番の番付を得た者の解答（解答者・高宮城《たかみやぐすく》親雲上《ぺーチン》）は次のようなものである。

琉球は唐・大和と通融し、国政をはじめ何事も両国の御格式に準じて行っているので、士はその嗜みがなくては御奉公に支障が出る。したがって両国の御格式に関わることは常に心掛けて十分に嗜み、とりわけ唐・大和へ赴くさいには特に注意して習得して来て、官職を授かったら政務の補佐となるよう練熟すべきである。勿論心掛けがよく有用な者は自ずとよい役に任命されるはずなので、このことを役人たちへ特に申し渡すべきである[19]。

すなわち琉球は「唐・大和と通融する国」であるため国政その他は「唐・大和の御格式」に準じており、士は唐・大和での勤務もあるので、両国の格式を十分習得して任務に当たるべきであり、この点において優れた者は昇進にも有利であることが説かれているのである。なお二番の解答の趣旨も一番同様であり、一番・二番の解答者ともこの科試に合格している。

琉球の科試は受験者五百名前後に合格者が一名から三名という難関であり、「よほど〔首里の学校で催される〕模試等で同種の問題などをこなしていなければ、よい番付はえられなかったろう」と言われている〔田名一九九六：九六頁〕。このような状況下では、少なくとも科試受験を志す下位の士集団には、「唐・大和の御格式」に対して、前記科試の問答に見られるような認識が学習によって広く共有されていた可能性が高いといえるだろう。

3　士の御外聞と中・日関係

さらに士の内面にも中日との関係は影響を及ぼしていた。年次未詳の王府からの口達には次のようにある。

> 奉公人は義理正道を第一に修行すべきところ、士の本意を取り失い欲深いために、方々へご厄介がましいことを上申し、かつ非法の仕業があると聞く。御政道の妨げ、風俗の支障は甚だあってはならないことだ。いかに困窮した家に生まれても、是非なく非賤の業を営んでも、貧富は身分の任を害すわけではない。士の節義を守り、義理正道を心掛けて万事修行すればこれも専一の奉公なので、以前から色々と命じてきたにもかかわらず、全くそれが守られていないことは至極残念である。御当地は唐・大和へ通融しているので何事も御国の御外聞に関わってしまい嘆かわしい次第である。[20]（後略）

つまり琉球が「唐・大和と通融する国」であることにより、義理正道を含んだ士の在り方そのものが、中日に対する御外聞（国の評判）と連動して求められていたのである（傍線部）。

本節で挙げた覚や口達はあくまでも士の心得を述べたもので、実践とは区別して考える必要があるが、少なくとも近世琉球には、①中日への御勤が士の任務――知識や「ふるまい」――の中に振り分けられ、②士はその習熟や実践によって昇進や褒賞の機会を獲得し、③また「士の在り方」そのものが中日への御外聞と連動して監視・評価されるといった政治構造が存在していたことは確かであると言えるだろう。

三　自意識と中・日関係――御外聞の諸相――

一・二節を踏まえ、中日への御勤を担う国としての琉球の自意識が、特に日本（薩摩・幕府）に対してどのように発揮されたのかという問題を、御外聞に着目して考えてみたい。

1　琉球使節の参府と中・日関係

まず将軍や国王の即位のさいに行われた琉球から江戸への遣使の内、興味深い史料の残る一八五〇年の使節――結果的に最後の遣使となった――に焦点を当てて若干の考察を行いたい。この使節の出立にさいし、正使・玉川王子朝《たまがわおうじちょう》達《たつ》と副使・野村親方朝宜《のむらウェーカタちょうぎ》に対して、摂政《せっせい》・三司官が連名で発布した訓令がある。従来それは真境名安興《まじきなあんこう》らの著作に引用されている冒頭部の欠けた写本（後掲史料の③項以下）の形でのみ知られていたが〔真境名・島倉一九五二：四三五―四三六頁〕、筆者はその全文が鎌倉芳太郎の戦前における調査ノートの「江戸立之時仰渡幷応答之条々之写」と題された一連の記事内に転写されていることに気付いた。(21) この「条々之写」の冒頭には「沖縄県立図書館蔵本（原本）」と記されており、おそらく沖縄戦によって焼失した該館所蔵の史料群に含まれていたものと推測できる。まず以下にその全文を挙げる（傍点は鎌倉ノートによる）。

御当国之儀、雖偏少候往古より唐大和通融無断絶、就中江府江茂折節付而之御礼節御座候儀、御外聞不軽事候、
先年打続江戸江御使者被差上候節茂、万端神妙有之、和朝之聞へ宜讃嘆為有之由、頂上之仕合候、此節之儀茂弥
其心得を以末々迄其嗜有之候様、堅可被申渡候、依之存当之段頭書を以申達候、以上、

西四月十九日

池城親方
座喜味親方
国吉親方
浦添王子

玉川王子
野村親方
一、①太守様来年江戸御発駕御急被成筈候、右付而者仕廻方無滞相調置、時分能出帆、早々上国可仕候、尤御発駕之時、被召供筈候付、到其節聊支無之様可被仕事、
一、②正使副使を始、賛議官已下為晴立勤有之候間、万端気を付、就中太守様被召供候付而者、途中宿々ニ而茂其慎第一候、尤各請込之職分品能相勤、国風之名折無之様可相嗜事、
一、③惣而立居歩行之挙動、且又食事之喰様抔迄、日本格無之唐風めき候様可相嗜事、
　附、唐風めき候迚下々之者共心得違候半、無作法之儀無之様堅可被申渡候、
一、④上下共物毎乏少之体無之柔和相見得候儀宜候、然迚下々之者共心得違も候半、尾籠之儀無之様、堅可被申渡事、
一、⑤琉装束之儀、幅狭袖短候儀見分不宜付而、先年被仰下趣有之候、弥其心得を以相調候様末々迄屹与可被申渡事、
　附、形付衣装者大和めき不宜付着用候儀可被召留候、
一、⑥楽童子之儀、為晴立御座江毎度被召出事候、常式之風情共心得第一ニ候、依時手跡御望有之砌、或辞退仕、或不成合文句共書候儀、別而無風流之事候、ヶ様之儀迄茂兼而其嗜仕候様、入念可被致指南事、
一、⑦音楽之儀、於和朝殊之外感心有之由候、尤江戸立第一之粧ニ候得共、能々音律節度相究熟練仕候様、可被加下知事、
一、⑧先年於江戸御尋之儀共有之候、此節茂右通可有之候間、御答之儀兼而其考仕、先度之書留抔見合前後不障様

可被致了簡事、
一⑨、正使副使之差図者不及申、讃議官之下知、又者各請込之役々ニ茂同僚之内ニ頭取分之相談不致承引体ニ而者、畢竟不締之基、不可然候間、上下中間中之交、律儀有之様、末々迄堅申渡、乍不申公界向之節者、いつれも正使方江差寄、兼而其支度可有之事、
一⑩、久米村人之儀茂先例之通、被差登候、然者先年名護親方被差登候節、於江戸書跡詩作等之御用被仰付即々被相弁候付而別而讃嘆有之、和朝之聞へ宜為有之由候、弥此節も右通御用可有之候間、随分其嗜仕御用之砌宜相弁、国之名折不罷成様可被申渡候事、
一⑪、従僕ニ至り器量見合召列、衣類等見苦敷無之、且又□は入候儀、禁止可被申渡事、
右大抵頭書を以申渡候、於御国元万端時宜次第可被致調達候、以上、
酉四月十九日
池城親方
座喜味親方
国吉親方
浦添王子
玉川王子
野村親方

この訓令の内、真境名の写本で欠落していた冒頭部を訳出すると以下の通りである。

御当国は小国だが昔から唐・大和との通融が続いており、特に江府（幕府）へも折々につき御礼の遣使をするの

で御外聞は軽くない。先年から続く参府のさいにも、万端神妙にしたために和朝（日本）での聞こえが宜しく讃嘆されたとの由、この上もないことである。今回もいっそうその心得をもって、下々の者までその嗜みを持つよう堅く申し渡すべきである。このため心当たる旨を頭書によって申し達するものである。

すなわち、琉球は小国だが唐・大和との関係を有するために御外聞（国の評判）は「軽くない」とした上で、今までの参府では万端神妙にして良い御外聞を維持してきたので、今回も御外聞を意識した行動を取るよう使者らに指示が下されているのである。

なお後続の内容により、御外聞に相応しい行動とは、「唐風めいた」挙動や作法（③）、柔和な態度（④）、「幅狭袖短」の琉装の禁止（＝「幅広袖長」の琉装の着用）[22]、「大和めいた」衣装の禁止（ともに⑤）などであることが分かる。また⑥⑦⑩より、日本側から所望される手跡・書跡・詩作（漢詩）・音楽（唐楽と琉球楽）などに関しても入念に備えておくよう求められていたことも窺える。つまり訓令では「中日と通融する国」としての琉球の日本に対する御外聞が最も重視されており、その御外聞に相応しい、かつどちらかと言えば中国の文化に傾斜した外見・行動・教養が求められていると言えよう。

ところで、この訓令はこれまで真境名らにより薩摩による服装・儀仗の「異国風の強制」（一七〇九年）の傍証として注目されてきた〔真境名・島倉一九五二：四三五頁、宮城一九八二：五八頁〕。しかし近年、豊見山和行が真境名の史料解釈の不備とともに[23]、①薩摩は衣装ではなく諸道具のみの「唐風仕様」を命じたこと、②それ以前から「唐装束」は琉球の正装の一種であったこと、③当時の琉球における儒教を中心とした中国文化志向の強まりとの関連性も考慮する必要性があることなどを指摘している〔豊見山二〇〇三：五八―六二頁〕。この豊見山の指摘（特に③）に加え、先に述べた服装に留まらない訓令の趣旨、および琉使参府にさいしては諸事において唐風礼式第一主義が貫かれていたこと〔宮城一九八二：五九頁〕などを勘案すると、琉球使節の「唐風」（中国的文化・教養）への傾斜は、薩摩藩による異国風の強制というよりも、むしろ中日との外交を担う国としての御外聞に即した琉球（人）像を日本に向けて体現しようとする国家的自意識の発揚として捉えるべきではないかと思われる。

一方、訓令の⑧項に「先年江戸で〔幕府から〕御質問を受けた。今回も御質問があるかもしれないので、事前に返答を考え、先の記録などを参照して前後支障なく対応すべきである」と記されていることにも着目したい。真境名によれば御質問とは、一七一〇・一四年の参府のさいに琉球使節と面会した新井白石が、琉球人と薩摩藩家中に対して行った一連の質問であり、以後琉球は前もって答弁書（晴様）を用意していたという(24)。この答弁書も訓令同様現存していないが、鎌倉ノートに訓令とともに「従江戸御尋之条々之被仰下御返答申上候書付(25)」・「大清国江琉球人通融之大抵聞合候覚書(26)」などの史料が筆写されており、真境名の言う答弁書はこれらの史料を指していると考えられる。それは琉球の国内状況や清への進貢などについての説明であり、おおむね事実に基づいた内容である。ただし僅かではあるが「虚偽」も見出される。たとえば清への進貢のさいに貢品以外に清へ持参する昆布・鰹節などの物品に関して「これは進貢の時に土産として唐へ持ち渡り官人方へ進呈するのです。……かつ大清では琉球物は少しも販売いたしませんへ(27)」（傍点は著者による）との説明がなされているが、実際は、昆布・鰹節などの日本産品が薩摩を経由して琉球へと運ばれ琉球産のエラブウミヘビなどとともに進貢に付随する貿易の中で清に売却されていたのである〔真栄平二〇〇三：一五四―一六六頁〕。それは幕府の規制に抵触する行為であったため〔上原一九八一a：一七八―一八三頁〕、琉薩の結託により隠蔽されたと見られる。このように御外聞の維持には、幕府に対する琉球の「恭順」を琉薩が協力して創出し、薩幕間の矛盾を調整・解消するような行動も含まれていたのである。なお第一・二部で示したように王府は薩摩に対しても組織的に「恭順の体面」を維持しており、その中では度々中日の支配秩序の矛盾が調整されていた。

すなわち琉日（琉・薩・幕）関係には二重の調整弁と「面従」構造が存在していたのであり、その一端が「御外聞」という論理によって正当化されていたのである。

2　名護親方と中・日関係

次に訓令の⑩項から御外聞の一側面をより深く探ってみたい。まず⑩項の内容を挙げる。

　久米村人は先例通り参府させる。先年名護《なご》親方《ウエーカタ》が参府した時には、江戸で書跡・詩作などの作成を命じられ、即座に応じて非常に讃嘆され、和朝（日本）での評判が宜しかったという。今回もますますこのような御用があるだろうから、十分その修行をし、御用のさいには相応しい対応をして、国の名折れにならないよう申し渡すべきである。

久米村人とは、久米村[28]に戸籍を持ち、王府の対清外交と中国的学問・思想・文化に関する文教政策を担う士集団を指す。その多くは近世以前に主に福建から渡来した華人の子孫で、「閩人《びんじん》（福建人）三十六姓」などと総称された。一方、名護親方（程順則《ていじゅんそく》、一六六三～一七三四年）は、久米村人ではあるが、華人の子孫ではないいわゆる「琉球人」である[29]。中国で儒教を修め、後に高官となった人物で、優れた漢詩人でもあった。一七一三年に琉球使節の一員として参府し、新井白石・荻生徂徠・近衛家熙らと交流を持ったことなどから日本でも名を知られていた。近世後期（一八〇七・四四・六四年）に三本の伝記が編まれ——琉球では異例のことである——、その中では儒教的規範に叶った「有徳の人物」としての名護親方像が強調されている。このことからグレゴリー・スミッツは名護が近世琉球の道徳的権威（moral authority）として象徴化されていったことを指摘する［Smits 1999: p. 70］。

さて訓令⑩項に関連する王府の示達として「古波蔵《こはぐら》親雲上《ペーチン》・当間《とうま》親雲上《ペーチン》、その他の久米村学生中へ通達すべき覚」

（年次不詳）がある。古波蔵・当間とは一八〇六年に参府した久米村人の鄭嘉訓・梁光地を指すと考えられる。その内容は以下の通りである。

このたび薩摩の唐学方が嘉味田《かみだ》親雲上《ぺーチン》(30)の詩作（漢詩）を所望されたので、旧作・即興・唐滞在中の作品などを提出したところ、家老がご覧になり、造士館（藩校）の教授陣へ吟味を命じた。すると大変に讃嘆され古今に名高い程順則（名護親方）の作品にも劣るまいと評価され、このため江戸へ送付して〔江戸滞在中の〕藩主へも上覧する予定であるという。誠に琉球国の御名を上げたので本国にも報告するよう命じられたと在番親方（鹿児島駐在の琉球役人）が伝えてきた。殊勝の至りであり、摂政・三司官は御大慶とお考えである。久米村人は〔閩人〕三十六姓の末裔で今でも儒学を専ら伝授してきているので少しも油断はないはずだが、先の嘉味田の詩作が薩摩国内だけでなく江戸までも名高く聞こえたために、今後いっそう久米村人の作品の御用を命ぜられるかもしれないので、そのように心掛けるべきである。かといって詩文を専ら稽古しろというのではなく、平素は第一に経書を本業とし、加えて百家の書翰を博覧し、往々の作品向きの御用も支障なく全て務めるようにという趣意である。とりわけ古波蔵・当間は儀衛正・楽師としてまもなく江戸へ派遣されるので、詩文・手跡にとりわけ精を出すべきである。この二役は和朝でも儒者と心得、諸国の大儒と色々作品の交流があるだろうので、その場で少しも支障がないように十分熟練していなくてはならない。後の江戸遣使の際には、博学能書の面々が派遣されて琉球国の誉を得ることもあるだろう。〔しかし今回の〕両人がそもそも〔詩文や手跡に〕長じていなければ、唐栄（久米村）の人才の衰微が知れ渡り、久米村の恥辱となるだけでなく、畢竟〔国の〕御名折れにもなるので、このことを深く理解して、日夜精を出すようにとの仰せである。(31)

この示達と先の訓令⑩項からは、王府が、久米村人（久米士）に対して、日本でも高い名声を得ていた名護親方を模範に、儒教を中心とした中国的教養を――「日本の大儒（大儒者）」と対等に応酬することすら可能なレベルで――研鑽・発揮して御外聞に寄与することを期待していたことが分かる（傍線部）。そこからは小国ながら中日への御勤を担うことに対する自尊心を高めると同時に、中国との関係の中で養った中国的教養（特に儒教）によって日本に対する御外聞を支えようとする国家的自意識の存在が窺える。

ところでスミッツは、蔡温が「強制された〔日本との〕関係」を「儒教的な道徳権威の関係」へと置き換えるレトリックを用いて、琉球を「その巨大な隣人たち（＝中日）と対等の道徳的地位に付けた」と指摘し、その一例として正史『球陽』（一七四三～四五年編纂）における次の記事を挙げている［Smits 1999: pp. 98–99］。

〔琉球侵攻のさいに薩摩へと連れ去られた〕王が薩摩に滞留してすでに二年が過ぎた。王は「私は中朝（中国）に仕えている。義として〔任務を〕全うすべきである」と言った。藩主は深くその〔中国への〕忠義を褒め、遂に王は釈放されて帰還した。その後、国は平和と安穏に帰したのであった。[32]

ここでは国王の連行という国辱的事態が、薩摩藩主ですら褒め称える程の「中国皇帝に対する臣節を尽くす琉球国王の忠義物語」へと完膚なまでにすり替えられており、まさにスミッツが明察したごとく「儒教的な道徳権威」における琉球国王の地位が、薩摩藩主と同等――あるいはそれ以上――にまで引き上げられていると言えよう。そしてそこではまた儒教的道徳のみならず、中国との関係それ自体も琉球の国家的自意識の発揚を支えているのである。

翻って近世後期に編纂された名護親方の伝記を見てみると、そこでは名護が儒教的規範に叶った有徳の人物であることと同時に、清において大儒・陳元輔に学び、清で入手した書籍類や朱熹の遺蹟、および福州で自ら版行した儒教的道徳書『六諭衍義』を琉球にもたらし、その文教策や学識を陳元輔や冊封使に賞賛されるなど、中国との関係性において構築された業績が強調されている。そしてこのような名護親方を模範として、日本への御外聞に相応しい――

日本の大儒と対等に応酬することすら可能な――教養の習得を久米村人に求める王府の訓令や示達からは、先に挙げた『球陽』の記事同様の国家的自意識が窺えるのである。

こうした自意識は、日本人に対する琉球人の言動の中にも確認できる。たとえば土佐藩儒の戸部良熙がまとめた『大島筆記』には、一七六二年に藩内に漂着した琉球士らから聞き取ったとして「程順則は久米村の人である。本唐に留学し、学に富み徳義を有する知行兼備と言うべき程の人物である。学はただ詩文章と心得、また四書六経の解義と心得ている。あのような心を有するのは希なことである(33)」との記事が見える。すなわち琉球士らは日本の儒者である戸部に対して名護親方を「中国において儒教的道徳と儒教・詩文を養った人物」として誇らしげに紹介しているのである。

また一八〇一年春に薩摩を訪れた肥後藩士（氏名不詳）は、琉球に詳しい薩摩人から名護親方の善行伝を聞かされ(34)、その四日後には薩摩に滞在中の琉球士から「程順則は名護親方と言う。具志頭親方（蔡温）も好人物で、順則に次ぐ程の人である(35)」と聞かされている。そこからはこの時期、薩摩にも名護親方の儒教的美談が伝播していたこと、名護同様に蔡温も「日本に対して誇るべき琉球人」と自認されていたことがわかる。このように王府が国内（特に士）に喧伝した王国像は、近世の琉球人に一定程度浸透し、彼らの自意識を支えつつ、日本（人）に向けて発揮されることがあったのである。

3　王国像と薩摩

王府は国内のみならず薩摩に対しても王国像の維持への協力を求め、しかもそのさいに中国との関係を利用することがあった。一七九六年七月に鹿児島駐在中の在番親方・与世《よせ》山《やま》親方《ウエーカタ》朝郁《ちょういく》から藩に提出された口上覚を見てみたい。

平松三位様[36]から琴背の銘字に〔琉球〕国王の揮毫を依頼されたので、作成・提出を〔藩から〕命ぜられたと琉球へ伝えるよう、先日、岩下佐次右衛門殿の御取次で下命された。これに関して次のように請願した。国王が幼少なので揮毫は固辞され代筆を指示されることもあろうが、国王の諱なども記されるので代筆では本意に叶わない。とはいえ直筆も難しいので色々心労となるはずと推察する。〔これに関しては他に命じていただきたいが、そのように上申することは大変恐縮で甚だ苦悶しているので先の趣旨を御賢慮によって宜しくお取計らいいただきたく幾千万にもお願い申し上げる。〕我々も非常に心中苦悶していると察していただきたい。また国王の書跡は、御国（薩摩）の御用の額字などは書いて差し上げたこともあるが、〔日本の〕他国の御大家の依頼で器物などの揮毫をした先例はない。ただし唐では官位ある能筆家へ頼めば、分に応じて作成してくれるので、その方面へ依頼すべきだろうか。これらの趣旨を佐次右衛門殿まで〔琉球の〕御内意として伝えたところ、藩に伝えられ、結局こちらの内願の通りとなり、唐官人の揮毫も依頼には及ばないとされ、先刻渡された御書付による御注文は撤回された。誠に有り難いことである。このため恐縮ながらさらなるお願いを申し上げる。琉球は御幕下（薩摩の臣下）ではあるが、唐の藩国であり王号拝受の御取分をもって表向きにおいても格別の御待遇を受けているので、国王の名・印などをおろそかにしないことは、畢竟、御当国（薩摩）の御威光の重みを増すことにも叶うのではないかと考える。したがって以後もしこうしたご依頼があっても国王の揮毫は下命しないと今回定めていただきたく、恐れながら御内意として請願するので、この旨を藩へ上申して下さるようお願い申し上げる。[37]

すなわち王府は、中国との君臣関係を盾に、薩摩に対して王府が描く王国像を害する要因の排除を求め、またそうすることが薩摩の御威光の増幅にも繋がると主張しているのである。そこには日本に対する〔ともすれば損なわれがちな〕王国の体面を、中国との関係を用いて保全しようとする王府の政治的戦略が見て取れる。

なお同様の論法が薩幕間でも用いられたことに付言しておきたい。一七〇九年に幕府は琉球使節の参府を無用としたことがあるが、そのさいに薩摩は、琉球は清の朝貢国の中で朝鮮に次ぐ高い席次の国であると主張して参府の実現を嘆願し、結局幕府も「琉球・朝鮮〔の清における地位〕は格別であり、〔その参府は〕第一日本の御威光になる」〔旧記雑録・追録②：二七六四号〕として薩摩の申請を認可している。(38) 本事件の詳細は先学に委ねるが、ここでは中琉間の君臣関係が琉球を支配する幕府の威光を高める要素として薩幕間でも利用された点にのみ触れておく。

おわりに

第一部第二章で論じたように、琉明・琉日関係は島津氏の琉球侵攻を中心とした政治的葛藤の中で分かちがたく結び付いていった。琉球では徐々にこれらの関係の両立・整合化が図られ、一六三〇・四〇年代には国王尚豊が「明への進貢＝日本への奉公」という国家理念を示すようになった。しかしその理念の臣下層への浸透は不十分であった。その後、明清交替を経て東アジアが安定に向かうと、首里王府は旧制を刷新し国制を整備・強化して、新たな状況――中日との二重の君臣関係――へ対応し得る国家へと自己変容を遂げていく。本章ではこの改革の中で形成された国家的自意識において、中国・日本との君臣関係がどのように位置付けられ利用されていたのかを、「御勤」と「御外聞」に着目して検討してきた。

首里王府は一八世紀前半頃から、体制教学としての儒教を援用しつつ、自らを小国ながら中日への御勤〔国の奉公/国務〕を担い、それゆえに「軽からざる」御外聞〔国の評判〕を有する国であると規定した。そしてこの御勤・御外聞という政治的論理のもとで、多様な任務――非常事態への対処から両国への御外聞に相応しい人間性の修養まで

——を王府家臣団である士の奉公へと振り分けていった。なお王府は士の奉公を「節義の勤め（非常事態への対応）」と「例職の勤め（日常の任務）」とに二分し、ともに重視する姿勢を示した。そこには「平時における遵法」と「非常時における越法」をともに是認する王府内の規範構造が反映されているものと考えられる。また王国の直接的な監督者であり、かつ幕府の臣下という点で王国の運命共同体でもあった薩摩は、御勤・御外聞への協力者として位置付けられた。

これらはそうじて中国・日本との関係および王国の国際的立場を安定的・組織的に維持するための国家的な適応策であり、国家と家臣団の方向性を一元化して王府の求心性を強化するための中日との関係の政治的利用でもあったと言えるであろう(39)。第二部で示した「中日の間で適切な位置を保ちつつ安定的な自国運営を行うための組織的かつ自律的な調整行為」が連綿と実施される状況は、まさにこうした意識構造によって支えられていたのである。

さらに御外聞に関しては、中国との関係によって養われた文化・学問（主に儒教）によって日本への御外聞を高めようとする国家的自意識の存在や、このような自意識が個々人の琉球人（特に士）に共有されて日本に向けて発揮されていた様子が確認できる。また王府は自らの描く王国像を日本に対して維持するために薩摩へ協力を求めることもあり、そのさいにも中国との関係が利用されていた。こうしたことが可能であったのは「中国との君臣関係を有する〔外〕国としての琉球」が日本側の望む王国像ともある程度合致していたためであろう。その意味で御外聞は、王国の描く王国像と日本側の期待する王国像を王国の自意識を損なうことなく接続させるための政治的論理であったとも言えよう。

注

（1）　代表的な研究として［Smits 1999、高良一九九八、田名二〇〇三］がある。

（2）一七五二年に蔡温は隠居を申請したが薩摩からの許可が出ず「在官のまま静心養老（保養）」を命じられた。その後、国王尚穆に対する冊封使の来琉（一七五六～五七年）を経て、ようやく隠居の許可が下った（「蔡氏家譜抄録」［那覇市史⑥上：三七三―三七四頁］）。

（3）琉球の歴史を最初に開いたという神話上の王統。

（4）御当国之儀、天孫氏被遊開国候得共、御政法又ハ礼式抔与申事茂然々無之、殊小国之事ニ而何篇不自由罷在候処、其末之代ょ里方々江致渡海、其働を以乍漸国用筈合置候、然共於諸間切、諸按司心次第城を相構、各争威勢年々兵乱差起候故、上下万民之憂勿論之事候、右之時節唐ょ里封王有之候付而、礼法惣体之儀者先以相立候得共、国中万事之儀付而ハ前代差而不相替、剰兵乱方々ょ里差起、国中之騒動言語道断之仕合候、其後漸々兵乱之儀ハ相鎮候得共、右通之次第ニ付而、御政法幷風俗迄段々不宜儀為有之事候、然処御国元之御下知相随候以後、国中万事思召之通相達、御政法風俗迄漸々引改、今以上下万民安堵仕、目出度御世罷成候儀、誠以御国元之蒙御厚恩、件之仕合冥加至極之御事候、右之次第前代之事ニ而、無案内之方茂可有之候間、各為納得申達候、此儀得与得其意、老若男女共難有仕合可奉存事、（沖縄県沖縄史料編集所編『沖縄県史料』前近代一、沖縄県教育委員会、一九八一年、七三頁）

（5）一、御当国の儀、偏小の国力を以唐大和への御勤御座候に付ては、御分力不相応程の御事候、然ば前代より王国にして立来候儀も、御当国諸山気脈悉致連属其形蜿蜒如龍有之、又御当国の座所も分野星辰の内洪福の星に差当申候故、此程御政道の本法乍無案内兎や角、相済来事に候、（崎浜秀明編『蔡温全集』本邦書籍、一九八四年、七六頁）

（6）一、右通御分力不相応の御勤御座候に付て、御政道の手段能々其本法を以相治不申ば国中及衰微、御蔵方何篇不自由に罷成、唐大和への御礼儀思召の通不相達、却て御無礼の筋成立候儀難計得候、（同前）

（7）豊見山は享保内検の問題の全容を詳細に解明し、琉球側が外交問題・内政問題を主張して薩摩から一定の譲歩を引き出したことを論証している［豊見山二〇〇四c：二〇〇―二〇九頁］。

（8）……御当地ハ小国之御分力を以王国之御飾有之、其上御国元江毎年上納幷上国衆之御入目、又ハ唐進貢接貢幷封王勅使指揮使抔之御入目、又ハ江戸御使者之御入目、旁以余国ニ相替り無拠御公界有之候故、必其御考を以品能可被仰定候、何そ及困窮程之事ハ絶而有御座間敷与奉存候、御当地之儀御国元之御為ニ者大分之御用相立、其上唐江戸江之御公界者私ならす御事御座候、若御当地衰微いたし右之御公界不御達程ニ罷成候ハヽ、御当地之御迷惑而已ニ而無御座、畢竟御国元之御為大粧成御厄害ニ相懸候儀疑無御座、

此儀者御国元別而肝要可被思召与奉存候、（「御検地之御法集抜書」二号、〔那覇市史⑩：八七頁〕）

(9)〔豊見山二〇〇四d：六七—七一頁〕および第一部第二章。

(10)近世琉球の士については〔田名一九九〇、渡辺二〇〇八a〕などを参照のこと。

(11)彼らは本島士族とは歴然とした区別を設けた上で農民の一部である地方役人層に与えられた身分であり、本島の地方役人（農民の一部）に士籍が与えられることはなかった。

(12)比嘉春潮は『条々』の布達時期が蔡温の「在官保養」と「隠居」の時期に相当していることを指摘している〔比嘉一九七三：三八〇頁〕。『条々』の内容詳細は〔渡辺二〇〇五a〕を参照されたい。

(13)清に対する琉日関係の隠蔽に関しては〔紙屋一九九〇b〕、第二部第四章などを参照のこと。

(14)増補版も含めて『条々』は全て沖縄県立図書館東恩納寛惇文庫蔵本である。なお〔那覇市史⑫：四五—七八頁〕で全文が翻刻されている。本章では原典・翻刻版の双方に依拠する。

(15)一、御当国之儀小国之御分力を以大和之御奉公、唐御取合之勤御座候付而ハ、唐ゟ如何様成故障之御尋歟有之候半難計得候、然者首里久米村那覇泊之奉公人上下共、平時其考を以何篇之晴様条々之儀心之及学込置、御当国幾万世目出度押通候様心得候儀、奉公人之本職ニ候、〔那覇市史⑫：五九頁〕

(16)一、奉公人節義之勤与申者、国土永代故障無之様計得候条々入精学込、其働仕候儀節義之勤与申事候、又例職之勤与申者、平時御評定所始諸座諸蔵幷唐大和旅役、諸島諸間切例式職務之事入精、首尾能相調候儀を例職之勤与申事候、例職之勤者奉公人何れ丈夫ニ相勤候段相見得候、然共例職之勤迄ニ入精、国土安危之計得無案内罷居候ハヽ、自然ゟ国土長久之御為不罷成、依事者言語道断之仕合可致出来候、奉公人者上下共、此儀随分相嗜候儀肝要ニ候、各志さへ相励入精候ハヽ、国土長久之計得輒得心可有之積ニ候、若読覚候迄ニ〆得心之機味無之候ハヽ、何程申晴候而も機味別々相成、先方落着不仕積ニ候、此段ハ国土之安危相係候間、能々思慮有之儀ニ候、〔那覇市史⑫：五九頁〕

(17)〔那覇市史⑪：一二九—一三〇頁〕（解答も）。

(18)唐大和之御格式能存不申者御奉公ニ出可差支候条、常々懸心頭万事可相嗜旨謂を立、士中江仰渡之趣、（同前）

(19)御当国之儀唐大和被遊御通融御事ニ而、御政事を始万反御両国之御格式ニ準被召行御事候得者、士之面々其嗜無之候而者御奉公ニ出差支候条、惣而右御格式ニ相懸り候儀共者常々懸心頭随分相嗜、就中唐大和渡海之節者別而気を附習来、預官職候ハヽ、御政務

御補佐ニ相成候様精々錬熟可有之候、勿論心懸宜御用立候者ハおのつから品能可被召仕候条、此旨嗳中訳ケ而可被申渡者也、（同前）

(20) 御奉公人義理正道を題目可致修行之処、士之本意取失懇望深故向々御厄害ケ間敷儀申上、且非法之仕形有之候由聞得之趣有之、御政道之妨風俗之支甚以不可然儀ニ候、如何成困窮之家生無是非賤業営候共貧富者身分之任不祥、士之節義相守義理正道之心掛万事致修行候ハヽ、是又専一之御奉公ニ而候故、跡々ゟ段々被仰渡旨趣も御座候処、全ク其守達無之儀至極残念之至候、御当地之儀唐大和致通融事候得者専御国之御外聞相掛可申与歎敷事候、……（「万書付集（琉球資料一六六・琉球雑記）」〔那覇市史⑪：六二九頁〕）

(21) 鎌倉芳太郎ノート四四号（沖縄県立芸術大学附属・芸術資料館蔵）所収「（承前）江戸立之時仰渡幷応答之条々之写」。

(22) 長袖国《ちょうしゅうこく》（文官の国）のイメージの投影か。なお朝尾直弘は、秀吉が文禄の役にさいして「日本弓箭きびしき国」と「大明の長袖国」とを対置したことを挙げ、日本で武士がこの言葉を発する時は蔑称の響きを持つことが多いと述べている〔朝尾一九九一：一一二―一一三頁〕。

(23) 真境名・豊見山の見解の典拠は宝永六（一七〇九）年九月二十六日付で発された薩摩藩から琉球への布達である〔旧記雑録・追録②：二八六一号〕。これは一七一〇年の江戸上りにさいして、家老の新納市正久珍・島津帯刀忠休の意向として琉球に伝えられた。

(24) 〔真境名・島倉一九五二：四三六―四三七頁〕。真境名の典拠は鎌倉芳太郎が筆写した一連の史料の原本であろう。なお白石と琉球使節との面会に関しては〔宮崎一九七三〕に詳しい。

(25) 鎌倉芳太郎ノート四四号。

(26) 鎌倉芳太郎ノート四三号。

(27) 右進貢之時唐江持渡為土産物官人方江進申候……且又琉球物於大清売候条少も無御座候、（鎌倉芳太郎ノート四四号）

(28) 現在の那覇市久米一帯。

(29) 那覇の士であった父・程泰祚が王命により断絶していた程氏を継ぎ久米村に入籍した。

(30) 漢詩人として著名な楊文鳳（嘉味田親雲上兆祥）であろう。

(31) 小〔古〕波蔵親雲上・当真親雲上其外久米村学生中江可被相達覚

今度於御国元ニ唐学方役々ゟ嘉味田親雲上詩作懇望有之、旧作即興唐滞在中之作為等書出候処、御家老中御見届相成、造士館教授役々江吟味被仰付候処、至而讃嘆有之、古今名高キ程順則之作為ニも劣間敷旨被申出、依之江戸江差登太守様被備御覧筈候、誠ニ琉球国之御名揚ニ相成候間、此方江も可申上趣旨為被仰渡由、在番親方より申越有之、殊勝之至摂政・三司官御太慶被思召候、然者久米村〔人〕之儀、三十六姓之後裔今以儒学専被相授置候付、聊油断ハ無之筈候得共、右通嘉味田滞在中致詩作、御国中ハ勿論江戸表迄名高相聞得候付而ハ、此以後猶又久米村人之作為御用も被仰付候間、一涯其心懸可有之候、然迚詩文章を専稽古仕候ニ与之儀ニ而ハ無之、平常第一経書を本業にして、其外百家之書翰致博覧、往々作為向之御用も無支一統相弁候様ニ与之御趣意候、就中小〔古〕波蔵・当間事ハ儀衛正・楽師ニ而追々江戸江も被差登筈候得者、詩文手跡取分出精可有之候、右両役者於和朝ニも儒者之事ニ相心得、諸国大儒之面々ゟも作為之交通段々可有之候条、其場少も無支様精々錬熟可有之候、跡々江戸立之節ハ博学能書之面々罷登、琉国之誉を取候方も有之候処、右両人夫長無之候得者、唐栄之人才衰微之筋相聞得、久米村之恥辱者不及申、畢竟御名折ニ相成事候条、此旨深ク汲受夜白致出精候様ニ与之仰ニ候事、（〔那覇市史⑪：七六七頁〕。欠落部は同文文書である「稽古案文集」『史料編集室紀要』二七、二〇〇二年、二七一頁、二四番にて補った）

(32) 王留薩州已経二年、王言、吾事中朝、義当有終。太守公深嘉其忠義、卒被放回、然後国復晏然。〔球陽：二一五〇号〕

(33) 「大島筆記」雑話・上、宮本常一ほか編『日本庶民生活史料集成』一、三一書房、一九六八年、三六二頁。

(34) 「薩遊紀行」『史料編集室紀要』三一、二〇〇六年、二三九頁。

(35) 同前、二四一頁。

(36) 島津家と関わりの深い公家・平松家の八代時章（一七五四～一八二八年）であろう。

(37) 平松三位様より琴背銘字国王染筆之儀御頼候間、出来被差出候様被仰付候、右之趣琉球江可申越旨先達而岩下佐次右衛門殿御取次を以被仰渡、右ニ付奉願趣者、国王幼少之事候得者染筆之儀別而斟酌被存、代筆ニ而も可被申付候得共、国王諱等有之事ニ而其通ニも難仕、旁以被及心労筈与推察仕、〔右に付ては外に被仰付被下度念願奉存候へ共、右様申上候はゞ別て恐入奉存、甚悶居申候間、件之趣御賢慮を以宜御取計被下度、千万奉願候事、〕到私共甚以心痛仕候間、件之趣御察被下度、且又国王書跡之儀、御国御用額字等者書認被差上候儀者有之候得共、他国御大家方依御頼器物等之染筆被致候儀先例も無御座候、尤於唐官位有之能筆江相頼候得者随分出来申事御座候間、其筋ニも可被仰付哉之旨、佐次右衛門殿迄御内意申上被達御聴候処、内願通御都合宜相済、尤唐官人江染筆頼越候ニも不及筋可相心得段も承知仕、最前被渡置候御書付御註文御取返相成、誠以難有仕合奉存候、依之猶又乍恐奉願候、琉球御幕下之儀ニ者御座候得共、唐ゟ王号拝受之御取分を以、於公辺も格別之御取扱も有之事候得者、国王名印等仮初ニ不被致儀、畢竟御当国之御威光を奉重候一筋ニも相叶可申哉与奉存候間、向後右様御頼有之候共、国王染筆之儀者不被仰付筋ニ此程御規定被成置被下度、乍恐御内意を以奉願候、此旨被仰上可被下儀奉頼候、以上、(『那覇市史⑪：七七六頁』および『那覇市史②：二一八―二一九頁』。[ ]内は「古老集記」(小野武夫編『近世地方経済史料』一〇、近世地方経済史料刊行会、一九三二年、四三二頁)によって補訂挿入した)

(38) 琉球使節の参府は島津氏の官位昇進と結び付いていた。なお本件に関しては全面的に[紙屋一九九〇b]に依拠している。

(39) スミッツは、蔡温が中日との関係を有することによる緊張感や切迫性を利用して琉球の国家像を構築し、この国家の命運は蔡温の描く儒教社会の実現によってのみ維持され得るとする主張のもとで国内政策を推進したことを指摘している[Smits 1999: ch. 3]。

終章　近世琉球と中日関係

はじめに

本書では、近世期（一六〇九～一八七九年）の琉球王国に焦点を当て、その国際的位置がどのように形成され、かつ維持されていたのかを、東アジアの国際状況――とりわけ中日関係――と琉球の国家的営みの両面から検証してきた。本章では、その分析成果を総括し、そこから導き出し得る近世琉球の国家的特質と歴史的意義を指摘したい。

一　狭間の形成

近世琉球の国際的位置は、一六世紀前後の東アジアの動乱の中で、中日関係の展開と密接に連動しながら形成された。

日本では一七世紀初に成立した徳川政権が、豊臣政権からの課題であった国家間関係の構築による日明貿易の独占的掌握を目指し、島津氏を通じて明との交渉仲介を琉球に求めた。琉球侵攻はこの政策の一環であり、侵攻後の幕府・薩摩は明の反応を窺いながら対明・対琉政策を展開した。一方、日本の侵略性に警戒を強めつつ自らの権威と国際秩序を維持しようとした明は、琉球問題を日明間の問題と捉え、属国・琉球の維持が日本に対する優位性の確保に繋がると認識していた。したがって明は、琉日の結託を疑い琉球への態度を硬化させながらも琉球を拒絶することはなかった。すなわちこの時期、日明両国は琉球をそれぞれの対明・対日戦略の重要な要素と見なし、互いの動向を見据えながら「琉球」という綱を引き合っていたのである。琉球が日明どちらにも完全には包摂されない位置を両国の狭間に形成し得た最大の要因は、こうした日明の関係性にあった。

加えて、この過程において琉球が示した積極性もまた重要な意味を持っていた。琉球はすでに侵攻の前段階から、深まる日明の対立構造の中で自らの在り方を模索し、日本の政治的・軍事的要求に「ある程度」応じながら明へも「従う」二方面的な外交策を展開していた。侵攻後この両義的な姿勢はより強化され、琉球は明へ琉日共存の可能性を説きつつ日本の台湾出兵を抑制する存在として自らをアピールする一方、日本の対明交渉の仲介を試みるなど、両国の相容れない要望に個別に応じようとした。それはまさに琉球が日明それぞれに対して自らの存在意義を示し、二国の狭間に積極的に位置を獲得しようとする試みであったと言えよう。

やがて幕府（および薩摩）は徐々に方針を転換し、最終的に日明の国家間関係の構築を断念して琉球を通じた間接的な関係の充実を目指すようになった。これに伴い日明それぞれに対する琉球の外交は「明との関係改善により日本（幕府・薩摩）の要請に応じる」という方針に統合されていった。また国王尚豊はこの外交姿勢を『明への進貢＝薩摩への奉公』こそ王国存続の根本である」として理念化し、この認識の臣下層への浸透を図った。すなわち琉球は、自らの獲得した国際的位置を、組織的にかつ矛盾なく支えるような国家体制の構築に向けて踏み出そうとしていたのである。

こうした中で発生した明清交替は、結果的に琉球の国際的位置の確定に大きく寄与することになった。明とは異なり幕府は清の存在を脅威と見なし、琉球に関して清の支配秩序を優先する意向を示したため、琉球に併存する清日の支配秩序の序列構造が確定したのである。これにより明清交替の動乱の中で一時的に日本の支配秩序に傾斜を強めていた琉球は、清の支配秩序——広義には中国を中心とした伝統的な国際秩序——へと回帰し、清への「忠誠行為」（実際は虚偽）の実績をアピールするなどして琉清関係の充実を図った。これを受けて清もまた積極的に琉球を優遇した。支配確立期の清にとって忠実な朝貢国・琉球の存在は政治的に重要であったと考えられる。

二　狭間の運営

こうして定まった近世琉球の国際的位置は、清日二国の支配秩序を併存させながら、近世末期まで比較的安定的に維持された。そこでは東アジア情勢の沈静化に加え、以下の三つの要素が重要な意味を持っていた。

第一は、先述した琉球における清日の支配秩序の序列構造の存在である。清日の関係性を背景としたこの構造の下では、日本の支配秩序の可動域は琉清関係を侵さない範囲内に限定されており、このため琉球では清日の支配秩序の決定的な衝突は生じ得なかった。

第二は、二秩序間の微細な矛盾を調整する琉球（首里王府）の自律的行為の存在である。琉球は清日の支配秩序の相違を把握した上で、清日各々への「臣従」の建前を固持しつつ、自国にとって最も整合性を持つように二秩序の矛盾を調整する国家運営を行っていた。また王府内には士（士族）層にそのノウハウを職務として学習させ、その習得や実践を家や個人の功績と結び付けて推奨する政治的構造が存在していた。その意味で王府の組織的な調整行為は、単なる外交上の処世術に留まらず、王府体制の中に内在化した「政治的機能であったと言えるだろう。

第三は、清日の支配秩序の序列構造から派生した「清に対する琉日関係の隠蔽政策」の存在である。この政策は、幕府の意向を汲んだ薩摩の指示と自国の安定を図る琉球の積極的な取り組みによって推進され、第一・第二の要素、すなわち清日の支配秩序の衝突回避と矛盾調整を補完していた。特に後者において琉球はしばしば薩摩には内密に日本の規制――それは琉球において「国法」化されていた――に「違反」していたが、これが可能であったのは薩摩側の内政不干渉の方針に加え、隠蔽政策によって琉清関係に対する薩摩役人の直接的な監視・介入を回避し得たことが大きかったと考えられる。すなわち隠蔽政策は、清のみならず日本に対しても壁を形成し、琉球に独自の裁量を発揮し得る空間をも保障していたのである。一方で、清の冊封使が琉日関係に気付きながらも明言や追及を避けるなど、「隠蔽」は清の側からも補強される側面があった。

このように琉球の国際的位置は、清日の関係性に基づく国際構造を前提とした琉球の自律的な国家運営によって維持されていた。それは清日の狭間における自国の安定的な存続を意図した営みであったが、結果的に二大国を安寧に隣り合わせる営みにも通じていたのである。

三　狭間の思想

こうした琉球の自律的な営みを支える体制は、一七世紀後半から一八世紀後半にかけて首里王府が旧制を刷新し「近世」的な国家へと自己改革を遂げる中で、家臣団の再編・身分制の確立・体制教学としての儒教の導入などといった諸施策と密接に関わり合って整備された。

この改革の中で首里王府は、自らを小国ながら中日への御勤（国の奉公／国務）を担う国家であると規定し、この概念を国内――とりわけ王府の構成員である奉公人（士）層――に浸透させ、同時に御勤に関わる様々な責務を士個々人の職務（奉公）の中に振り分けていった。また王府は士の職務を「節義の勤め（非常事態への対応）」と「例職の勤め（日常の任務）」に二分して、ともに重視する姿勢を示した。この姿勢は改革を推進した政治家・蔡温の唱える儒教思想の特徴――「臨機応変」の重視――とも相通ずるものであり、そこには「平時における遵法」と「非常時における越法」をともに是認する王府内の規範構造（＝規範の重層化）が反映されている。このような規範の在り方は、清日への二重の「臣従」――自国の存続や安寧のためであれば両国の支配秩序への「違反」も可であった――を矛盾なく支える王府の施策の一つであったと考えられる。

加えて王府は士に対し、清日と通交する国としての軽からざる御外聞（国の評判）への自覚と、この御外聞にふさわしい行動をも義務付けていた。たとえば琉球には、中国との関係によって培われた文化・学問を体現することで日本に対する御外聞を高めようとする国家的自意識が存在していたが、琉球の士にはそのための修行に励むことが求められたのである。

こうして近世中後期の琉球には、士が、御勤や御外聞のための技能・知識・学問・教養の習得に励み、国家の命運と直結させながら自らの昇進や（子孫や一族にまで及ぶ）功績獲得を目指す意識構造が形成された。これは中日との関係および王国の国際的立場を安定的・組織的に維持するための国家的な適応策であり、国家と家臣団の方向性を一元化して王府の求心性を強化するための中日との関係の政治的利用でもあった。そうじて言えばそれは清日との関係の「究極の」――その二関係がなければ国家は成立しない程の――内在化であったと言えよう。

四　近世琉球の国家的特質と歴史的意義

以上から、少なくとも次のような近世琉球の国家的特質と歴史的意義が指摘できよう。

第一に、近世琉球は、中日の関係性を活用して構築・維持された国家である。

一六世紀前後の動乱の時代の葛藤を経て、中日両国はそれぞれを中心とする求心的な秩序体系を成立させ、国家間関係の構築（すなわちどちらかへの臣従）をともに回避することで相互安定を図るようになった。この中日関係の展開に対し、琉球は、中日と国家間関係を有する（＝臣従する）主体として進んで両国の狭間に立ち、双方の求心性を同時に満たす役割を引き受けることで、中日どちらにも完全には吸収されない位置を獲得していった。さらに琉球は、この位置を自律的に運営・維持する国家体制を構築することで、中日の狭間における自らの安定的な存続を実現したのである。すなわち近世琉球は、中日の関係性への自己適応の産物であり、またこの関係性を最大限に活用することによって構築・維持された国家であったと言えよう。

第二に、近世琉球は、中日の関係性を管理・調整した国家である。

前記の体制による国家運営の中では、中日への両義的な外交――「臣従」の建前――を貫きつつ、中日の支配秩序の矛盾が自国にとって最も整合性を持つように調整されていた。それはあくまでも中日の狭間における自らの安寧を確保するための営みであったが、結果的に中日それぞれの支配秩序の外観を損なうことなく隣り合わせ、中日間の――広義には東アジアの――「平和」の一端をも創出する営みに通じていた。すなわち中日の実質的な境界は、まさに琉球の自律的な国家運営の中で管理・調整されていたのである。

なお本書では、近世琉球の国際的位置の形成と維持に焦点を絞ったため、その動揺と崩壊に関する検討を十分行うことができなかった。ここでは本書の成果からこの問題に敷衍するための見通しとして、近世琉球における国家運営は、自らの国際的位置の安定化を志向すればするほど、中日二国への対応に特化・収斂し、それ以外の他者の参入、およびそれによって引き起こされる事態に対する柔軟性を失うという逆説的な命運を有していたことを指摘するに留め、本格的な分析検討は今後の課題とすることにしたい。

おわりに

前近代のアジアには、琉球のみならず、対馬（朝鮮・日本の狭間）、シップソーンパンナー（ビルマ・中国の狭間）、カザフ（ロシア・中国の狭間）など、複数の大国に重層的に「従う」狭間が共時的に存在していた。[1] これらの狭間を成り立たせる大国の支配秩序に関しては、二〇世紀後半以降、盛んに研究と理論化（モデル化・図式化）が進められてきたが、大国を成り立たせる小国の、とりわけ複数の大国を同時に成立させる狭間の実態解明や理論化は相対的に不十分であるように思われる。しかし本書において示したように、東アジアにおける中国・日本（大国）の支配秩序の併存（＝求心性の両立）に対して、琉球（狭間）の自律的営みが果たした役割は少なくない。また琉球は中日の支配秩序を相対化し、その実態や限界性を照射し得る歴史的存在でもある。こうした状況を鑑みるに、狭間は前近代のアジア地域の国際関係をより深く読み解く重要な手掛かりの一つであると言い得るであろう。今後は狭間の実態解明と比較分析を一層進展させ、また狭間から大国を相対化し、単なる支配・被支配や強弱の観点からではなく、相互に補完し合う固有性の総体としてアジアを、さらには世界を捉え直していくことが、歴史学全体の課題となるだろう。

注

（1）　参考として対馬［田代一九八三］、シップソーンパンナー［長谷川一九九一］、カザフ［佐口一九六六、野田二〇一一］を挙げておく。

参考文献

朝尾直弘「鎖国制の成立」歴史学研究会・日本史研究会編『講座日本史』四、幕藩制社会、東京大学出版会、一九七〇年
〃『日本の歴史』一七、鎖国、小学館、一九七五年
〃「東アジアにおける幕藩体制」朝尾直弘編『日本の近世』一、中央公論社、一九九一年
荒木和憲「一五・一六世紀の島津氏―琉球関係」『九州史学』一四四号、二〇〇六年
安良城盛昭『新・沖縄史論』沖縄タイムス社、一九八〇年
荒野泰典「幕藩制国家と外交――対馬藩を素材として――」『歴史学研究』別冊特集、一九七八年
〃「日本型華夷秩序の形成」朝尾直弘ほか編『日本の社会史一　列島内外の交通と国家』岩波書店、一九八七年
〃「近世日本の漂流民送還体制と東アジア」『近世日本と東アジア』東京大学出版会、一九八八年（初出一九八三年）
〃「江戸幕府と東アジア」『日本の時代史一四　江戸幕府と東アジア』吉川弘文館、二〇〇三年
池内　敏「日朝漂流民送還制度における幕藩関係」『近世日本と朝鮮漂流民』臨川書店、一九九八年（初出一九九六年）
石原道博『明末清初日本乞師の研究』冨山房、一九四五年
〃『倭寇』吉川弘文館、一九六四年
糸数兼治「蔡温の権思想――その特質と限界――」琉球方言研究クラブ三〇周年記念会編『琉球方言論叢』琉球方言論叢刊行委員会、一九八七年
井上　清「沖縄」『(旧) 岩波講座　日本歴史』一六、近代三、一九六二年
伊波普猷「琉球人の解放」『伊波普猷選集』上、沖縄タイムス社、一九六一年（初出一九一四年）
〃「支那の動乱と琉球の態度」『琉球古今記』刀江書院、一九二六年 a

伊波普猷　「空道について」同書、一九二六年b
〃　「沖縄歴史物語」『伊波普猷選集』中、沖縄タイムス社、一九六二年（初出一九四七年）
岩井茂樹　「清代の互市と〝沈黙外交〟」夫馬進編『中国東アジア外交交流史の研究』京都大学学術出版会、二〇〇七年
岩生成一　「長崎代官村山等安の台湾遠征と遣明使」『台北帝国大学文政学部史学科研究年報』第一輯、一九三四年
〃　『日本の歴史』一四、鎖国、中央公論社、一九七四年
上里隆史　「古琉球・那覇の「倭人」居留地と環シナ海世界」『史学雑誌』一一四―七、二〇〇五年
〃　「毛国鼎の琉球渡来とその歴史歴意義」『第一一回琉中歴史関係国際学術会議論文集』二〇〇八年
上田　信　『中国の歴史九　海と帝国』講談社、二〇〇五年
上原兼善　「薩摩藩における唐物仕法体制の確立過程」『史淵』一一二号、一九七五年
〃　『鎖国と藩貿易――薩摩藩の琉球密貿易――』八重岳書房、一九八一年a
〃　「琉球の支配」加藤榮一ほか編『講座日本近世史二　鎖国』有斐閣、一九八一年b
〃　「幕藩制国家の成立と東アジア世界――琉球国・明国・朝鮮国の動向を中心に――」『地方史研究』一九七、一九八五年
〃　「明清交替期における幕藩制国家の琉球支配」箭内健次編『鎖国日本と国際交流』上、吉川弘文館、一九八八年
〃　「一七世紀末期における琉球国の動向」琉球王国評定所文書編集委員会編『琉球王国評定所文書』六、浦添市教育委員会、一九九一年
〃　「豊臣政権の朝鮮出兵と琉球国」『幕藩制形成期の琉球支配』吉川弘文館、二〇〇一年a（初出一九九六年）
〃　「初期徳川政権の東アジア外交と琉球国」同書、二〇〇一年b（初出一九九九年）
〃　「徳川政権の成立と琉球国」同書、二〇〇一年c
〃　「秀忠政権の対外政策と島津氏の動向」同書、二〇〇一年d
〃　「琉球貿易への介入」同書、二〇〇一年e

〃　『島津氏の琉球侵略――もう一つの慶長の役――』榕樹書林、二〇〇九年
梅木哲人　「近世における薩藩琉球支配の形成」『史潮』一一二、一九七三年
　〃　「琉球における鎖国について」『史潮』新一五、一九八四年
　〃　「薩摩侵入直後の琉球・中国関係」『第八回琉中歴史関係国際学術会議論文集』二〇〇一年
梅谷献二・安富和男　『毒虫の話』北隆館、一九六九年
沖縄歴史研究会　「沖縄史研究の現状と課題」『歴史評論』五〇〇、一九九一年
小渡清孝　「新入唐栄人」池宮正治ほか編『久米村――歴史と人物――』ひるぎ社、一九九三年
鹿児島県　「明清興亡の影響」鹿児島県編『鹿児島県史』鹿児島県、一九四〇年
紙屋敦之　「薩摩の琉球侵入」琉球新報社編『新琉球史――近世編（上）――』同社、一九八九年
　〃　「琉球支配と幕藩体制」『幕藩制国家の琉球支配』校倉書房、一九九〇年a（初出一九七六年）
　〃　「幕藩体制下における琉球の位置――幕・薩・琉三者の権力関係――」同書、一九九〇年b（初出一九七八年）
　〃　「島津氏の琉球侵略と権力編成」同書、一九九〇年c（初出一九八〇年）
　〃　「七島郡司考――日琉関係の隠蔽――」同書、一九九〇年d（初出一九八五年）
　〃　「幕藩制国家の成立と東アジア」同書、一九九〇年e（初出一九八七年）
　〃　「対明政策と琉球支配――異国から「異国」へ――」同書、一九九〇年f（初出一九八九年）
　〃　「徳川家康と琉球王の対面に関する一史料」『日本史攷究』二三、一九九六年
　〃　「日琉関係の隠蔽と宝島」『大君外交と東アジア』吉川弘文館、一九九七年（初出一九九〇年）
　〃　「琉球の中国への進貢と対日関係の隠蔽」早稲田大学アジア地域文化エンハンシング研究センター編『アジア地域文化学の発展』雄山閣、二〇〇六年
川勝　守　『日本近世と東アジア世界』吉川弘文館、二〇〇〇年
菊山正明　「琉球王国の法的・政治的地位――幕藩体制との関連において――」『沖縄歴史研究』一一、一九七四年

岸本美緒　「東アジア・東南アジア伝統社会の形成」樺山紘一ほか編『岩波講座　世界歴史』一三、岩波書店、一九九八年
喜舎場一隆　「近世薩琉関係の一面――密貿易統制を中心として――」『琉球大学法文学部紀要』社会篇一五、一九七一年
〃　「近世期琉球の対外隠蔽主義政策」『近世薩琉関係史の研究』国書刊行会、一九九三年ａ（初出一九七一年）
〃　「「馬艦船」新考」同書、一九九三年ｂ（初出一九七四年）
〃　「明末・清初の朝貢と薩琉関係」同書、一九九三年ｃ（初出一九八七年）
〃　「明末の琉明関係について――貢期の改定を中心として――」『海事史研究』五三、一九九六年
金城正篤・高良倉吉　『「沖縄学」の父・伊波普猷』清水書院、一九八四年
葛本一雄　「漂着船をめぐる琉・薩・清の関係」創立二〇周年記念論文集発刊部会編『東アジアにおける社会と文化』大阪経済法科大学出版部、一九九二年
久芳　崇　「朝鮮の役における日本兵捕虜――明朝による連行と処置――」『東方学』一〇五、二〇〇三年
桑江常格　「薩摩の琉球征伐とその諸条件」『歴史科学』三―八、一九三四年
呉　元豊　「清朝初期における琉球国王尚質の冊封について」財団法人沖縄県文化振興会公文書館管理部史料編集室編『第三回琉球・中国交渉史に関するシンポジウム論文集』沖縄県教育委員会、一九九六年
小葉田淳　「近世初期の琉明関係――征縄役後に於ける――」『増補中世南島通交貿易史の研究』臨川書店、一九九三年復刊（初出一九四一年）
小林茂・松原孝俊・六反田豊　「朝鮮から琉球へ、琉球から朝鮮への漂流年表」『歴代宝案研究』九、一九九八年
佐口　透　『ロシアとアジア草原』吉川弘文館、一九六六年
崎原　貢　「渡唐銀と薩琉中貿易」『日本歴史』三二三、一九七五年
滋賀秀三　「清代の法制」坂野正高・衛藤瀋吉・田中正俊編『近世中国研究入門』東京大学出版会、一九七四年
島尻勝太郎　「明末清初の内戦と琉球――空道と二様の文書――」『近世沖縄の社会と宗教』三一書房、一九八〇年
下村富士男　「「琉球王国」論」日本歴史学会編『日本歴史』一七六、一九六三年

関　周一　「一五世紀における朝鮮人漂流人送還体制の形成」『歴史学研究』六一七、一九九一年
平　和彦　「近世奄美諸島漂着の中国人と朝鮮人の護送」南島史学会編『南島――その歴史と文化――』三、第一書房、一九八〇年
高瀬恭子　「明清交替時における琉球国の対中国姿勢について」『お茶の水史学』二二、一九七八年
高良倉吉　「近代の沖縄歴史研究」『沖縄歴史論序説』三一書房、一九八〇年
〃　『御教条の世界――古典で考える沖縄歴史――』ひるぎ社、一九八二年
〃　「琉球・沖縄の歴史と日本社会」朝尾直弘ほか編『日本の社会史一　列島内外の交通と国家』岩波書店、一九八七年
〃　『琉球王国』岩波書店、一九九三年
高良倉吉ほか　「地方史研究の現状⑰沖縄県」『日本歴史』五七〇、一九九五年
高良倉吉　「琉球王国の展開――自己改革の思念、「伝統」形成の背景――」樺山紘一ほか編『岩波講座　世界歴史』一三、岩波書店、一九九八年
〃　「琉球の形成と環シナ海世界」大石直正ほか編『日本の歴史一四　周縁から見た中世日本』講談社、二〇〇一年
田代和生　『書き替えられた国書――徳川・朝鮮外交の舞台裏――』中央公論社、一九八三年
田名真之　「近世久米村の成立と展開」琉球新報社編『新琉球史――近世編（上）――』同社、一九八九年
〃　「身分制――士と農――」琉球新報社編『新琉球史――近世編（下）――』同社、一九九〇年
〃　「古琉球の久米村」琉球新報社編『新琉球史――古琉球編――』同社、一九九一年
〃　『沖縄近世史の諸相』ひるぎ社、一九九二年
〃　「平等学校所と科試」高良倉吉・豊見山和行・真栄平房昭編『新しい琉球史像――安良城盛昭先生追悼論集――』榕樹社、一九九六年
〃　「存留通事の職と使命――乾隆一一年の漂着事件の処理をめぐって――」財団法人沖縄県文化振興会公文書館管

理部史料編集室編『第五回琉球・中国交渉史に関するシンポジウム論文集』沖縄県教育委員会、一九九九年
田名真之「明清交替期の琉球」『第六届中琉歴史関係学術検討会論集』二〇〇〇年a
〃「琉球家譜の成立と門中」『歴史学研究』七四三、二〇〇〇年b
〃「自立への模索」豊見山和行編『日本の時代史一八 琉球・沖縄史の世界』吉川弘文館、二〇〇三年
田中健夫「琉球に関する朝鮮史料の性格」『中世対外関係史』東京大学出版会、一九七五年（初出一九七三年および一九六六年）
〃「相互認識と情報」荒野泰典ほか編『アジアのなかの日本史』Ⅴ、自意識と相互理解、東京大学出版会、一九九三年
田港朝昭「琉球と幕藩制社会」『岩波講座 日本歴史』一一、岩波書店、一九七六年
千葉恵菜「近世初頭の「ばはん」問題と島津氏――対明交渉の関係から――」『南島史学』四七号、一九九六年
鶴成久章「明代の「登科録」について」『福岡教育大学紀要』五四―一、二〇〇五年
輝広志「「琉球史料」の史料学的研究（一）」安江孝司代表科研成果報告書『琉球列島における社会的、文化的ネットワークの形成と変容に関する総合的研究』法政大学、二〇〇四年
渡口眞清『近世の琉球』法政大学出版局、一九七五年
徳永和喜「薩摩藩の朝鮮通事」岩下哲典・真栄平房昭編『近世日本の海外情報』岩田書院、一九九七年
〃「薩摩藩の唐通事について」『南島史学』五一、一九九八年
〃『薩摩藩対外交渉史の研究』九州大学出版会、二〇〇五年
トビ、ロナルド『近世日本の国家形成と外交』創文社、一九九〇年（原書一九八四年）
〃「変貌する「鎖国」概念」永積洋子編『「鎖国」を見直す』山川出版社、一九九九年
〃「近世初頭対明の一外交文書諸本の系譜――誤写、誤読、誤記の系譜と日本型「華夷」論――」『東京大学史料編纂所研究紀要』一三、二〇〇三年

土肥祐子「中琉貿易における王銀詐取事件——『歴代宝案』第一集より——」『史艸』三五、一九九四年

豊見山和行「江戸時代の「難民」問題——琉球国における漂流・漂着を中心に——」『国際交流』六二、一九九三年

〃「一七世紀における琉球王国の対外関係——漂着民の処理問題を中心に——」藤田覚編『一七世紀の日本と東アジア』山川出版社、二〇〇〇年

〃「近世琉球における漂流・漂着問題——漂流民救護と日本漂着事例から——」『第八回琉中歴史関係国際学術会議論文集』二〇〇一年

〃「琉球・沖縄史の世界」『日本の時代史一八　琉球・沖縄史の世界』吉川弘文館、二〇〇三年

〃「薩摩藩支配下の裁判権」『琉球王国の外交と王権』吉川弘文館、二〇〇四年a（初出一九八七年）

〃「冊封関係からみた近世琉球の外交と社会」同書、二〇〇四年b（初出一九八八年）

〃「近世中期の対薩摩外交」同書、二〇〇四年c（初出一九九六年）

〃「近世初期の対薩摩外交」同書、二〇〇四年d（初出一九九九年）

〃「従属的二重朝貢国＝琉球の対外関係と貢納制」同書、二〇〇四年e（初出二〇〇〇年）

〃「序——本書の課題と構成——」同書、二〇〇四年f

〃「結」同書、二〇〇四年g

〃「虚構と実像の錯綜する島＝トカラ——近世琉球におけるトカラの歴史的役割」高良倉吉代表科研成果報告書『琉球と日本本土の遷移地域としてのトカラ列島の歴史的位置づけをめぐる総合的研究』琉球大学法文学部、二〇〇四年h

豊岡康史「清代中期の海賊問題と対安南政策」『史学雑誌』一一五—四、二〇〇六年

中砂明徳『江南——中国文雅の源流——』講談社、二〇〇二年

永積洋子『近世初期の外交』創文社、一九九〇年

仲原善忠「島津進入の歴史的意義と評価」『仲原善忠全集』上、沖縄タイムス社、一九六九年

中村栄孝『日鮮関係史の研究』下、吉川弘文館、一九六九年
中村　質「近世貿易における唐船の積荷と乗組員――関係史料とその性格について――(上)」『商経論叢』一二―一、一九七一年
〃「鎖国下の貿易――貿易都市論の視点から――」加藤榮一・山田忠雄編『講座日本近世史』二、鎖国、有斐閣、一九八一年
中村　質「漂着唐船の長崎回送規定と実態――日向漂着船の場合――」『近世対外交渉史論』吉川弘文館、二〇〇〇年（初出一九九〇年）
西里喜行「琉球分割交渉とその周辺」琉球新報社編『新琉球史――近代・現代編――』同社、一九九二年
〃「中琉交渉史における土通事と牙行（球商）」『琉球大学教育学部紀要』五〇、一九九七年
〃「土通事・謝必振とその後裔たち――中琉交渉史の一側面――」『琉球大学教育学部紀要』六〇、二〇〇二年
〃「近世末期の内政問題と対外関係」財団法人沖縄県文化振興会公文書館管理部史料編集室編『沖縄県史・各論編』四、近世、沖縄県教育委員会、二〇〇五年
西嶋定生『中国古代国家と東アジア世界』東京大学出版会、一九八三年
野田　仁『露清帝国とカザフ＝ハン国』東京大学出版会、二〇一一年
橋本　雄「朝鮮への「琉球国王使」と書契・割符制――一五世紀の偽使問題と博多商人――」『古文書研究』四四・四五合併号、一九九七年
長谷川　清「「父」なる中国・「母」なるビルマ――シップソーンパンナー王権とその〈外部〉――」松原正毅編『王権の位相』弘文堂、一九九一年
濱下武志『近代中国の国際的契機――朝貢貿易システムと近代アジア――』東京大学出版会、一九九〇年
〃『朝貢システムと近代アジア』岩波書店、一九九七年
〃『沖縄入門――アジアをつなぐ海域構想――』筑摩書房、二〇〇〇年

濱田義一郎　『大田南畝』吉川弘文館、一九六三年
春名　徹　「近世東アジアにおける漂流民送還体制の形成」『調布日本文化』四、一九九四年
〃　「東アジアにおける漂流民送還制度の展開」『調布日本文化』五、一九九五年a
〃　「漂流民送還制度の形成について」『海事史研究』五二、一九九五年b
坂野正高　「朝貢関係――「叩頭」問題――」『近代中国政治外交史』東京大学出版会、一九七三年
東恩納寛惇　「島津氏の対琉球政策」『東恩納寛惇全集』二、第一書房、一九七八年a（初出一九〇八年）
〃　「沖縄渉外史」『東恩納寛惇全集』一、第一書房、一九七八年b（初出一九五一年）
〃　「鄭迵及び其の時代」『東恩納寛惇全集』四、第一書房、一九七九年a（初出一九〇九年）
〃　「北谷親方一件」『東恩納寛惇全集』四、第一書房、一九七九年b（初出一九二八年）
比嘉春潮　「中国の三藩動乱と沖縄」『沖縄の歴史』沖縄タイムス社、一九五九年
〃　『旅行心得之条々』」『比嘉春潮全集』五、沖縄タイムス社、一九七三年
深瀬公一郎　「鹿児島琉球館に関する基礎的考察」『沖縄関係学研究会論集』四、一九九八年
〃　「環シナ海域圏におけるトカラ列島――「七島」から「宝島」へ――」高良倉吉代表科研成果報告書『琉球と日本本土の遷移地域としてのトカラ列島の歴史的位置づけをめぐる総合的研究』琉球大学法文学部、二〇〇四年
藤井讓治　「一七世紀の日本――武家の国家の形成――」『岩波講座　日本通史』一二、近世二、岩波書店、一九九四年
藤木久志　「海の平和＝海賊停止令」『豊臣平和令と戦国社会』東京大学出版会、一九八五年
夫馬　進　「増訂版によせて」夫馬進編『増訂使琉球録解題及び研究』榕樹書林、一九九九年
〃　「一六〇九年、日本の琉球併合以降における中国・朝鮮の対琉球外交――東アジア四国における冊封、通信そして杜絶――」『朝鮮史研究会論文集』四六、二〇〇八年
邊土名朝有　「明・清交替の動乱と清朝冊封体制の成立」『琉球の朝貢貿易』校倉書房、一九九八年
真栄平房昭　「明清動乱期における琉球貿易の一考察――康熙慶賀船の派遣を中心に――」『九州史学』八〇、一九八四年a

真栄平房昭「琉球における家臣団編成と貿易構造――「旅役」知行制の分析――」藤野保編『九州と藩政』Ⅱ、国書刊行会、一九八四年b

〃「近世琉球の対中国外交――明清動乱期を中心に――」『地方史研究』一九七、一九八五年

〃「明清動乱と琉球・日本」『第一届中琉歴史関係国際学術会議論文集』一九八七年

〃「鎖国形成期のキリシタン禁制と琉球――徳川政権のマニラ出兵計画の背景――」箭内健次編『鎖国日本と国際交流』上、吉川弘文館、一九八八年a

〃「琉球王国の冊封儀礼について」窪徳忠先生沖縄調査二〇年記念論文集刊行委員会編『沖縄の宗教と民俗』第一書房、一九八八年b

〃「琉球のキリスト教禁制と東アジア」『九州文化史研究所紀要』三四、一九八九年

〃「東アジアにおける琉球の生糸貿易」九州大学国史学研究室編『近世近代史論集』吉川弘文館、一九九〇年

〃「東アジアの海外情報と琉球ルート――アヘン戦争後の中国情勢をめぐって――」中村質編『開国と近代化』吉川弘文館、一九九七年

〃「琉球貿易の構造と流通ネットワーク」豊見山和行編『日本の時代史一八　琉球・沖縄史の世界』吉川弘文館、二〇〇三年

真境名安興・島倉龍治『沖縄一千年史』沖縄新民報社、一九五二年（初版一九二三年）

増田勝機「帰化人汾陽理心（中国名郭国安）」『薩摩にいた明国人』高木書房、一九九九年

松下志朗『近世奄美の支配と社会』第一書房、一九八三年

三木聰「福建巡撫許孚遠の謀略――豊臣秀吉の「征明」をめぐって――」『高知大学人文学部・人文科学研究』四、一九九六年

宮城栄昌『琉球使者の江戸上り』第一書房、一九八二年

宮崎道生「琉球研究とその知識」『新井白石の洋学と海外知識』吉川弘文館、一九七三年

宮田俊彦『琉球・清国交易史――二集『歴代宝案』の研究――』第一書房、一九八四年
〃「清朝の招諭と琉清貿易の盛況」『琉明・琉清交渉史の研究』文献出版、一九九六年a（初出一九七五年）
〃「毛泰昌と毛泰久――明末清初の琉球の外交――」同書、一九九六年b（初出一九八〇年）
〃「大島に漂流した清商二例――二集歴代宝案に拠る――」同書、一九九六年c（初出一九八二年）
村上嘉英「近世琉球における中国語学習の様態」『東方学』四一、一九七一年
茂木敏夫『変容する近代東アジアの国際秩序』山川出版社、一九九七年
〃「中国からみた〈朝貢体制〉――理念と実態、そして近代における再定義――」『アジア文化交流研究』一、二〇〇六年
山下範久『世界システム論で読む日本』講談社、二〇〇三年
山本博文『鎖国と海禁の時代』校倉書房、一九九五年
山脇悌二郎『長崎の唐人貿易』吉川弘文館、一九六四年
弓削政己「『歴代宝案』にみる道之島（奄美諸島）」『第四回琉中歴史関係国際学術会議――琉中歴史関係論文集』一九九三年
〃「奄美の一字名字と郷土格について――その歴史的背景――」「奄美学」刊行委員会編『奄美学――その地平と彼方――』南方新社、二〇〇五年
横山學『琉球国使節渡来の研究』吉川弘文館、一九八七年
吉岡郁夫『いれずみ（文身）の人類学』雄山閣、一九九六年
吉積久年「近世、長州唐船の記録」九州大学国史学研究室編『近世近代史論集』吉川弘文館、一九九〇年
米谷均「一六世紀日朝関係における偽使派遣の構造と実態」『歴史学研究』六九七、一九九七年
〃「朝鮮侵略前夜の日本情報」日韓歴史共同研究委員会編『日韓歴史共同研究報告書』第二分科篇、日韓文化交流基金、二〇〇五年

李　啓煌　「「和好」・「通好」関係の成立」『文禄・慶長の役と東アジア』臨川書店、一九九七年
劉　序楓　「享保年間の唐船貿易と日本銅」中村質編『鎖国と国際関係』吉川弘文館、一九九七年
渡辺美季　「清代中国における漂着民の処置と琉球一」、『南島史学』五四、一九九九年
〃　「清代中国における漂着民の処置と琉球二」、『南島史学』五五、二〇〇〇年
〃　「近世琉球における対「異国船漂着」体制――中国人・朝鮮人・出所不明の異国人の漂着に備えて――」琉球王国評定所文書編集委員会編『琉球王国評定所文書』補遺別巻、浦添市教育委員会、二〇〇二年
〃　「近世琉球における中国人漂着民の船隻・積荷の処置の実態――日本と中国の狭間で――」『アジア文化研究』別冊一二、二〇〇三年a
〃　「琉球と中国――近年の研究動向――」『中国史学』一三、二〇〇三年b
〃　「近世琉球における外国人漂着民収容センターとしての泊村」第四回「沖縄研究国際シンポジウム」実行委員会編『第四回沖縄研究国際シンポジウムヨーロッパ大会　世界に拓く沖縄研究』同会、二〇〇三年c
〃　「近世琉球における外国人漂着民の処置の諸相――「介抱」と「管理」の狭間で――」村井章介代表科研成果報告書『八―一七世紀の東アジア地域における人・物・情報の交流』東京大学人文社会系研究科、二〇〇四年a
〃　「近世トカラと漂流・漂着――中国・朝鮮との関わりを中心に――」高良倉吉代表科研成果報告書『琉球と日本本土の遷移地域としてのトカラ列島の歴史的位置づけをめぐる総合的研究』琉球大学法文学部、二〇〇四年b
〃　「清に対する琉日関係の隠蔽――『旅行心得之条々』の分析を中心に――」『アジア民衆史研究』第一〇集、二〇〇五年a
〃　「清に対する琉日関係の隠蔽と漂着問題」『史学雑誌』一一四―一一、二〇〇五年b
〃　「中日の支配論理と近世琉球――「中国人・朝鮮人・異国人」漂着民の処置をめぐって――」『歴史学研究』八一〇、二〇〇六年a
〃　「哈那事件（一五九五年）とその時代――明における「倭人」と「琉球人」――」『歴史の理論と教育』一二二・

一二三合併号、二〇〇六年b
〃「鳥原宗安の明人送還——徳川家康による対明「初」交渉の実態——」『ヒストリア』二〇二、二〇〇六年c
〃「近世琉球と「日本の国境」——唐人証文の分析——」菊池勇夫・真栄平房昭編『近世地域史フォーラム一　列島史の南と北』吉川弘文館、二〇〇六年d
〃「琉球人か倭人か——一六世紀末から一七世紀初の中国東南沿海における「琉球人」像——」『史学雑誌』一一六—一〇、二〇〇七年
〃「近世琉球の社会と身分——「家譜」という特権——」大西秀之ほか編『東アジア内海世界の交流史——周縁地域における社会制度の形成——』人文書院、二〇〇八年a
〃「久米村士族という生き方——毛有増の生涯——」『第一一回琉中歴史関係国際学術会議論文集』、二〇〇八年b
〃「琉球から見た清朝——明清交替、三藩の乱、そして太平天国の乱——」『別冊　環』一六、二〇〇九年a
〃「琉球侵攻と日明関係」『東洋史研究』六八—三、二〇〇九年b
〃「近世琉球の自意識——御勤と御外聞——」『歴史評論』七三三、二〇一一年
Ch'en, Ta-Tuan. "Investiture of Liu-ch'iu Kings in the Ch'ing Period," in Fairbank, ed., *The Chinese World Order*. Cambridge, Mass.: Harvard University Press, 1968.
Elman, Benjamin A. *A Cultural History of Civil Examination in Late Imperial China*. California: University of California Press, 2000.
Fairbank, John K. "A Preliminary Framework," in Fairbank, ed., *The Chinese World Order*. Cambridge, Mass.: Harvard University Press, 1968.
Sakai, Robert K. "The Ryukyu (Liu-ch'iu) Islands as a Fief of Satsuma," in Fairbank, ed., *The Chinese World Order*, Cambridge. Mass.: Harvard University Press, 1968.
Smits, Gregory. *Visions of Ryukyu: Identity and Ideology in Early-Modern Thought and Politics*. Honolulu: Uni-

versity of Hawaii Press, 1998.（なお同書邦訳として以下がある。渡辺美季訳『琉球王国の自画像――近世沖縄思想史――』ぺりかん社、二〇一一年）

初出一覧

序章　研究の動向と関心の所在（新稿）
第一部　狭間の形成
第一章　琉球人か倭人か—一六世紀末から一七世紀初の中国東南沿海における「琉球人」像—（『史学雑誌』一一六—一〇、二〇〇七年一〇月）
第二章　琉球侵攻と日明関係（『東洋史研究』六八—三、二〇〇九年一二月）
第三章　近世琉球と明清交替（原題「琉球から見た清朝—明清交替、三藩の乱、そして太平天国の乱—」『別冊　環』一六、二〇〇九年五月）
第二部　狭間の運営
第一章　中日の支配秩序と近世琉球—「中国人・朝鮮人・異国人」漂着民の処置をめぐって—（原題「中日の支配論理と近世琉球—「中国人・朝鮮人・異国人」漂着民の処置をめぐって—」『歴史学研究』八一〇、二〇〇六年一月）
第二章　近世琉球における漂着民の船隻・積荷の処置の実態—中国と日本の狭間で—（原題「近世琉球における中国人漂着民の船隻・積荷の処置の実態—日本と中国の狭間で—」『アジア文化研究』別冊一二、二〇〇三年三月）
第三章　近世琉球と「日本の国境」—唐人証文の分析—（真栄平房昭・菊池勇夫編『近世地域史フォーラム一　列島史の南と北』吉川弘文館、二〇〇六年一一月）
第四章　清に対する琉日関係の隠蔽と漂着問題（『史学雑誌』一一四—一一、二〇〇五年一一月）
第三部　狭間の思想

第一章　近世琉球の自意識—御勤と御外聞—（『歴史評論』七三三、二〇一一年五月）

終章　近世琉球と中日関係（新稿）

本書への収録に当たってはこれらの論文を大幅に改稿した。ただし論旨には大きな変更を加えていない。

あとがき

本書は、二〇〇八年二月に東京大学大学院人文社会系研究科より博士学位を授与された論文『近世琉球と中日関係』に加筆・修正を行ったものである。

大学三年で文学部東洋史学専修課程に進学し、近世琉球を中心とした東アジア国際関係史を研究テーマに選んでから、すでに一五年近くが経過した。もともと歴史好きで、強いて言えば華僑・華人など既存の国家の枠組みに収まらない人々や地域に対する興味が強かったように思う。大学に入ってからこの傾向はいっそう強まり、アルバイトをしては関連する地域の幾つかを旅してみた。沖縄はその一つだったが、最終的になぜ他の地域ではなく沖縄の歴史を選んだのかという点については、未だに確固たる答えが浮かんでこない。研究テーマを巡ってそれなりに悩んでいたどこかの段階で、半ば直感的に琉球史にしてみようと思ったというのが正直なところである。しかし私にとってこの選択は大きな吉であったようだ。以来、今に至るまで、研究を進めれば進めるほどその先が知りたくなり飽きることがないという状態が続いており、これほど夢中になれる研究テーマに巡り会えた自分は幸運だとつくづく思う。

とはいえ私自身の能力は微々たるものであり、多くの方々のご教示やご助力がなければ研究のスタートを切ることもできなかったであろう。とりわけ恩師である岸本美緒先生に負うところはあまりにも大きい。先生は、歴史学研究の手ほどきをして下さる一方で、気ばかり多くて内実が伴わない不肖の弟子を、いつも受け止め、見守り、適切なタイミングで背中を押して下さった。また虚心に史料を読み、先入観に囚われずに過去に向き合うといった先生のご研究の姿勢から学ばせていただいたことも多い。私が今、曲がりなりにも研究の道を歩むことができているのは、ひとえに先生のご指導によるものであり、どのような言葉で謝恩の気持ちを表せばよいのか皆目見当がつかないほどである。

さらに幸いなことに、学部・大学院時代を通じて、高良倉吉・豊見山和行・真栄平房昭・上原兼善・村井章介・鶴田啓・ロナルド・トビ・春名徹の各先生ほか学内外の様々な分野の専門家から多くのご教示をいただいた。中国・日本との関係を軸に広範かつ複雑な国際関係を維持した近世琉球の歴史を研究するためには不可欠にして有意義なご教示ばかりであった。また博士課程在学中に約一年にわたって滞在した福建省福州では、謝必震・徐恭生・林国平の各先生をはじめとする福建師範大学の方々に大変お世話になり、充実した研究生活を過ごすことができた。これらの方々が、海のものとも山のものともつかない私に、貴重な時間や労力を割いてお力添え下さったことに、深く感謝する次第である。

大学院を経て、博士論文をまとめたのは日本学術振興会特別研究員（ＰＤ）時代である。この間、東京大学東洋文化研究所にて私を受け入れご指導下さった黒田明伸先生、岸本・黒田両先生とともに博士論文の審査に当たり、貴重なご意見をいただいた村井章介・六反田豊・豊見山和行の各先生にもこの場を借りて御礼を申し上げたい。また現在の私の研究・教育活動に対して日々ご支援・ご配慮を賜っている神奈川大学の同僚諸氏と、常に刺激と活力を供給してくれる学生たちへも謝意を記しておきたい。その他、紙幅の関係から一人一人のお名前を挙げることは叶わないが、私の拙い歩みを様々な形で支え導いて下さった全ての方々に心からの感謝を申し上げる。

学位取得後まもなく吉川弘文館から単著刊行のお声がけをいただいたが、日々の忙しさを口実に無為に数年を費やしてしまった。しかし昨年三月に東日本大震災が発生し、「世界」が激変する瞬間を体験したことを契機に、自身の研究のささやかな節目を書物という「形」で残しておきたいという気持ちが強まり、この気持ちに押されてようやく刊行にたどりつくことができた。原稿が遅れるなど多くのご迷惑をお掛けしたにもかかわらず刊行に尽力して下さった吉川弘文館編集部と（株）制作・校正室、厳しいスケジュールの中で校正にご協力下さった屋良健一郎氏（東京大学大学院生）に、厚く御礼を申し上げたい。

なお、本書は文部科学省科学研究費補助金・若手研究（B）〔研究課題番号：二三七二〇三五四〕の研究成果の一部である。

最後に私事にわたって恐縮だが、両親と夫・野田仁へ特別の謝辞を述べて筆を擱くこととしたい。今、私が私らしく生きていられるのは、ほとんど全てこの三人のお陰である。

二〇一二年三月

横浜にて

渡 辺 美 季

索　　引

あ 行

か 行

さ　行

た　行

な　行

は　行

ま　行

著者略歴
一九七五年　東京に生まれる
二〇〇五年　東京大学大学院人文社会系研究科博士課程単位取得退学
現在　神奈川大学外国語学部国際文化交流学科准教授　博士（文学）

〔主要論文〕
「近世琉球の『地方官』と現地妻帯―両先島を例として―」（山本英史編『近世の海域世界と地方統治』汲古書院、二〇一〇年）
「漂流・漂着と言語―琉中関係のなかの中国語と日本語―」（『歴史学研究』八七三号、二〇一〇年）
「境界を越える人々―近世琉薩交流の一側面―」（井上徹編『海域交流と政治権力の対応』汲古書院、二〇一一年）

近世琉球と中日関係

二〇一二年（平成二十四）六月一日　第一刷発行
二〇一三年（平成二十五）二月十日　第二刷発行

著　者　渡《わた》辺《なべ》美《み》季《き》
発行者　前田求恭
発行所　株式会社　吉川弘文館
郵便番号一一三―〇〇三三
東京都文京区本郷七丁目二番八号
電話〇三―三八一三―九一五一（代）
振替口座〇〇一〇〇―五―二四四番
http://www.yoshikawa-k.co.jp/

印刷＝株式会社　三秀舎
製本＝誠製本株式会社
装幀＝山崎　登

ISBN978-4-642-03452-4